태어나지 않는 게 더 나았을까?

UMARETE KONAIHOGA YOKATTANOKA?: SEIMEI NO TETSUGAKUHE!
by Masahiro Morioka
Copyright ⓒ Masahiro Morioka, 2020
All rights reserved.
Original Japanese edition published by Chikumashobo Ltd.

Korean translation copyright ⓒ 2025 by Sakyejul Publishing Ltd.
This Korean edition published by arrangement with Chikumashobo Ltd.,
Tokyo, through Eric Yang Agency, Inc

이 책의 한국어판 출판권은 EYA Co., Ltd.를 통해
Chikumashobo Ltd.와 독점 계약한 (주)사계출판사에 있습니다.
저작권법에 의해 한국 내에서 보호를 받는 저작물이므로 무단전재와 복제를 금합니다.

범례

'논문 저자, 〈×××〉(책 저자, 《○○○》, 발행 출판사, 발행 연도, 10~30쪽), 15쪽.' → 미주에서 위와 같이 적은 부분은 《○○○》이라는 책의 10~30쪽에 〈×××〉이라는 논문이 수록되어 있으며, 이 책에서는 그 논문의 15쪽을 인용했음을 나타냅니다. 논문 저자와 책 저자가 동일인일 경우 편의상 괄호 안의 책 저자 이름을 생략합니다.

태어나지 않는 게
더 나았을까?

생명철학 이야기

모리오카 마사히로 지음
이원천 옮김

사□계절

서문

2003년 3월 사담 후세인이 통치하던 이라크는 대량살상 무기를 숨기고 있다는 이유로 미국으로부터 격렬한 비난을 받았습니다. 미군은 이라크의 이웃 나라 쿠웨이트에 대규모 병력을 배치하고 바로 임전 태세에 들어갔습니다. 당시 저는 영어로 된 제 웹사이트를 시작하면서 해외에서 접속하는 패턴과 글을 살펴보고 있었습니다. 이라크전쟁이 임박하던 어느 날, 중동에서 검색을 통해 누군가 접속했습니다. 조사해보니 접속한 곳은 쿠웨이트의 어느 공군기지였습니다. 검색된 키워드는 'philosophy of life' 즉, '생명철학'이었습니다. 내일 출격할지도 모르는 긴박한 분위기가 감도는 기지에서 어떤 군인이 컴퓨터 화면에 이런 검색어를 입력했단 말인가! 저는 이 방문자의 질문에 진지하게 답하는 책을 꼭 써야겠다고 생각했습니다.

그로부터 17년의 세월이 흘렀고, 이제 이 책을 펴내게 되었습니다. 이 책은 앞으로 오랫동안 세상에 질문을 던질 '생명철학' 시리즈의 첫 번째 책입니다. 인간이 태어나고 죽는 것에는 어떤 의미가 있는가? 존재하는 것과 살아 있는 것의 차이점은 무엇일까? 생명과 몸은 어떤 관계가 있을까? 살아 있는 존재가 항상 주변과의 관계 속에서 살아갈 수밖에 없는 이유는 무엇일까? 우리는 다른 살아 있는 존재들과 서로 기쁨을 나누는가 하면, 어떤 경우에는 다른 살아 있는 존재를 희생시키기도 하는데 이런 상반되는 일들이 생기는 이유는 무엇일까? 이 질문들에 대해 그동안 철학자들은 어떻게 생각해왔으며, 우리는 지금 어떻게 생각하는 게 맞는 걸까? 저는 앞으로 출간할 일련의 저작물을 통해, 이 사안에 대한 전체적인 모습을 차근차근 그려가고 싶습니다.

이상하게도 현대 철학계에는 '생명철학'이라는 장르가 존재하지 않습니다. '언어철학'이나 '마음의 철학' '역사철학' 등은 있지만, 생명철학은 아직 나타나지 않았습니다. 비슷한 분야로 '생물학의 철학'이 있습니다만, 이는 생물학을 기반으로 특화된 철학입니다. 또 '생의 철학'도 있습니다. 생의 철학은 19세기에서 20세기에 걸쳐 유럽에서 생겨난 철학 사조로, 독일어로는 'Lebensphilosophie', 프랑스어로는 'Philosophie de la vie'라고 부릅니다. 유명한 철학자로는 쇼펜하우어·니체·베르그송 등이 있는데, 이들에 대해서는 본문에서 자세히 살펴볼 예정입니다. 일반적으로 '생의 철학'은 이 시기 유럽에서 나타난 철학적 사색을 한정해서 말할 때 쓰는 명칭입니다. 그러나 시야를 넓혀 생각해본다면, 생명에 대한 깊은 철학적 사색이 이 시기의 유럽에서만 이루어졌다고 보기는 어렵습니다. 고대 인도·중국·지중해는 물론이고, 세계 곳곳에서 끊임없이 사색이 쌓여왔을 게 틀림없습니다. 우리는 아직 그 정도로 넓은 시야를 바탕으로 생명철학을 생각하는 구조를 갖추지 못했습니다. 지금 생명철학을 구상한다면, 고대에서 현대를 아우르고, 아시아에서 유럽·미국을 넘어 모든 대륙과 제도諸島를 포괄하는 세계 철학 형태여야 할 것입니다.

최근 유럽 대학 출판사에서 이와 관련해 세계 철학의 구조를 정립하자는 책이 몇 권 간행됐으며,[1] 일본에서도 그런 흐름이 시작됐습니다.[2] '철학 하면 자고로 서양 철학이다'라고 단언하던 시대는 끝을 맞이하고 있습니다. 2018년에 참석한 어느 작은 국제회의에서 저는 참가자들과 이야기를 나눌 기회가 있었습니다. 앞으로 철학자는 서양 철학뿐만 아니라 비서양 철학도 포괄할 수 있어야 한다는 제 말에, 거기에 모인 모든 사람이 찬동했습니다. 느리게나마 세계의 철학 연구와 교육은 이 방향으로 나아갈 게 틀림없습니다. 그리고 저도 이 책을 세계 철학이라는 시야에서 진행할 생각입니다. 얼핏 보면 이 책은 비교사상사 연구처럼 보일 수 있습니다. 그러나 저의 목표는 단순한 사상의 비교가 아니라, 세계의 생명철학을 현대 관점에서 신중하게 음미하고 미래를 향하는 철학의 새로운 논의 틀을 제안하는 데 있습니다. 다시 말해, 창조적인 철학 작업을 해나가는 것입니다. 물론 이 책이 완전할 수는 없겠지만 이 책을 통해 하나의 모델을 보여주고자 합니다. 생명철학 프로젝트는 다양한 가능성을 가집니다. 저는 제가 나아갈 수 있는 한계까지 도전할 생각이며, 앞으로 많은 사람들이 뒤따라오기를 기대합니다.

이 책에서는 생명철학이 다루는 폭넓은 주제 중에서 우선 하나의 질문을 집중적으로 고찰할 예정입니다. 바로 '나는 태어나지 않는 게 더 나았을까?'라는 질문입니다. 이는 아주 오래전부터 누차 반복해서 제기됐던 질문으로, 생명철학의 한가운데 자리한 통절한 질문 중 하나입니다. 저도 종종 '태어나지 않았으면 좋았다'라고 생각할 때가 있습니다. 예를 들어, 제가 지금까지 살아온 인생에서 친한 사람들에게 했던 여러 일들을 떠올리다 보면, '아, 나 같은 건 태어나지 않았으면 좋았을 텐데'라는 생각이 불쑥 올라옵니다. 혹은 '나는 왜 죽을 수밖에 없는 운명으로 태어난 걸까. 이럴 거면 차라리 태어나지 않았으면 좋았을 텐데'라는 생각이 들기도 합니다. 평소에는 잊어버리고 지내다가도 문득 이런 생각이 저를 엄습할 때면 불안에 빠지고 맙니다. 하지만 정말로 제가 태어나지 않았더라면 저와 친한 사람들의 관계와 경험치는 아예 존재하지 않게 됩니다. 저와 친한 사람들이 저로 인해 괴로웠던 적도 있겠지만, 반대로 저 때문에 행복과 기쁨을 느꼈던 순간도 틀림없이 많았을 테고, 그때 그 사람들은 아주 즐거운 시간을 보냈을 겁니다. 제가 태어나지 않았다면 제가 그들에게 고통을 준 시간이 우주에 존재하지 않겠지만, 동시에 제가 그들과 함께했던 행복과 기쁨의 시간 역시 우주에 존재하지 않게 됩니다.

제가 마음속으로 '태어나지 않았으면 좋았다'라고 생각하는 순간, 그들과 함께했던 행복하고 즐거웠던 시간 역시 사라졌으면 좋겠다고 바라는 꼴이 되고 맙니다. 저와 함께 지내면서 단 한 번이라도 행복과 기쁨을 느낀 사람들에게 이는 일방적이고 심한 폭력이 아닐 수 없습니다. '태어난 것'도 긍정할 수 없고 '태어나지 않았으면 좋았다'라는 생각도 긍정할 수 없다면, 저는 도대체 어떻게 해야 할까요? 어떻게든 '태어나지 않았으면 좋았다'라는 암흑에서 빠져나와 '태어나서 정말 다행이다'라는 광명을 향해 나아가야 하지 않을까요? 저는 이를 '탄생 긍정'이라고 부르며 철학적으로 고찰해왔습니다. '탄생 긍정'에 대해서는 책 마지막에 다시 한번 살펴보겠습니다.

'태어나지 않았으면 좋았다'라는 탄식은 문학에서도 자주 등장했던 표현입니다. 일본 문학에서는 다자이 오사무의 "태어나서 죄

송합니다"(《20세기 기수二十世紀旗手》)라는 말이 유명합니다. 다자이 오사무의 〈사양〉에는 "아, 인간의 삶은 너무 비참해. 다들 태어나지 않는 게 나았다고 생각하는 게 현실"이라는 말도 나옵니다.[3] 21세기 철학에서 '태어나지 않은 게 좋았다'라는 사상은 일반적으로 '반출생주의反出生主義, Anti-natalism'라고 불립니다. 반출생주의는 인간이 태어나는 것과 인간을 출산하는 것을 부정하는 사상으로, 인간이 이 세상에 태어나는 것은 잘못된 일이기 때문에 인간이 태어나지 않도록 하는 게 좋다는 사고방식입니다. 반출생주의에는 몇 가지 변형이 있어서, 한마디로 그 사상을 정리하기는 어렵습니다. 데이비드 베네타의 탄생해악론誕生害惡論도 반출생주의 중 하나입니다.

베네타는 인간이 태어나는 것은 예외 없이 나쁘다고 주장합니다. 태어난 사람이 친구와 가족에게 축복받은 인생을 보내고 일이 성공해서 행복으로 가득 차 있더라도 그 사람이 태어난 것은 태어나지 않았던 것에 비해 나쁘다고 말합니다. 또한 베네타는 인류가 자살하지 않되, 출산을 차츰 포기함으로써 이 세상에서 모두 사라지는 것이 좋다는 인류의 단계적 멸종을 제창합니다.

이 책에서는 반출생주의 중에서 자신이 태어난 것을 부정하는 사상을 '탄생 부정', 인간을 새로 낳는 것을 부정하는 사상을 '출산 부정'이라 구분하고자 합니다.[4] 이 두 가지는 밀접하게 연결되지만, 이 책에서는 '나는 태어나지 않는 게 나았다'라는 탄생 부정 사상에 대해 중점적으로 검토하겠습니다.

사실 탄생 부정 사상은 문학·철학·종교에 걸쳐 고대로부터 면면히 이어졌습니다. '태어나지 않는 게 더 나았다'라는 생각은 2천 5백 년 인류 역사 내내 존재했으며, 현대에 갑자기 나타난 사상은 아닙니다. 이 책에서는 먼저 근현대 유럽의 문학과 철학, 고대 그리스 문학, 고대 인도의 종교철학, 현대의 분석철학을 저의 독자적인 관점으로 다시 읽으면서 지금까지 탄생 부정에 대해 어떤 말들이 있었는지, 어떤 철학적 논점이 고찰되었는지 밝히고, 이를 통해 생명철학의 윤곽을 그려보고자 합니다.[5]

그와 동시에 태어난 것에 대한 긍정적인 시선도 놓치지 않고 다룰 생각입니다. 앞서 언급한 다자이 오사무의 〈사양〉에는 뒤이어 다음과 같은 말이 나옵니다. "그래서 매일 아침부터 저녁까지 덧없이 무언가를 기다립니다. 너무 비참합니다. 태어나서 다행이라고, 아아, 이 목숨을, 인간을, 세상을 진정으로 웃게 해주십시오."[6] 태어나서 다행이라는 말은 도대체 무슨 의미일까요? 한 걸음 한 걸음 계단을 오르듯 그 질문에 다가가고 싶습니다.

1장에서는 독일 대작가 괴테의 《파우스트》를 다룹니다. 《파우스트》에서는 '태어나지 않았으면 좋았다'에 대해 어떻게 말했을까요?

2장에서는 고대 그리스 문학에 만연한 '가장 좋은 것은 태어나지 않는 것'이라는 사상을 고찰하고, 그 사상의 현대판인 베네타의 탄생해악론이 어떻게 성립했는지를 상세하게 살펴봅니다.

3장에서는 유럽의 반출생주의를 대표하는 철학자 쇼펜하우어를 다루면서, 왜 쇼펜하우어가 '인간은 존재하지 않는 게 낫다'라고 생각하기에 이르렀는지 파헤칩니다. 고대 인도 철학에 심취했던 쇼펜하우어는 그곳에서 무엇을 보려고 했을까요?

4장에서는 고대 인도 우파니샤드의 종교 세계를 탐구하고, '윤회하는 불멸의 아트만Atman' 개념과 '독재적 존재자獨在的 存在者'라는 형이상학적 수수께끼를 풀어보겠습니다. 이는 '생명 본원의 주체는 도대체 누구인가?'라는 질문으로 이어집니다.

5장에서는 고타마 붓다의 철학을 고찰합니다. 붓다의 원시불교는 아시아에서 가장 반출생주의에 가까운 철학을 명확하게 주장했습니다. 붓다가 수행을 통해 이루고자 했던 궁극의 목표는 다시는 어디에서도 태어나지 않는 것으로, 이는 세상에서 큰 행복에 이르는 길이기도 합니다. 고대 그리스와는 다른 유형의 철학에서 우리는 귀중한 아이디어를 얻을 수 있습니다.

6장에서는 '생의 철학자' 니체에 대해 살펴봅니다. 니체는 쇼펜하우어에게서 큰 영향을 받았지만, 그와 정반대의 길을 걸었습니다. 니체는 어떻게 하면 삶에 대해 '예스!'라고 말할 수 있을지를 끝까지 파고들었습니다. 니체가 만년에 이른 경지는 '영원회귀' '운명애運命愛' '생성의 무구無垢'인데, 이는 제 방식으로 표현하자면 '탄생 긍정'입니다. 하지만 니체는 분명 지나친 면이 있으며, 니체로부터 배워야 할 것과 버려야 할 것이 무엇인지도 고찰해봅니다.

7장에서는 지금까지 검토한 탄생의 부정과 긍정에 대한 철학사상을 되돌아보며, 분석철학적 방법을 통해 제 생각을 도출합니다. 우선 베네타의 반출생주의가 어떤 부분이 잘못됐는지를, '생성'의 관점에서 생각합니다. 다음으로 아이를 낳는 것의 옳고 그름에 대해 요나스와 와인버그의 생각을 검토합니다. 그리고 제가 말하는 '탄생 긍정' 개념을 완전한 형태로 보여줍니다. 마지막으로 생명철학의 미래를 예견합니다.

이 책은 세계의 생명철학을 고대에서 현대까지, 유럽에서 아시아까지 두루 살펴보면서 깊이 연구합니다. 문학작품을 시작으로 점차 철학 사상으로 발걸음을 옮겨갑니다. 사상사적인 방법과 분석적인 방법 사이를 넘나들며 탐구합니다. 극단적인 사고방식을 만나게 될지도 모르지만, 7장에서 그 모든 것의 최종 형태를 보여주고 있으니 차근차근 읽어가면 좋겠습니다.

※ 앞으로 '태어나지 않는 게 나았다'는 문장과 '태어나지 않았으면 좋았다'는 문장을 모두 사용할 텐데, 당분간은 이 두 문장이 같은 의미라고 생각해도 좋습니다. 두 문장의 의미가 어떻게 다른지는 7장에서 자세하게 설명하겠습니다.

차례

서문 4

1장 너는 반드시 살아야 해!

1. 메피스토와 부정하는 영 ················ 16
2. 너는 반드시 살아야 해! ················ 19
3. 구원받은 파우스트의 영혼 ············· 21
4. 《파우스트》와 탄생 부정 ··············· 24

2장 탄생은 해악인가

1. 오이디푸스 왕 ························· 28
2. 세계와 삶에 대한 저주 ················· 38
3. 베네타의 탄생해악론 ··················· 43
4. 반출생주의의 여정 ····················· 56

3장 쇼펜하우어의 반출생주의

1. 생명론으로 전환된 칸트 철학 ·········· 66
2. 살고자 하는 의지 ······················ 71
3. 일체의 삶이 고통이다 ·················· 75
4. 무의지 상태야말로 최고선 ············· 80
5. 자살에 대하여 ························· 84
6. 죽음으로도 파괴되지 않는 것 ·········· 88
7. 쇼펜하우어의 영향력 ··················· 99

4장 윤회하는 불멸의 아트만

1. 윤회사상의 탄생 ······ 108
2. 숙면을 통해 아트만에 도달하기 ······ 118
3. 네가 그것이다 ······ 124

5장 부처는 탄생을 어떻게 생각했을까

1. 모든 것은 고통이다 ······ 136
2. 마음이 평안하고 고요한 경지 ······ 145
3. 태어나지 않는 게 더 나았을까 ······ 153
4. 원시불교와 자살 ······ 164

6장 니체: 태어난 운명을 사랑할 수 있을까

1. 생을 긍정하는 철학자 ······ 170
2. 영원회귀 ······ 173
3. 운명애 ······ 182
4. 존재하는 그대로의 사람이 되기를 바란다 ······ 188
5. 니체와 탄생 긍정 ······ 201

7장 탄생을 긍정하기, 생명을 철학하기

1. 탄생해악론에 대한 재고 ······ 214
2. 선에서 악이 생겨나는 것은 악인가 ······ 216
3. 아이를 낳는 문제를 어떻게 생각해야 할까 ······ 228
4. 응답 책임 원리 ······ 240
5. 탄생 긍정의 철학으로! ······ 244
6. 생명철학으로! ······ 261

후기 276 / 미주 280

1장

너는 반드시 살아야 해!

1. 메피스토와 부정하는 영

우선 문학작품에 나오는 '나는 태어나지 않았으면 좋았다'라고 하는 탄생 부정 사상을 살펴봅시다. 이 주제를 가장 극적으로 표현한 작품이 바로 괴테의 《파우스트》입니다. 《파우스트》에는 탄생 부정에서 삶의 긍정으로 이어지는 길이 극적으로 그려집니다.

《파우스트》는 이 세상을 탐구한 늙은 파우스트 박사의 한탄으로 시작됩니다. 그는 철학·법학·의학·신학을 공부했음에도 자신이 세상을 살아가는 의미를 깨닫지 못했습니다. 그때 악마 메피스토펠레스(이하, 메피스토)가 찾아와 파우스트에게 이 세상에서 최고의 순간을 맛보게 해주는 대가로 영혼을 내놓으라고 제안하고, 파우스트는 그 내기를 받아들입니다. 1부에서 다시 젊은 시절로 돌아간 파우스트는 소녀 그레트헨과 사랑에 빠지지만, 운명의 장난으로 그녀를 죽음에 이르게 만듭니다. 2부에서 파우스트는 헬레나라는 미녀와 사랑하고 이 세상 권력의 정점에 올라 최고의 순간을 꿈꾸면서 숨을 거둡니다. 그리고 그때 천상의 그레트헨과 천사들이 파우스트의 영혼을 끌어올려 구원합니다.

현대 시각으로 보면 파우스트는 헌신적인 여성이 사랑하는 남성을 구원하는 유치한 이야기입니다. 그러나 이 작품에는 그런 결점을 보완할 만한 '탄생 부정'과 '삶의 긍정'이라는 장대한 드라마가 펼쳐집니다. 《파우스트》 1부는 셰익스피어 스타일의 아주 정직한 정통파 비극이었다가, 2부에서는 분위기가 파격적으로 반전하며 '생명의 바다' 이야기가 전개됩니다. 파우스트는 "이 거친 바닷속에서 어떻게 자신이 태어난 것을 긍정할 수 있는가?"라는 질문을 던집니다. 메피스토가 처음 파우스트 앞에 나타났을 때, 메피스토는 자신을 이렇게 소개합니다.

메피스토: 항상 악을 원하면서도 늘 선을 행하는 그런 힘의 일부입니다.
파우스트: 그런 수수께끼 같은 말은 무슨 뜻이지?
메피스토: 저는 항상 부정하는 영靈입니다!
아주 당연한 일이죠. 왜냐하면 생겨나는 모든 것은
어차피 소멸할 무가치한 것들이니까요.
차라리 아무것도 생겨나지 않았으면 더욱 좋았을 텐데요.
그래서 당신들이 죄악이나 파괴라고 부르는 것,
요컨대 악이라고 부르는 모든 것이
저의 본래 특성이지요.[1]

메피스토는 스스로를 '악'이라고 규정하며, '항상 부정하는 영'입니다. 그리고 탄생하는 것은 모두 사라져야 하는 것이며, 애초에 "아무것도 태어나지 않았으면 좋았을 것이다besser wär's, daß nichts entstünde"라고 말합니다. 이 부분에서 메피스토의 입을 통해 탄생 부정 철학의 근본 형식이 언급된 점에 주목해야 합니다. 탄생 부정으로 향하는 시작은 '탄생하는 모든 것들이여, 소멸하라'이며, 탄생 부

1. 메피스토와 부정하는 영

정의 종착역은 '아무것도 태어나지 않는 게 가장 좋다'입니다. 이것이 메피스토라는 악의 본질입니다.²

파우스트는 메피스토와 내기를 합니다.

파우스트: 내가 순간을 보고
멈춰라, 너는 실로 아름답구나! 하고 말한다면,
너는 나를 묶어도 좋다.
그때는 내가 기꺼이 소멸하리라!³

"멈춰라, 너는 실로 아름답구나!"라는 대사는, 삶의 의미를 잃었던 파우스트가 '언젠가 살아 있음을 긍정할 만큼 최고로 훌륭한 순간을 체험할 수 있다면 자신은 어떻게 되어도 괜찮다'라고 생각하며 외치는 말입니다. 다시 말해, 살아가는 의미를 잃었던 시점의 파우스트가 삶의 긍정을 희구하고 있음을 표현한 말입니다. 《파우스트》는 '탄생 부정'과 '삶의 긍정'의 양극단을 최대 진폭으로 펼쳐놓은 생명철학에 관한 이야기입니다.

2. 너는 반드시 살아야 해!

파우스트는 메피스토의 안내에 따라 젊음을 손에 넣고 그레트헨과 사랑에 빠지지만, 실수로 그녀의 오빠를 살해합니다. 그레트헨도 실수로 자신의 어머니를 살해하고, 파우스트 사이에서 태어난 아이마저 살해하는 바람에 체포되어 처형을 선고받고 감옥에 수감됩니다. 파우스트는 그레트헨을 돕기 위해 몰래 감옥에 숨어들지만, 이미 광기에 빠진 그녀는 자신을 구출하려는 파우스트를 거부합니다. 그레트헨의 "동이 트네요! 마지막 날이 다가오는군요. 제 혼례일이 되었을 것을!"이라는 말을 들은 파우스트는 절규합니다.

파우스트: 아아, 나는 태어나지 않았으면 좋았을 것을!⁴

이 표현, "나는 태어나지 않았으면 좋았을 것을!wär' ich nie geboren!"은 메피스토의 탄생 부정의 근본 형식 '아무것도 태어나지 않았으면 좋았다'를 파우스트가 그대로 받아들였음을 의미합니다. '이렇게 될 거라면 나는 태어나지 않았으면 좋았다'만큼 인간이 태어나는 것에 대해 깊은 절망을 표현한 말은 세상에 없을 겁니다. 이 지점에서 파우스트는 인생의 밑바닥까지 추락하고 맙니다. 이 장면이 《파우스트》에서 설정된 최악의 상황입니다. 어떻게 해야 여기에서 삶의 긍정을 향해서 나아갈 수 있을까요? 이어지는 파우스트의 이야기는 이 질문을 둘러싸고 진행됩니다.

　주목할 점은 이때 파우스트가 내뱉는 말이 《파우스트》 1부에서 가장 감동적이라는 사실입니다. 메피스토의 기척을 느끼고 두려워하는 그레트헨을 향해 파우스트는 절규합니다.

파우스트: 너는 살아야 해![5]

"너는 살아야 해!Du sollst leben!"는, 바로 이 세상에서 삶의 의미를 잃고 인생의 밑바닥까지 떨어져 "태어나지 않았으면 좋았을 것을!"이라고 절규하던 파우스트가, 사랑하는 여성, 그것도 처형받는 날이 눈앞에 닥친 여성에게 혼신을 다해 외친 말이었습니다. 이 말에는 진정 살아야 할 사람은 영혼을 악마에게 팔아넘기고 살아가는 의미를 얻고자 한 자신이 아니라, 사회 규범을 거스르면서까지 파우스트에 대한 맹목적인 사랑을 지키려 했던 그레트헨이라는 직관이 깔려 있습니다. 파우스트의 절규가 끝나자마자 하늘에서 그레트헨을 향해 "구원을 받았느니라!"라는 목소리가 들려옵니다.

　결국 그레트헨의 영혼이 구원받도록 만든 것은 "너는 살아야 해!"라는 파우스트의 절규였습니다. 탄생을 부정하며 절망의 구렁텅이에 깊숙이 빠진 파우스트는 "너는 살아야 해!"라며 하늘을 향해 그레트헨을 들어 올렸고, 그렇게 들어 올려진 그레트헨을 향해 하늘에서 "구원을 받았느니라!"라는 구원의 목소리가 내려온 것입니다. 괴테는 《파우스트》에서 이런 드라마를 그려내고 있습니다.

3. 구원받은 파우스트의 영혼

2부에서 고대 세계를 두루 경험한 파우스트는 눈이 먼 늙은 영주가 됩니다. 메피스토의 부하들은 곧 죽을 파우스트의 무덤을 팝니다. 파우스트는 그 무덤 파는 소리를 영지의 백성들이 땅을 개척하는 망치 소리로 착각하고는 크게 기뻐하며 말합니다.

파우스트: 나도 그러한 사람들을 바라보며
자유로운 땅에 자유로운 백성과 함께 살고 싶다.
그때는 순간을 향해 이렇게 말해도 좋을 것이다,
멈춰라, 너는 실로 아름답구나!
내가 세상에 남겨놓은 흔적은
영원토록 사라지지 않을 것이다.
그런 드높은 행복을 예감하며
나는 지금 최고의 순간을 즐기고 있다.[6]

이 부분은 신중하게 읽어야 합니다. 파우스트는 땅을 개척하기 위해 힘차게 일하는 사람들의 망치 소리를 들으며 자신도 그들과 함께 살아갈 때를 꿈꿉니다. 만약 그런 일이 가능하다면 그 순간을 향해 "멈춰라, 너는 실로 아름답구나!"라고 말할 겁이다. 파우스트는 그럴 때가 올 것을 예감하며 지금 여기서 최고의 순간을 즐기고 있다고 말합니다.

파우스트가 실제로 그 순간을 향해 "멈춰라, 너는 실로 아름답구나!"라고 말하지는 않습니다. 그 시점은 아직 도래하지 않았습니다. 그런 상황이 도래할 것을 예감하고 꿈꾸면서 지금 여기서 '최고의 순간을 즐긴다'라고 말한 겁니다. 파우스트는 "멈춰라, 너는 실로 아름답구나!"라는 형태로 달성되는 현상동결형現狀凍結型 삶의 긍정이 더 이상 자신에게 실제로 찾아올 필요가 없음을 확실히 이해했습니다. 왜냐하면 그런 순간이 올 거라고 예감할 수 있는 인생을 살았다는 사실로 인해 자신의 삶은 이미 전체적으로 긍정되었고 그 긍정은 완료되었기 때문입니다. 파우스트는 여기에 이르러 메피스토와의 내기가 완전히 무의미해졌음을 깨달은 것입니다.[7]

그러나 메피스토는 파우스트가 실제로 "멈춰라, 너는 실로 아름답구나!"라고 말한 것으로 착각하고 혼절한 파우스트에게서 영혼을 빼앗아가려 합니다. 하지만 이는 메피스토의 착각이기 때문에 메피스토는 영혼을 빼앗지 못하고 하늘에서 내려온 천사들이 파우스트의 영혼을 가로챕니다. 천사들과 줄지어 선 그레트헨은 파우스트의 영혼이 도착하기를 기다리며 영혼의 정화를 돕습니다. 종막終幕은 "영원한 여성이 우리를 인도한다"는 말로 끝을 맺습니다.[8]

《파우스트》는 1부 마지막에서 파우스트의 도움으로 구원을 받은 그레트헨의 영혼이, 2부 마지막에서 천사들과 함께 파우스트의 영혼을 구원하는 구조로 짜여 있습니다. 시간순으로 보면 파우스트가 외친 "너는 살아야 해!"라는 삶의 긍정의 절규가 먼저 그레트헨을 구원하고, 이어서 하늘에서 기다리고 있던 그레트헨이 파우스트를 구원합니다. 파우스트는 스스로의 힘으로 구원을 받은 것도 아니고 하늘의 은총만으로 구원을 받은 것도 아닙니다. 파우스트를 구원한 동인動因은 바로 파우스트가 외친 "너는 살아야 해!"라는 삶의 긍정의 목소리입니다.[9] 그러나 그 목소리는 파우스트가 하자는 대로 휘둘려 자신의 어머니를 죽이고, 아이를 죽이고, 감옥에서 광기에 물든 채 처형을 눈앞에 두었던 여성을 향한 외침이었습니다.

《파우스트》는 두려울 만큼 어둠을 내포한 작품입니다. "나는 태어나지 않았으면 좋았다"라고 절규하며 절망의 구렁텅이에 빠진 인간이 마지막에는 "시간아 멈춰라, 너는 실로 아름답구나"라고 말할 수 있는 행복을 예감하며 죽음에 이르는 길을 그렸습니다. 동시에 그 남자가 삶의 긍정을 가질 수 있도록, 어떤 때는 절망의 끝에 빠졌다가 어떤 때는 천상에서 남자를 구원하기 위해 기다리는, 그 남자에게 너무나도 잘 어울리는 여자의 모습도 함께 그리고 있습니다.[10] 파우스트가 외친 "너는 살아야 해!"라는 말에는, 나중에 천상에서 자신을 정화해줄 여자가 지금 지옥에 떨어지면 곤란하다는 식의 자기중심적 발상에서 나왔다고는 볼 수 없는 우렁찬 힘이 있습니다. 이 말을 외쳤을 때 파우스트 역시 구렁텅이에 빠져 있었습니다. 저는 이 말이 탄생 부정의 밑바닥에서 헤매던 파우스트가 역시 절망의 구렁텅이에 빠진 그레트헨을 향해 사리사욕 없이 터트린 말이었다고 생각합니다. 확실히 태어나지 않으면 좋았을지도 모르지만, 그래도 일단 태어난 이상, 너는 살아야 한다! 강요처럼 들릴 수도 있겠지만, 괴테가 말하고자 하는 희망의 사상이 여기에 응축되어 있다고 생각합니다.

4. 《파우스트》와 탄생 부정

《파우스트》에서 말한 탄생 부정에 대해 더 깊이 고찰해봅시다. 《파우스트》에는 두 가지 부정의 말이 언급되었습니다. 하나는 파우스트가 말한 "이럴 줄 알았으면 나는 태어나지 않았으면 좋았다"의 의미입니다. 또 하나는 메피스토가 말한 "애초에 아무것도 태어나지 않았으면 좋았을 것이다"의 의미입니다. 괴테는 아마 직관적으로 이 두 가지를 구분해서 사용했을 겁니다. 철학적으로 볼 때 이 둘 사이에는 결정적인 차이가 있습니다.

파우스트의 "이럴 줄 알았으면 나는 태어나지 않았으면 좋았다"라는 말은 자기 자신의 상황에 국한됩니다. '내 인생이 이런 식으로 흘러갈 거라면 나는 태어나지 않았으면 좋았다'라는 의미로, 자신의 인생이 어떤 특정한 형태로 진행되어 탄생을 부정하고 싶다는 말입니다. 또한 이 말은 '만약 내가 전혀 다른 형태의 인생을 살 수 있다면, 나는 그 다른 인생을 살아보고 싶다'라는 소망으로 해석할 수도 있습니다.[11] 그럴 경우 나는 내가 탄생하기 전의 무無를 바라기보다는 현재와는 전혀 다른, 또 다른 삶을 살고 싶다는 의미가 됩니다.

파우스트의 말을 한 단계 더 부정적으로 만들어보면 '비록 어떤 인생이 펼쳐진다고 해도 나는 태어나지 않았으면 좋았다'입니다. 다시 말해 비록 내가 어떤 훌륭한 인생을 살 수 있다고 해도 역시 나는 태어나지 않았으면 좋았다는 의미로, 인생의 구체적인 내실 자체의 행불행과 관계없이 '나'라는 존재자는 애초에 이 세상에 태어나지 않았더라면 좋았을 것이라는 말입니다. 《파우스트》에는 이런 사고방식이 명시적으로 나타나지 않지만, 논리적으로는 충분히 유추할 수 있습니다. 물론 그 이면에는 나를 포함한 모든 인간은 태어나지 않았으면 좋았을 것이라는 사고방식이 내재합니다. 애초에 인간이 인간을 계속 낳는 행위 자체가 틀렸다는 것입니다.

이상의 사고방식에 따르면 메피스토의 말, "애초에 아무것도 태어나지 않았으면 좋았을 것이다"는 더욱 악성도가 높습니다. 이 말은 단지 나의 존재나 사람들의 존재에 국한되지 않고 이 세상에 생성되는 모든 것을 대상으로 삼습니다. 나를 포함한 피조물 전체가 이 세상에 나타나지 않았으면 좋았을 것이라는 의미입니다. 즉, 온 우주가 완전한 무의 상태면 좋겠다고 말하는 것입니다. 애초부터 아무 일도 생기지 않고, 아무 일도 일어나지 않으며, 그 어떤 것도 존재하지 않는 상태가 되어야 했다는 것입니다. 따라서 현실과 다른 내용을 가진 우주라면 존재해도 좋았겠다는 애매한 입장을 내보이는 말이 아니라 어떤 내용을 가진 우주라도 애초에 전혀 존재하지 않는 편이 좋다는 말입니다. 이런 사고방식은 신에 의한 세계 창조 자체가 처음부터 아예 없었으면 좋았다는 사상으로 이어집니다. 괴테는 진짜 악을 이렇게 간주합니다.

우리가 "태어나지 않았으면 좋았다"라고 말할 때, 우리는 어느 정도의 깊이로 그 말을 하는 걸까요? 어떤 사람은 자신의 삶에 대한 회한의 감정을 표현하기 위해 그 말을 사용할지도 모릅니다. 어떤 사람은 자신의 삶과 자신의 존재를 마음 깊이 저주하고 진심으로 자살을 생각하며 그 말을 할지도 모릅니다. 어떤 사람은 이 우주 전체가 애초에 생성되지 말아야 했다는 메피스토적인 부정 사상으로 이 말을 할지도 모릅니다.

2장

탄생은 해악인가

1. 오이디푸스 왕

문학에 나타난 탄생 부정에 대해 조금 더 살펴봅시다. 괴테는 셰익스피어로부터 큰 영향을 받았습니다. 셰익스피어의 대표작 《햄릿》은 아버지인 덴마크 왕을 누군가가 살해하자 햄릿이 스스로 광기에 빠진 척하며 진실을 밝혀내려 하는 비극입니다. 햄릿은 고민 끝에 "사느냐 죽느냐 그것이 문제로다To be, or not to be, that is the question"[1]라고 자문하며 자살을 고민합니다. 그 후에 연인 오필리아에게 "수녀원으로 가시오"라며 분노를 터뜨립니다. 햄릿은 말합니다. "아아, 죄인을 낳고 싶은 거요? 나는 이 정도면 꽤 괜찮은 인간이라고 생각하오. 그렇지만 차라리 어머니가 나를 낳지 않았으면 좋았다고 생각할 만한 죄를 얼마든지 저지를 수 있다오."[2] 햄릿의 사고는 자살에서 탄생 부정(낳지 않았으면 좋았다)으로 나아갑니다. 그리고 이 흐름으로 해석하면 "수녀원으로 가시오"라는 말은 오필리아에게 성적 금욕을 평생 강요하고, 아이를 낳지 못하게 하는 출산 부정을 의미합니다.[3] 《햄릿》의 배경에는 이런 반출생주의 사상이 흐르고 있습니다.

이소야마 진이치는 흥미롭게도 'To be, or not to be'를 '내가 살 것인가, 죽을 것인가(자살)'가 아니라, '우리가 존재하는 것과 우리가 존재하지 않는 것'이라고 해석합니다. 이소야마의 해석처럼 만약 이 부분에서 햄릿이 자살을 고민한 것이 아니라면, 햄릿은 살아 있는 것의 가치와 살아 있지 않은 것 즉, 태어나지 않는 것의 가치를 대비시켜 묻는 것이라고 해석할 수도 있습니다. 이소야마 자신은 빅터 프랭클을 참조하면서 "존재할지, 존재하지 않을지, 그것이 문제로다"라고 번역했습니다.⁴ 저라면 더 대담하게 '태어날지, 태어나지 않을지, 그것이 문제로다'라고 번역했을지도 모르겠습니다.

한편 《파우스트》와 《햄릿》에 영향을 준 고전문학 작품으로, 고대 그리스의 소포클레스가 쓴 희곡 《오이디푸스 왕》이 있습니다. 《오이디푸스 왕》은 프로이트의 오이디푸스 콤플렉스Oedipus Complex의 어원이 된 작품입니다. 소포클레스는 기원전 5세기에 활약한 고대 그리스 대표 시인입니다.

《오이디푸스 왕》은 아버지 라이오스 왕에게 버림받은 오이디푸스의 비극적인 이야기입니다. 고아 오이디푸스는 성장한 뒤 우연히 만난 라이오스 왕을 아버지인 줄 모르고 죽이고, 어머니인 왕비와 결혼해 아이를 낳습니다. 그러나 오이디푸스는 마침내 모든 진실을 알고 바늘로 두 눈을 찔러 장님이 됩니다. 오이디푸스는 인생을 한탄하며 아버지 라이오스 왕에 의해 버려졌을 때 죽었으면 좋았을 것이라고 후회합니다. 그때 죽었으면 아버지를 죽일 일도 없었고 어머니와 결혼할 일도 없었다며 말입니다.

속편 《콜로노스의 오이디푸스》에서 늙은 장님 오이디푸스는 딸 안티고네가 이끄는 대로 방랑합니다. 죽음이 다가온 오이디푸스를 향해 코로스는 노래합니다(코로스는 무대 위의 합창대로, 오이디푸스 내면의 목소리를 대변하거나 상황을 설명합니다).

코로스: 오랜 세월을 살았으면서도
더 오래 살기를 바라는 자는
내가 보기에는
분명 어리석은 놈이라네.
긴 세월은 많은 것들을 기쁨보다는 고통으로 만들고,
지나치게 오래 산 자에게는,
그 어디에서도 즐거움을 찾아볼 수 없으리.
(…)
이 세상에 생을 얻지 않는 것이,
더할 나위 없이 좋은 일이겠으나,
일단 태어난 이상,
빨리 왔던 곳으로 돌아가는 것이 그다음으로 좋은 일이라네.[5]

코로스의 "이 세상에 생을 얻지 않는 것이,/더할 나위 없이 좋은 일"이라는 노랫말은, 오이디푸스가 내뱉은 "이럴 줄 알았으면 나는 태어나지 않았으면 좋았다"라는 탄생 부정의 한탄을 대변합니다. 덧붙여 말하자면 코로스의 노랫말에서 '설령 어떤 인생을 살게 될지 몰라도, 애초에 나는 태어나지 않았으면 좋았다'라는 한층 깊은 탄생 부정의 목소리를 연상할 수도 있습니다.

 오이디푸스는 왜 이렇게까지 자신의 탄생을 부정할까요? 아버지 라이오스 왕이 자신을 낳아주기를 바라지 않았기 때문입니다. 《오이디푸스 왕》을 읽어보면 다음과 같은 사실을 알 수 있습니다. 아내 이오카스테가 임신했을 때, 라이오스 왕은 앞으로 태어날 아이에게 자신이 죽임을 당할 운명이라는 신탁을 받았습니다. 그래서 오이디푸스가 태어나자마자 아버지 라이오스 왕은 오이디푸스의 두 다리 복사뼈를 빗장으로 꿰뚫고, 어머니 이오카스테는 하인에게 아이를 건네주며 죽이라고 말합니다. 아이를 건네받은 하인은 오이디푸스를 불쌍히 여겨 다른 하인에게 맡겼고 오이디푸스는 내력을 숨긴 채 은밀히 다른 나라로 입양됩니다. 그 후 청년으로 성장한 오이디푸스는 어느 날 라이오스 왕과 조우하여 그가 누구인지 모르고 죽여버립니다. 모든 진상을 알게 된 오이디푸스는 탄식합니다. "오오, 빛이여, 지금이 그대를 보는 것도 마지막이다. 태어나지 말아야 할 사람에게서 태어나, 결혼해서는 안 될 사람과 동침하고, 해치지 말아야 할 사람의 피를 흘린 이 나의!"[6]

코로스의 "생을 얻지 않는 것이,/더할 나위 없이 좋은 일"이라는 합창은 오이디푸스의 "나는 태어나지 말아야 할 사람에게서 태어났다"라는 한탄을 반영한 표현입니다. 왜 '태어나지 말아야 할 사람'인가 하면, 오이디푸스는 아버지 라이오스로부터도, 어머니 이오카스테로부터도 출생을 부정당했기 때문입니다. '나는 태어나고 싶지 않았다'라는 자식의 생각과 '이 아이를 낳고 싶지 않았다'라는 부모의 생각이 여기에서 교차합니다. '누구도 내가 태어나는 것을 원하지 않았다'라는 사실을 알게 된 오이디푸스는 바늘로 두 눈을 몇 번이고 찌릅니다.[7] "생을 얻지 않는 것이,/더할 나위 없이 좋은 일"이라는 코로스의 합창은 오이디푸스의 내면을 대변합니다.

이 탄생 부정의 말을 소포클레스가 처음으로 언급한 것은 아닙니다. 고대 그리스 작품에서는 탄생 부정 사상을 많이 언급하고 있습니다.

그중에서 기원전 6세기경에 활약한 시인 테오그니스의 《엘레

게이아 시집》에 담긴 시구가 가장 유명합니다. 시집에는 인생의 즐거움과 부조리, 주연酒宴, 소년애少年愛 등 잡다한 내용이 즐비한데, 425~428행에 당돌하게도 아래 시구가 등장합니다.

지상에 있는 인간에게 무엇보다도 좋은 것, 그것은 태어나지도 않고 눈부신 햇빛도 볼 수 없는 것.
그러나 태어난 이상, 가능한 한 빨리 명부冥府의 문을 지나,
수북하게 쌓인 흙 밑에 눕는 것.[8]

이와 유사한 시구는 같은 시대 다른 작가들의 텍스트에도 많이 등장하며, 이 목록은 오노데라 고의 논문에서 확인할 수 있습니다.[9] '더할 나위 없이 좋은 것은 태어나지 않는 것, 그다음으로 좋은 것은 온 곳으로 빨리 돌아가는 것'이라는 사고는 고대 그리스의 지적 세계에서 일종의 시대정신이었습니다.[10]

이 사고방식이 고대 그리스 세계를 넘어 영향을 준 사례 중 하나로 《구약성서》에 수록된 〈코헬렛Qohelet, 전도서〉을 살펴봅시다. 《구약성서》는 오랜 시간에 걸쳐 편찬된 문서 집합체인데, 그중 〈코헬렛〉은 삶의 진실을 그리는 '지혜문학'으로 많은 사람들이 애독하는 문서입니다. "태양은 다시 뜬다" "태양 아래에 새로운 것은 무엇도 없다" 등 주옥같은 말들이 수록되어 있습니다. 〈코헬렛〉은 기원전 5~4세기 무렵에 쓰여졌다고 추정합니다.[11]

〈코헬렛〉은 이렇게 시작합니다. "헛되고 헛되다고 코헬렛은 말한다./헛되고 헛되니, 모든 것이 헛되도다, 라고."[12] 구약성서번역위원회판 《구약성서》의 주해에서는 '헛되다'란 세계의 사물이 '무목

적하고 무의미'한 것, 그리고 인간의 존재도 행위도 '특별한 의의를 지니지 않는다는 것'을 가리키며, 그 최고 표현이 '헛되고 헛되다'이라고 풀이합니다.[13]

〈코헬렛〉에는 "나는 태양 아래 행해진 모든 일을 보았노라, 보라, 그 모든 것은 헛되어, 바람을 잡으려는 것과 다름없었다"라고 쓰여 있습니다.[14] 지상에서 행해지는 모든 것은 허무하고 의미가 없다는 말입니다. 진실을 확인하기 위해 많은 지혜를 익혔지만, 허망한 일이었습니다. 돈을 손에 넣고 온갖 쾌락을 시도해봤지만, 그조차도 허망한 일이었습니다. "실로 그의 전체 생애는 고통의 연속, 하는 일이라고는 근심 그 자체일 뿐, 밤에도 마음은 쉬지 못하니 이 또한 헛되도다."[15] 〈코헬렛〉 속 독백은《파우스트》첫머리에서 늙은 파우스트 박사가 터트리던 탄식과 일맥상통합니다.

사람도 동물도 죽으면 같은 곳으로 갑니다. 〈코헬렛〉은 "모든 것이 흙에서 말미암았으므로, 모든 것은 흙으로 돌아간다"면서,[16] 다음과 같이 서술합니다.

나는 아직 살아 있는 자들보다 죽은 지 오래된 죽은 자들이 복되다 하였다. 아니, 그 둘보다 지금까지 존재하지 않았던 자가 더 복되다고 하였다. 그는 태양 아래에서 행해지는 나쁜 짓을 볼 일이 없으니까.[17]

살아 있는 사람이나 죽은 사람보다 아직 태어나지 않은 사람이 더 행복하다는 말입니다. 공허함이 모든 것을 지배하는 이 땅에 태어나지 않는 것이야말로 가장 행복한 일입니다. 이 부분에서 '태어나지 않는 게 나았다'는 탄생 부정 사상을 분명하게 표현하고 있습니다.

〈코헬렛〉은 또 서술합니다. 비록 사람이 백 명의 아이를 낳고 장수하더라도,

사산死産된 아이가 그보다 더 복되다, 라고.
왜냐하면 후자[사산된 아이]는 헛되이 왔다가,
어둠에서 어둠으로 묻히니.
그는 해를 보지도 않고, 알지도 못하지만,
전자[장수한 어른]보다 그에게 평안함이 있다.[18]

〈코헬렛〉은 죽은 채 태어난 아이가 지상에서 오래 산 어른보다 더 행복하고 편안하다고 주장합니다. 그렇다면 태어난 인간은 어떻게 해야 할까요? 〈코헬렛〉은 다음과 같이 서술합니다. "나는 알았다. 그 생애 동안 즐기고 스스로 행복을 만들어내는 것, 이것 외에 사람의 행복은 없다, 라고. 또 모든 사람이 먹고 마시고, 그 모든 노고에서 행복을 보는 것, 이것이야말로 신이 주신 선물이다, 라고."[19] 모든 것은 헛되고 헛되지만, 우리는 그 안에서조차 즐거움과 행복을 찾아갈 수 있습니다. 여기에서 신의 축복이 드러난다는 뜻입니다.[20] 그야말로 지혜문학의 정수를 보는 느낌입니다.

세키네 마사오는 《구약성서서설》에서 〈코헬렛〉의 작자는 고대 그리스 시인 테오그니스를 참조했을 거라고 짐작합니다. 왜냐하면 당시에 많은 사람들이 테오그니스를 읽었을 여지가 많기 때문입니다. 세키네 마사오는 "〈코헬렛〉 작가가 테오그니스를 읽었거나 혹

은 다른 사람에게 전해 듣고, 그 내용을 어느 정도 기억했을 가능성이 있다고 생각한다. 그런 의미에서 양자는 직접 관련된다는 것이 우리의 잠정적인 결론이다"라고 말합니다.[21] 이에 따르면 고대 그리스는 다신교를 믿는 세계이고, 이에 반해 유대인의 《구약성서》의 근간은 일신교이지만, 그 차이를 극복하고 탄생 부정 사상이 전파되었음을 알 수 있습니다.

고대 그리스의 탄생 부정은 생각지 못한 곳까지 영향을 줍니다. 《신약성서》의 〈마가복음〉에서 최후의 만찬에 임한 예수는 마음속에 배신을 감추고 있던 유다를 향해 쏘아붙입니다. "그러나 '인자人子'를 팔아넘기는 그 사람에게는 화禍가 있을지어다. 그 사람은 태어나지 않는 것이 나았을 텐데."[22] 이 장면에서 '태어나지 않는 게 나았다'라는 말은 예수로부터 유다에게 향하고 있습니다. 다시 말해, 타인에 대한 탄생 부정입니다. 이 말은 《신약성서》에서 가장 큰 탄생 부정의 말 중 하나일 겁니다. 현재 남아 있는 사복음(《마태복음》《마가복음》《누가복음》《요한복음》— 옮긴이) 원본은 그리스어로 쓰였습니다. 작가가 누구인지는 알 수 없지만 그리스어를 능수능란하게 사용하던 지식인이 분명합니다. 고대 그리스 문학에서 보이던 탄생 부정 사상이 당시 지식인들에게 헬레니즘을 배경으로 한 교양으로 습득되어, 복음서에까지 흘러들어 갔다고 해도 이상한 일은 아닙니다.

영향을 받은 곳을 하나 더 보겠습니다. 기원후 2세기경 지중해에서 중동에 걸쳐 하나의 특정한 세계관을 공유한 여러 종교가 나타났습니다. 그들에게서 발견되는 종교사상을 '그노시스주의'라고 합니다. 그노시스주의는 인간은 실수로 이 악한 세상에 태어났으며 사후에 본래의 더 나은 세상으로 돌아가야 한다고 주장합니다.[23] 그 노시스주의의 하나인 만다교Mandaeism, 만다야교의 장송葬送 시편에서는 이 세상이 수많은 죄를 저지른 악한 자들의 거처이며, 어둠의 세계라고 여깁니다. 그리고 죽은 영혼에게 "올라가라, 네가 예전에 있던 땅으로, (…) 그곳에서 네가 이 땅으로 옮겨진 땅으로"라고 호소합니다.[24] 이 세상으로 떨어지기 전의 본래 고향으로 돌아가라는 말입니다.

이 그노시스주의에서 '가장 좋은 것은 태어나지 않는 것, 그다음 좋은 것은 왔던 곳으로 빨리 돌아가는 것'이라는 고대 그리스 탄생 부정 사상의 잔향이 느껴집니다.[25] 탄생 부정 사상은 마치 바이러스가 사람에서 사람으로 퍼져가듯 지중해에서 중동에 걸친 광대한 지적 세계를 석권했습니다.[26]

당시 지중해에서 중동에 걸친 지역은 거대한 문명교류권이었고, 다양한 종교와 사상이 서로 영향을 주고받았습니다. 나중에 검토할 고대 인도에서는 출가 형식으로 정비된 출산 부정의 생활방식이 있었습니다. 저는 기원전 지중해에서 중동, 그리고 남아시아에 걸친 문명교류권이야말로 반출생주의를 비롯한 생명철학의 모태가 된 곳 중 하나라고 생각합니다. 기원전 고대 그리스 문명은 고대 인도에 침입해 원시불교와 교류합니다. 그리고 그 후에 성립한 대승불교는 실크로드를 거쳐 중국대륙으로 퍼져나가 중국 철학과 접촉했고, 심지어 조선과 일본에 이르렀습니다. 또 다른 생명철학 발상지는 불교와 접촉하기 전인 고대 중국입니다. 고대 중국에서는 뚜렷한 반출생주의를 찾아볼 수 없지만, 그 대신 독자적인 생명철학이 꽃피었습니다. 생명철학의 역사는 이런 시각에서 다시 이야기되어야 합니다. 생명철학에서 서양과 동양이라는 구분은 더 이상 의미가 없습니다.[27] 생명철학은 문명교류권을 통해 서로 긴밀하게 연결된, 말 그대로 세계 철학이었던 것입니다.

2. 세계와 삶에 대한 저주

 자, 여기서 눈을 크게 돌려 현대의 탄생 부정 사상을 살펴봅시다. 먼저 20세기에서 탄생 부정을 높이 노래한 사상가로 에밀 시오랑이 있습니다. 그는 수많은 단편을 통해 탄생 부정 사상을 내보였습니다. 예를 들어, 대표작 《탄생의 재앙》(우리나라에서는 《태어나는 것의 불행에 대하여》라는 제목으로 출간되었다. ─ 옮긴이)에서 시오랑은 다음과 같이 말합니다.[28]

 단지 하나의 진짜 불운, 그것은 태어난다는 불운이다.[29]

 태어나지 않는 것, 생각하는 것만으로, 이 얼마나 행복, 이 얼마나 자유, 이 얼마나 혁신인가![30]

 태어나지 않는 것은 논쟁의 여지가 없는, 가능한 최선의 방식이다. 불행하게도 그것은 누구의 손에도 닿지 않는다.[31]

 시오랑은 수많은 저작 속에서 이렇게 '태어나지 않는 게 나았다'라고 몇 번이나 수사적으로 말합니다. 여기에서 다시 한번 고대 그리스에서 전해진 '이 세상에 생을 얻지 않는 것이 더할 나위 없이 좋은 일'이라는 사상의 생생한 반향을 확인할 수 있습니다. 하지만 시오랑의 책을 읽어보면, 고대 그리스의 그것을 훌쩍 넘어설 만큼 세상과 삶에 대한 저주의 감정으로 가득합니다.

오타니 타카시는 시오랑의 염세주의Pessimism에 대해 다음과 같이 진술합니다. "시오랑은 음陰의 감정, 네거티브한 격정, 비참, 고뇌, 절망, 그런 것들에 매료되어 세상과 삶에 대한 미움을 멈출 수 없었다."[32] 그리고 그 결과 시오랑은 증오하는 삶에 스스로 고착되어 거기서 벗어날 수 없게 되었다고 진단합니다.[33]

한편, 테오그니스나 소포클레스에서 보았듯이, 고대 그리스에서 탄생 부정은 빨리 생을 마감하고 싶다는 바람과 연결되어 있습니다. 시오랑은 생을 마감하는 것에 대해서는 어떻게 생각했을까요?

시오랑은 스물두 살 때 첫 책《절망의 극치》에서 자살에 관해 씁니다. 즉 자신이 경의를 표할 만한 존재는 "언제 어떤 순간에도 미치광이가 될 수 있는 인간과 언제 어떤 순간에도 자살할 수 있는 인간"이며, 삶을 긍정적으로 경험하는 인간은 존경받을 만하지만 그 이상은 아니라고 말합니다. 그런데 시오랑은 자신의 자살에 대해서는 부정적으로 말했습니다. "왜 나는 자살하지 않는가. 삶과 마찬가지로 죽음이 내게 혐오감을 불러일으키기 때문"이라는 이유입니다.[34] 태어나지 않는 게 나았겠지만, 자살하는 것 또한 좋지 않다는 말입니다.

그런데 시오랑은 쉰 살 중반에 지중해 이비사 해안에서 실제로 자살을 시도하기도 했습니다. 후지모토 타쿠야는 시오랑이 자살을 시도할 때, 바다에 몸을 던지지 않고 그곳에서 몇 시간 머물면서 모든 것은 '비현실'이라는 세계관에 이르렀다고 고찰합니다. 시오랑은 씁니다. "해가 뜨기 전부터 아름다운 풍경, 길에 무성한 용설란, 파도 소리, 그리고 하늘, 모든 것이 내게는 아름답게 여겨져 내 계획에는 없던 것, 어쨌든 너무 성급한 것으로 보일 정도였다. 만약 모든 것이 비현실적이라면, 이 풍경도 그러하다고 나는 생각했다."[35] 이에 대해 후지모토는 모든 것이 비현실적이라서 삶이건 죽음이건 현실성이 없어지므로, "굳이 자살을 시도할 필요가 없고, 시오랑의 자살성 사고Suicidal Ideation는 사라지게 된다. 즉, '비현실성'의 자각이라는 방법으로 '죽음 극복'이 이루어지고 있다"라고 말합니다.[36]

이 시기 시오랑은 자살이야말로 태어난 것에 대한 유일한 해결책이라 생각했는데,[37] 실제로 자살을 시도했을 때, 말하자면 이 세계로부터 자살을 아름답게 거절당하여 삶의 영역으로 되돌아왔습니다. 모든 것은 비현실적이라는 깨달음으로 인해 시오랑은 탄생 부정과 자살이 연관된다는 관념을 강제로 해제한 것입니다. 이렇게 시오랑은 자살과 거리를 두게 되었습니다. 이후 시오랑은 불교사상에 접근했지만 그 길을 택하지 않았고, 말년에는 알츠하이머병에 걸려 사망했습니다.[38]

탄생 부정과 자살의 관계는 중요하기 때문에 조금 더 보충하겠습니다. '태어나지 않았으면 좋았다'라는 사상은 자살성 사고를 가진 인간에게는 맹독으로 작용한다는 의견이 있습니다. 탄생 부정 사상은 자신의 존재를 부정적으로 생각해 스스로를 죽음으로 몰아넣으려는 사람에게 최후의 일격을 가한다는 말입니다.

신중하게 생각하면 알 수 있듯이 '태어나지 않았으면 좋았다'와 '죽는 게 낫다'는 전혀 다른 사고방식입니다. '태어나지 않았으면 좋았다'라는 생각을 내가 지금 여기서 실행할 방법은 없습니다. 나는 이미 태어나버렸기 때문에 없던 일로 되돌리기란 불가능합니다. 그런데 '죽는 게 낫다'라는 생각은 지금 여기서 실행할 수 있습니다. 자살로 그 생각을 완수할 수 있습니다. 즉, 자살을 통해 긍정되는 것은 '죽어버리는 게 낫다'라는 사고방식이지 결코 '태어나지 않았으면 좋았다'라는 사고방식이 아닙니다. 이 점을 논리적으로 잘 파악해야 합니다. '태어나지 않았으면 좋았다'라고 한탄하면서 그 이유로 자살하는 행위는 철학적으로 착오입니다.

다시 말해, '태어나지 않았으면 좋았다!'라는 절규는 '죽어버리는 게 낫다!'라는 절규와 전혀 다른 것입니다. 단적으로, '태어나지 않았으면 좋았다'라는 말 안에는 '죽어버리는 게 낫다'라는 사상이 포함되지 않습니다. 물론 '태어나지 않았으면 좋았다'라는 생각이 '죽어버리는 게 낫다'라는 생각으로 이어질 수는 있습니다. 그러나 그렇다고 전자에 후자가 포함되지는 않습니다. '태어나지 않았으면 좋았다'는 자신을 살아 있는 상태에 둔 채, '태어나지 않는' 실현 불가능한 상태로 몰아가려는 정념입니다. 자신을 살려둔 상태에서 자신의 탄생을 철저히 부정하려는 사상입니다. 만약 이것을 메피스토처럼 진전시키면, 자신에 국한하지 않고 이 세상 모든 것의 탄생을 부정하고자 하는, 극단적인 반존재적 사고방식으로 귀결합니다.

사람들이 '태어나지 않았으면 좋았다'라고 말하는 배후에는 사회의 모순과 차별과 착취가 그 사람을 괴롭히기 때문이며, 사회문제를 해결하는 것이 선결과제라는 사고방식도 있습니다. 물론 이는 중요한 지적입니다. 그렇지만 '태어나지 않았으면 좋았다'를 사회 모순이나 차별, 착취가 해결되면 동시에 해소되는 탄식으로 파악하는 방식의 한계 또한 인식해야 합니다. 차별이 만연한 사회의 압살이 있건 없건 '태어나지 않는 게 낫지 않았느냐'라는 질문은 얼마든지 성립하며, 이미 보았듯이 그 말은 이 세속사회의 정점에 선 대학자나 왕에게서조차 나올 수 있기 때문입니다.

3. 베네타의 탄생해악론

여기서 21세기 분석철학으로 눈을 돌려봅시다. 데이비드 베네타[39]는 2006년에 펴낸 《태어나지 않는 게 나았다》[40]에서 탄생 부정 사상을 논리적으로 뒷받침하려고 했습니다. 문학적으로 영탄詠嘆하는 데 그치지 않고, 이론을 통해 탄생 부정이 옳음을 증명하려고 했습니다. 이를 탄생해악론誕生害惡論이라 부릅니다.[41] 왜 탄생해악론이냐면, 베네타가 '태어나는 것은 항상 해악이다'[42]라고 주장하기 때문입니다.

베네타는 누구든지 이 세상에 태어나는 것이 태어나지 않는 것보다 틀림없이 나쁘다고 주장합니다. 이런 사실에 예외는 없으며, 자신이 태어난 것에 대해 어떻게 생각하는지와 전혀 관계없이 논리적으로 성립한다고 말합니다. 만약 누군가가 자신이 태어나서 정말 다행이라고 생각한다면, 그 사람이 올바른 추론을 하지 못한 탓이라는 겁니다. 그 사람이 아무리 "내 일에 참견하는 건 쓸데없는 오지랖이다"라고 반박해도, 그 사람은 이성의 사용법을 잘못 알고 있다는 게 베네타의 생각입니다.

베네타는 《태어나지 않는 게 나았다》 2장에서 아래와 같이 주장합니다. 이 부분은 베네타 철학의 핵심이므로 그 개요를 살펴보고자 합니다.[43]

먼저 기본적인 전제는 '고통이 존재하는 것은 악이며 나쁘다. 쾌락이 존재하는 것은 선이며 좋다'입니다. 이를 전제로 어떤 사람이 존재할 때의 좋은 점과 존재하지 않을 때의 좋은 점을 비교해봅시다.⁴⁴ 표를 참조하면서 생각하면 이해하기 쉽습니다. ⁴⁵

어떤 사람이 존재할 때	어떤 사람이 존재하지 않을 때
고통이 존재할 경우 (나쁘다)	고통이 존재하지 않을 경우 (좋다)
쾌락이 존재할 경우 (좋다)	쾌락이 존재하지 않을 경우 (나쁘지 않다)

먼저 고통에 대해 생각해봅시다. 만약 어떤 사람이 존재한다면 그 사람은 인생에서 많건 적건 고통을 경험합니다. 이 고통의 경험은 그 사람에게 악입니다. 혹시 어떤 사람이 존재하지 않는다면 애초에 고통을 겪을 주체가 존재하지 않으므로 이 상황은 선입니다.⁴⁶ 그러므로 고통에 관해 말하자면, 존재하는 것보다 존재하지 않는 것이 더 낫습니다.

그럼, 쾌락에 대해서는 어떨까요? 어떤 사람이 존재한다면 그 사람은 인생에서 어느 정도 쾌락을 경험합니다. 이 쾌락의 경험은 그 사람에게 선입니다. 만약 어떤 사람이 존재하지 않는다면 어떨까요? 베네타는 이때 '쾌락을 경험하는 주체가 존재하지 않으니 악이다'라고 규정할 수는 없다고 주장합니다. '쾌락을 경험할 주체가 존재하지 않기 때문에 쾌락이 존재하지 않는' 상황은 결코 나쁜 것은 아니며 나쁘지 않은 not bad 상황이라고 말합니다.⁴⁷

왜냐하면 애초에 쾌락과 고통 사이에 비대칭성이 성립하기 때문입니다. 가령 두 사람, 즉 태어나면 고통에 시달릴 게 분명한 사람과 태어나면 쾌락으로 채워질 게 확실한 사람을 상상해봅시다. 이때 고통에 관해 말하면 고통에 시달릴 게 분명한 인간을 이 세상에 '태어나지 않게 할 의무'라는 것이 존재할 듯합니다. 그러나 쾌락에 관해서 말하면 쾌락으로 채워질 게 확실한 인간을 '태어나게 할 의무'가 존재한다고 말할 이유는 전혀 없습니다. 여기에서 쾌락과 고통의 비대칭성이 나타납니다.[48] 즉 고통에는 들어맞는 논리가 쾌락에 그대로 들어맞지는 않습니다.

그렇다면 쾌락의 독자적인 논리란 어떤 것일까요? 여기에 외딴섬이 있다고 가정해봅시다. 멀리서 망원경으로 이 외딴섬을 보는데 사람들이 해변에서 뒹굴고 낮잠을 자는 모습이 보입니다. 그러면 '여기는 기분 좋은 사람들이 있으니 좋은 상황이다'라고 생각하는 건 전혀 이상하지 않습니다. 하지만 이 외딴섬이 무인도일 경우 '여기에는 좋은 기분을 느낄 사람 자체가 없으므로 나쁜 상황이다'라고 생각하는 건 이상하지 않나요? 무인도라서 좋은 기분을 느낄 사람이 전혀 없는 상황은 '특별히 나쁜 것은 아니다'일 겁이다.[49] 만약 독자가 이 추론을 수긍한다면 조금 전의 '쾌락을 경험하는 주체가 존재하지 않기 때문에 쾌락이 존재하지 않는 상황이 결코 나쁜 것은 아니다'라고 결론 내릴 수 있습니다.[50]

정리해보면 쾌락에 대해 '어떤 사람이 존재하고 그 사람이 쾌락을 경험하는 것은 좋은 것이다'라고 말할 수 있는 동시에, '어떤 사람이 존재하지 않기 때문에 쾌락 또한 존재하지 않는 것은 결코 나쁜 것이 아니다'라고 말할 수 있습니다. 이것이 앞 문단까지의 결론입니다.

그런데 얼핏 보면 전자의 '좋은 것'은 후자의 '나쁜 것이 아닌 것' 보다 더 좋아 보입니다. 왜냐하면 '좋음'은 플러스이지만 '나쁘지 않음'은 단지 '나쁜 것'을 부정한 것에 불과하므로, '좋음'이 '나쁘지 않음'보다 더 낫다고 생각되기 때문입니다.[51] 그러나 베네타는 그렇지 않다고 주장합니다. 전자의 '좋음'과 후자의 '좋음' 사이에는 사실상 차이가 없다는 겁이다.

왜냐하면 지금 문제가 되는 상황은 존재하는 두 인간 사이의 비교가 아니라 존재하는 인간과 존재하지 않는 인간 사이의 비교이기 때문에, 앞 문단에서 말한 논리는 성립되지 않습니다.[52] 존재하는 인간과 존재하지 않는 인간을 비교할 경우, 인간의 존재에서 기인하는 '좋은 것'이 인간의 비존재에서 기인하는 '나쁘지 않은 것'보다 결코 더 낫다고 할 수 없습니다.[53] 이것이 베네타가 가장 말하고 싶은 내용입니다.

즉, 베네타는 후자의 '나쁜 것은 아니다 not bad'라는 문장은 전자의 '좋은 것이다 good'에 비해 '더 나쁘지는 않다 not worse than'라는 의미라고 주장합니다.[54] 따라서 쾌락이라는 점에서는 후자의 좋음이 전자의 좋음과 최소한 같다고 말할 수 있습니다.[55]

베네타는 이렇게 설명하고 여러 가지 예증을 하는데, 이 부분은 그의 논법에서 가장 불분명해 보입니다.[56] 저는 그의 논법이 제대로 성립하지 않았다고 생각합니다. 왜냐하면 베네타가 인간의 존재에서 기인한 '좋은 것'이 인간의 비존재에서 기인한 '나쁘지 않은 것'보다 더 낫다고 할 수 없다는 주장의 근거를 제대로 증명하지 못했다고 보기 때문입니다.[57]

베네타가 말하고 싶은 바는 그가 참조한 크리스토프 페히게[58]의 논의를 따라가 보면 알기 쉬울 듯합니다. 페히게의 논의는 다음과 같이 말할 수 있습니다. 어떤 방에 목마른 사람이 있다고 가정해봅시다. 그 사람이 물을 마시고 갈증을 풀면 이것은 좋은 일입니다. 그런데 그 옆방에는 사람이 아무도 없습니다. 그래서 그 방에는 물을 마시고 해소해야 할 갈증이 존재하지 않습니다. 이 또한 좋은 일입니다. 이 둘을 비교하면 양쪽 모두 똑같이 좋은 일이라고 말할 수 있습니다. 이 논법을 앞선 베네타의 경우에 적용해봅시다. 목마른 사람이 물을 마시고 갈증을 해소하는 것은 (베네타의 논법에서) 사람이 존재하고 쾌락이 있는 경우에 해당합니다. 사람이 아무도 없는 것은 (베네타의 논법에서) 사람이 존재하지 않기 때문에 쾌락이 없는 경우에 해당합니다. 따라서 베네타의 논법에서 사람이 존재하고 쾌락이 있는 경우는 물론, 사람이 존재하지 않고 쾌락이 없는 경우도 똑같이 좋은 것이 됩니다.[59]

이상의 논의를 요약하면, 어떤 사람이 존재할 경우에는 고통을 경험하는 것은 악이며, 쾌락을 경험하는 것은 선입니다. 이에 반해 어떤 사람이 존재하지 않을 경우에는 고통을 경험하지 않는 것이 선이며, 쾌락을 경험하지 않는 것도 선이나 마찬가지입니다. 따라서 이 두 가지를 전체적으로 비교하면 '존재하는' 것보다 '존재하지 않는' 것이 어떤 경우에서도 더 좋은 것이 됩니다. 이 논리를 사람이 태어나는 것에 적용하면 어떤 사람이든 '태어나지 않는 게 더 낫다'는 말이 됩니다.[60]

이 책에서 전개한 베네타의 논의는 매우 복잡하므로, 저 나름의 비유를 사용해 베네타가 말하고자 하는 바를 대변해보겠습니다.

여기 새하얀 캔버스가 있습니다. 하얗게 빛나는 캔버스는 최고로 아름답습니다. 이것이 사람이 태어나지 않았을 때의 상태입니다. 사람이 태어난다는 것은 이 하얀 캔버스에 인생의 그림을 그리는 행위입니다. 하지만 아무리 예쁜 물감을 사용해 아무리 아름다운 그림을 그렸다고 해도 원래의 새하얀 아름다움을 뛰어넘지는 못합니다. 도리어 곳곳에 칠을 잘못해서 더러워지는 부분이 나올 게 틀림없습니다. 그러니 캔버스를 그대로 하얗게 놔두는 게 그 위에 그림을 그리는 것보다 '더 아름답다'라고 논리적으로 말할 수 있습니다. 저는 베네타의 주장을 이런 비유로 이해해보았습니다.

　베네타의 주장에서, 하얀 캔버스가 최고의 상태이고 거기에 한 점이라도 물감을 묻히면 모든 것이 더러워진다는 결벽증이 느껴집니다. 실제로 베네타는 "비록 좋은 일이 가득한 삶일지라도 나쁜 일이 아주 조금이라도 있다면, 다시 말해 행복이 가득한 삶일지라도 바늘 끝으로 딱 한 번 찌를 정도의 아픔으로 더럽혀졌다면 그 인생은 인생의 비존재보다 반드시 나쁜 것이다"[61]라고 썼습니다. 이 문장에는 베네타 사상의 핵심이 훌륭하게 표현되었습니다.

　이상이 베네타가 쓴 앞의 책 2장 내용입니다. 그리고 3장에서는 사람들의 삶이 얼마나 고통스러운지, 그럼에도 우리가 그런 사실을 얼마나 직시하지 못하는지에 대해 서술합니다. 삶의 비참을 설명하는 이 부분은, 2장의 탄생해악론으로부터 독립한 다른 고찰이라고 구분하는 게 좋습니다. 그다음 4장부터는 출산 부정과 인류 멸종을 주장하기 때문에 그 요점을 살펴보겠습니다.

　먼저, 인류의 미래에 대해 베네타는 인간은 태어나지 않는 게 더 나았으니 우리는 새로 아이를 낳지 말아야 한다고 주장합니다.

그런 미래를 이루기 위해서 피임과 조기 낙태를 권합니다. 베네타는 낙태에 대해 '태아사망주의'Pro-death' View of Abortion'[62]를 주장합니다. 즉 임신한 여성은 태아를 낙태해 사망하도록 만드는 것이 바람직하며, 만약 낙태를 하지 않는다면 그에 합당한 고차원의 이유를 부여해야 한다고 말합니다.[63]

그리고 지구상에 존재해야 할 인류의 수는 '0명'입니다.[64] 인류는 멸종해야 합니다. 그 멸종은 빠를수록 좋습니다. 멸종은 자살이 아니라 계획적이고 단계적인 출산율 저하를 통해 이루어져야 합니다. 이런 베네타의 사고방식은 극단적이지만, 인류의 단계적 멸종을 주장한 사람이 베네타가 처음은 아닙니다. 노르웨이 철학자 베셀 삽페[65]도 《비극성에 대하여》에서 같은 발상을 제시합니다. 삽페는 인류가 고통에서 벗어나기 위해서는 출산율을 인류의 재생산이 가능한 선보다 낮춰가자고 전 세계적으로 합의하면 된다고 생각합니다[66](인류 멸종 사상의 역사는 더 거슬러 올라갈 수 있습니다).[67]

특히 베네타 사상의 남다른 점은 인류뿐만 아니라 다른 생물의 고통도 생각한다는 데 있습니다. 베네타는 인간을 포함한 고통을 느끼는 모든 생물이 존재하지 않는 우주를 희망합니다. 그런 우주에서는 고통이 존재하지 않으며, 나아가 해악도 존재하지 않기 때문입니다.[68] 이를 '아무것도 태어나지 않았으면 좋았을 것이다'라는 메피스토의 말과 비교해봅시다. 메피스토는 이 세상에 창조된 모든 것이 생기지 않았으면 좋았다고 말합니다. 소포클레스나 베네타는 그 정도까지 강하게 주장하지는 않습니다. 베네타는 의식을 가지고 있어서 고통을 느끼는 존재, 즉 인간이나 동물 등이 태어나지 않았으면 좋았다고 말할 뿐, 식물·세균·암석까지도 생겨나지 않는 게 더 낫다고 주장하지는 않습니다.

　베네타가 꿈꾸는 세상은 암석으로 만들어진 행성에서 물이 흐르고 바람이 불며 세균이 꿈틀거리고 식물과 나무가 무성한 풍경일 겁니다. 그 세상에는 아무런 쾌락도 없는 대신 아무런 고통도 없습니다. 사물이나 생물의 모습만 변해가는 세계로, 말하자면 적막함만 덧없이 가득한 세계입니다.

　그러나 애초에 베네타가 꿈꾸는 세계가 실현될 수 있을까요? 지구상에는 이미 고통을 느끼는 무수한 동물이 서식합니다. 만약 베네타가 바라는 대로 인류가 단계적으로 축소되어 멸종한다고 해도, 그 뒤에는 동물들이 남습니다. 그중 육식동물은 다른 동물들을 잡아서 큰 고통을 주면서 배불리 먹을 겁니다. 그렇게 지구상에는 고통이 끊임없이 존재할 텐데, 베네타에게 그런 상황은 지옥 같은 세계입니다. 인류가 멸종하기 전에 모든 육식동물을 불임화해서 뿌리를 뽑는 방법밖에 없습니다. 하지만 남겨진 초식동물이나 어류도 병에 걸리거나 해서 아픔을 느낍니다. 그렇다면 역시 어류를 포함한 동물 모두를 불임화해서 지구상에서 고통을 느낄 가능성을 가진 생물을 모두 없앤 후에 인간도 멸종해야 합니다.

　하지만 그렇게까지 해도 남겨진 식물이나 곤충, 바닷속 생물들이 아픔을 느끼는 생물로 진화할 가능성이 있습니다. 이를 예방하려면 생물진화를 감시하다가 어떤 생물이 고통을 느끼는 생물로 진화할 징후를 보이면, 빠르게 감지해 그 생물종을 불임화하는 전자동 시스템을 만들어놓은 후에 인류는 멸종해야 할 것입니다. 그 시스템은 센서를 지구상 곳곳에 배치하여 끊임없이 생태계의 진화를 감시해야 합니다. 또 시스템 자신이 진화하지 않도록 스스로 제어하는 구조도 갖춰야 합니다. 어쨌든 인류와 같은 존재가 진화를 통해 다시 출현하는 일만은 절대 생기지 않도록 해야 합니다. 반출생주의는 숙명적으로 생물진화와 끝없는 싸움을 벌여야 합니다. 왜냐하면 의지를 가진 생물로의 진화야말로 태어나는 것에 대해 동의를 받지 않은 채 새로운 생물종을 만들어내는 존재의 탄생을 알리는 최초의 신호이기 때문입니다. 냉정하게 생각하면 인류가 반출생주의에 따른 활동에 성공했다고 하더라도 생물진화를 이기기는 어려울 것입니다. 만약 인류가 고통을 느끼는 지구상의 모든 생물을 불임화하는 데 성공한 후에 지구 전체를 폭파한다 해도, 그 후에 다른 행성이나 위성에 있는 물질에서 생물이 태어나서 고통을 느끼는 존재로 진화하는 것까지 막을 수는 없습니다. 우주에서 진화가 멈추지 않는 한, 인류의 반출생주의는 언제나 패배할 가능성을 내포합니다. 물질 시스템 속에 잠재한 생명을 향한 잠재력, 그리고 생명 시스템 속에 잠재한 의식을 가진 존재로 발전하려는 잠재력이야말로 반출생주의의 진정한 적입니다. 여기까지 생각하면 반출생주의의 순수한 형태는 메피스토 말처럼 '애초에 아무것도 존재하지 않았더라면 좋았다'일 수 있습니다. 그러나 그 소망조차 무無에서 우주가 저절로 생성될 가능성까지 배제할 수는 없으므로 패배할 가능성이 높습니다. 반출생주의의 망치로 아무리 산산이 부숴도 불사신처럼 몇 번이라도 무에서 생성할 수 있는 게 바로 우주이고 생명입니다. 여기에서 반출생주의의 진정한 적은 '생성'임이 드러납니다. 어쨌든 반출생주의와 생물진화라는 주제는 지금까지 거의 언급되지 않았지만 중요한 논점이라고 생각합니다.[69]

베네타의 그 후 저작들을 살펴봅시다. 베네타는 2015년 논문에서 인류가 인간을 포함한 무수한 동물에게 막대한 위해를 가하여 고통을 초래했다고 지적합니다. 이를 막기 위해 인간에게는 자손을 낳지 않아야 할 추정적推定的인 의무가 있다고 말합니다. 인간이 고통을 느끼는 생물에 대해 가하는 행위에 주목하는, 이와 같은 주장을 베네타는 '염세적 논의Misanthropic Argument'라고 부릅니다.[70]

더 나아가 베네타는 2017년 저서《인간의 고난》에서 우주 전체를 시야에 두었을 때 우리는 염세주의가 될 수밖에 없다고 말합니다. 우주적 관점에서 보면 인간의 생명은 아무런 의미가 없습니다. "우리는 우리에게 전혀 무관심한 거대한 우주 속의 하찮은 얼룩에 지나지 않는다."[71] 우리는 존재해야 할 아무런 이유가 없습니다. 인류의 모든 위대한 성취, 예를 들면 건조물이나 지식, 예술 등은 언젠가 사라집니다. 설령 일부가 남는다 해도 지구가 소멸하면 모두 사라집니다.[72] 이런 '우주적 의미'의 차원에서는 인간 존재란 아무런 의미가 없습니다.[73]

그렇다면 이미 태어난 인간은 도대체 어떻게 하면 좋을지가 관건입니다. 베네타는 다음과 같이 제안합니다. 첫째, 아이를 낳지 않는 것입니다. 고난을 감내할 존재를 이 우주에 새로 만들어내는 행위를 피해야 합니다. 둘째, 실용적 염세주의Pragmatic Pessimism[74] 태도를 취하는 것입니다. 즉, 인생에 대해 염세주의적인 입장을 취하면서도, 항상 그 생각만 하는 게 아니라 일상생활에서 뭔가 의미 있는 일을 하거나 기분 전환을 하면서 인생을 흘려보내는 방식입니다. 베네타는 삶의 고통을 계속 마주하라고 권하지 않습니다. 현실의 삶은 정말 태어날 만한 가치가 없지만, 일단 태어났다면 실용적 염세주의로 살아보라는 겁니다.

한편, 탄생 부정 사상에 대해서 '그렇게 태어나지 않았으면 좋았다고 할 거라면 자살하는 게 낫지 않냐'라는 반론이 자주 제기됩니다. 베네타는 《태어나지 않는 게 나았다》에서 그 반론에 대답했으며, 《인간의 고난》에서 더욱 상세하게 다룹니다. 그 개요를 살펴보겠습니다. 시오랑의 경우에서도 그랬듯, 탄생 부정을 주장하는 철학자가 자살에 대해 어떻게 생각하는지는 매우 흥미로운 부분입니다.

우선 자살은 본인에게 해악일 뿐 아니라 가족과 친구들에게도 고통과 슬픔을 줍니다. 그래서 베네타는 아무리 삶이 고통으로 가득 차 있더라도 쉽사리 자살을 권할 수는 없다고 말합니다. 이것이 자살에 대한 베네타의 기본적인 입장입니다.

그 입장을 바탕으로 베네타는 세상에 떠도는 자살 반대론을 하나씩 무너뜨립니다. 베네타는 자살이 이기적이라거나 비이성적이라거나 가족이나 친구가 슬퍼한다거나 하는 반대론이 반드시 성립되지는 않는다고 지적합니다. 특히 가족이나 친구의 슬픔에 대해 베네타는 본인이 살아가는 고통이 커질수록 가족이나 친구의 슬픔의 중요성은 상대적으로 작아진다고 말합니다. "심한 통증을 느끼거나 심신상태가 저하된 사람의 가족에게 그가 살아 있으면 좋겠다고 기대하기를 바라는 것은 부적당하다."[75] 베네타는 심신상태가 저하된 예로, 견딜 수 없는 극한의 고통 상태뿐 아니라 그보다 가벼운 상태 즉, 신체 기능이 떨어져 "식사나 목욕처럼 기본적인 활동을 다른 사람에게 의지해야 하는 상태"[76]도 포함시킵니다. 그런 상태임에도 사람들은 종종 자신의 삶의 질을 실제보다 더 높게 추정할 때가 많기 때문에 베네타는 당사자의 자기 평가를 곧이곧대로 믿기는 어렵다며 주의를 촉구합니다.[77]

더 나아가 베네타는 삶의 의미를 잃었다는 이유로 자살하는 것이 말이 되는지를 검토합니다. 베테타는 삶의 의미를 우주적인 의미와 지상적인 의미로 나누어 생각합니다. 우주적인 의미에 대해 생각해보면, 애초에 인간은 그것을 충족할 수 없습니다. 지상적인 의미에 대해서는, 일의 성공이나 인간관계의 행복 등을 통해 그것을 채울 수는 있습니다. 하지만 지상적인 삶의 의미를 찾을 수도 만들어낼 수도 없는 사람이 있을 겁니다. "만약 그 사람들이 지상적인 의미를 충분히 만들어내지 못하고, 또 그 공극을 메울 만한 어떤 것도 가지고 있지 않다면 정말 자살이 이치에 맞을 수 있다. 죽음은 여전히 나쁘지만 질이 너무 낮아 완전히 의미가 없어진 삶과 비교한다면 약간이나마 낫다고 할 수도 있다."[78] 이처럼 베네타는 삶의 의미를 잃은 경우라면 자살이 이치에 맞을 수 있다고 생각합니다. 다만 그러기 위해서는 삶의 의미를 잃은 사람의 삶의 질이 굉장히 낮아야 합니다.[79]

베네타는 자신의 주장은 고도로 제한된 것이며 자살에 단순히 찬성한다거나 창틀에 다리를 걸친 사람에게 "뛰어내려!"라고 소리치는 게 아니라며 주의를 촉구합니다.[80] 요컨대 자살은 기본적으로 권하지 않지만, 경우에 따라 합당한 해결책이라는 점을 부정해서는 안 됩니다. 자살을 부정하는 진영에서 본다면 이는 자살긍정론으로 보이겠지만 탄생해악론만큼 극단적인 주장은 아닙니다. 자살 허용 범위가 넓긴 해도 어느 정도 사람들의 지지를 받을 수 있다고 생각합니다. 이론 구성 측면에서 베네타의 탄생해악론과 소극적 자살긍정론 사이에 어떤 내적 연관을 찾기는 어렵습니다. 탄생해악론은 독성도 있으면서 독자적으로 돋보이는 부분이 있지만, 그에 비해 소극적 자살긍정론은 일반적인 지식의 범위 안에서 이루어진 논의일 뿐입니다.

베네타의 논의에는 《파우스트》에서 보이는 "나는 태어나지 않았으면 좋았다"에서 "너는 살아야 해!"를 거쳐 결국 구원에 이르는 삶의 부정과 긍정의 드라마가 전혀 없습니다. 물론 문학과 철학이라는 장르의 차이는 있겠지만, 베네타의 논의는 매우 단순하며 풍부하지 못합니다. 다만 저는 베네타의 만용에 찬 시도 자체는 어느 정도 인정하고 싶습니다. 이런 철학적 논의가 제시됨으로써 삶의 긍정과 부정에 대해 더 깊이 생각해보는 길이 열렸기 때문입니다. 그럼에도 베네타의 탄생해악론은 그 깊은 곳에서 본질적으로 잘못된 논리라고 생각합니다. 탄생해악론은 하나의 사상으로는 성립하지만, 베네타가 행한 논증은 옳지 않습니다. 그 부분에 대해서는 7장에서 고찰하겠습니다.

4. 반출생주의의 여정

쾌락과 고통의 비대칭성에 기초한 베네타의 논의는 독창적인 철학적 공헌이지만, 전례가 없지는 않습니다. 베네타의 《태어나지 않는 게 나았다》의 참고문헌 목록을 살펴보면 흥미로운 논문이 등장합니다. 《마인드》지에 게재된 장 나베슨의 〈공리주의와 미래세대〉와 그에 대한 헤르만 베터의 짧은 비평입니다.[81]

나베슨은 공리주의 관점에서 이 세상에 아이를 낳을 의무에 대해 고찰합니다. 일단 나베슨은 아이가 태어났을 때 그 아이가 확실히 행복해질 수 있는 상황이더라도 우리에게 아이를 낳을 의무는 없다고 말합니다. 이에 반해, 예를 들어 유전으로 평생 고통을 짊어져야 할 비참한 아이라면[82] 우리는 그 아이를 낳지 않을 의무가 있다고 주장합니다. 행복한 아이를 낳는 것과 비참한 아이를 낳는 것에 대해 우리는 비대칭적인 의무를 가진다는 것입니다. 즉, 행복한 아이를 낳을 의무는 없지만 비참한 아이를 낳지 않을 의무는 있다는 말입니다.

나베슨은 이렇게 결론을 내립니다. "아이를 낳음으로써 그 아이에게 비참함을 초래하거나 다른 사람들의 행복을 현저하게 감소시키는 경우에는 항상 아이를 낳지 않을 의무가 생긴다. 예를 들어, 만약 태어난 아이가 사회에 부담이 되는 경우라면 아이를 낳을 권리는 존재하지 않는다. 따라서 그런 경우에는 사회가 그 아이의 출산을 금지할 권리를 가진다고 생각한다."[83] 이는 틀림없는 우생사상優生思想입니다.

나베슨은 그 후에 다음과 같이 묻습니다. "인간이 존재하는 우주는 인간이 전혀 존재하지 않는 우주보다 도덕적으로 더 나은가?"[84] 이 물음에 대해 나베슨은 그렇게 생각하지 않는다고 스스로 답합니다. 우리는 인간이 존재하는 우주를 선호할지 모르지만, 그것이 결코 도덕적 선호라고 할 수는 없습니다. 우리가 인간이 존재하는 우주를 지향한다면 그런 (도덕적) 의무가 생기겠지만, 그렇지 않다면 그런 (도덕적) 의무는 생기지 않습니다. 나베슨은 자신의 기준은 단지 그것뿐이라고 말합니다. 이렇게 나베슨은 인간이 존재하는 우주의 선함과 인간이 존재하지 않는 우주의 선함을 도덕의 차원에서 비교할 수 없다고 결론짓습니다.

이에 대해 헤르만 베터는 나베슨의 논의는 틀렸다고 단언합니다. 나베슨의 전제를 제대로 이해한다면 전혀 다른 결론이 도출된다고 말합니다. 나베슨의 전제는 '행복한 아이를 낳을 의무는 없지만 비참한 아이를 낳지 않을 의무는 있다'는 비대칭성이었습니다. 이를 아이를 낳은 경우와 낳지 않은 경우로 나누어 생각해봅시다. ①아이를 낳을 경우, 태어난 아이가 행복한 아이였다면 우리는 아무런 의무 위반을 하지 않았지만 태어난 아이가 비참한 아이였다면 우리는 중대한 의무 위반을 했습니다. ②아이를 낳지 않았다면, 태어났을 때 행복했을 아이를 낳지 않았더라도 우리는 아무런 의무도 위반하지 않았고, 태어나면 비참해질 아이를 낳지 않았다면 우리는 의무를 제대로 충족했습니다. 따라서 ①과 ②를 전체적으로 비교해보면, 논리적으로는 아이를 낳지 않는 ② 쪽이 분명 도덕적으로 더 좋다고 베터는 결론짓습니다.

이는 바로 모든 인간이 태어나지 않은 게 더 낫다는 탄생해악론 그 자체입니다. 그리고 나베슨과 베터가 제시한 논리는 베네타가 《태어나지 않는 게 나았다》 2장에서 전개한 논리와 거의 같습니다. 베네타는 주석에서 이런 논의에 대해 언급하지 않았지만, 쾌락과 고통의 비대칭성에 근거한 베네타의 탄생해악론이 나베슨과 베터의 논의를 참조해 세워졌음은 거의 틀림없습니다.

베터는 이어서 말합니다. "이 논의에서 아이를 낳지 않는 것이 도덕적으로 바람직하다는 결론이 도출된다. 그러면 사람들에게 아이를 낳지 않도록 장려해야 하며, 그것이 성공하면 지구상의 인구는 점점 감소하고 마침내 인류는 소멸하고 말 것이다. 하지만 나베슨에 따르면 이는 결코 슬퍼할 결과가 아니며 사실 나도 똑같이 생각한다. (…) 인류의 존재 그 자체는 가치가 없다. 만약 인류가 더 이상 존재하지 않으면 모든 괴로움은 완벽하게 소멸한다. 이는 인간이 아무리 (살아서) 노력한다 해도 달성할 수 없는 위업이다. 한편, 멸종하게 되면 당연히 인류의 행복한 경험도 모두 사라질 것이다. 그러나 나베슨의 결론에 따르면, 이 또한 결코 슬퍼할 일이 아니다. (인류가 멸종한 후의 지상에는) 행복한 경험이 상실된 상태의 인간 주체가 단 한 사람도 남아 있지 않기 때문이다."[85] 여기에서 출산 부정과 인류 멸종의 긍정을 드러냅니다. 베터는 "나 자신의 의견"이라고 썼으며, 진심으로 그렇게 생각한 듯합니다. 왜냐하면 이보다 2년 전에 간행된 논문 〈공리주의 윤리학의 문제로서의 아이의 출산〉에서 이미 베터는 나베슨의 논문을 비판하면서 "앞으로 태어날지 어떨지도 모르는 잠재적인 아이의 공리에 관해서 말한다면, 아이를 아예 낳지 않는 것이 도덕적으로 더 바람직하다"라고 일관되게 주장했기 때문입니다.[86]

이들의 논의는 쾌락을 극대화하는 것보다 고통을 최소화하는 것이 더 바람직하다는 소극적 공리주의Negative Utilitarianism 사고방식을 연상시킵니다. 조금만 더 시대를 거슬러 올라가 봅시다. 고전적 공리주의의 표어는 '최대 다수의 최대 행복'이었습니다. 가능한 한 많은 사람들에게 가능한 한 큰 행복을 주는 것이 좋다는 말입니다. 그러나 이러한 행복증대형 사상을 따지다 보면 사회에 존재하는 압도적으로 불행한 소수 사람들은 내버려두고, 그 대신 사회를 구성하는 다수 사람들의 행복 총량만 점점 늘어나도록 사회정책을 펴면 된다는 이상한 결론에 이를 수 있습니다. 칼 포퍼는 이런 점을 염두에 두고 《열린 사회와 그 적들》에서 사회에 존재하는 행복의 최대화보다 사회에 존재하는 고통의 최소화를 목표로 해야 한다고 제창했습니다. 포퍼는 이 책 1권 5장에서 "인도주의적이고 평등주의적인 윤리의 가장 중요한 원칙" 중 하나로 "모든 사람의 회피 가능한 고통의 최소화"를 꼽습니다. 왜 행복보다 고통을 중시하는가 하면 "도덕적 관점에서는 행복과 고통을 대칭적으로 취급해서는 안 되기 때문"이며, "행복의 촉진은 어떤 경우에도 고통받는 사람들에게 도움을 주거나 고통을 방지하는 시도에 비하면 훨씬 긴급성이 적기 때문"이라고 말합니다.[87] 행복과 고통 사이의 비대칭성(즉 쾌락과 고통의 비대칭성)을 생각하면 행복이 늘어나는 것보다 고통이 줄어드는 것을 우선해야 한다는 말입니다.

그런데 로더릭 니니언 스마트는 1958년 〈소극적 공리주의〉라는 짧은 논문에서 포퍼의 사고방식이 터무니없는 결론으로 이어질 수 있다고 지적했습니다. 스마트는 행복 증대보다 고통 감소를 우선해야 한다는 사고방식을 '소극적 공리주의'[88]라고 부르면서 다음과 같이 비판했습니다. 어떤 지배자가 모든 인류를 '고통 없이 일순간에 죽이는 무기'를 가지고 있다고 가정해봅시다. 그 무기를 사용하면 모든 인류는 순식간에 죽게 되어 그들의 고통은 사라지므로, 소극적 공리주의에 따르면 지배자는 의무적으로 그 무기를 사용해야 합니다.[89] 만약 인류의 고통을 감소시키는 것이 가장 중요하다면 모든 인류를 순식간에 죽여야 하기 때문입니다. 스마트는 더욱 반어적으로 지적합니다. "우리의 자비로운 세계 파괴자는 인류에게, 또 동일한 의미에서 모든 동물에게 진정한 구원자가 아닐까? 소극적 공리주의의 성실한 지지자는 '신에게 사랑받은 것은 요절한다'는 격언에서 참신한 의미를 발견할 수 있다."[90] 스마트가 이런 형태의 비판을 했던 데는 1950년대 후반 냉전과 핵무기 확대 경쟁이라는 시대적 배경이 있습니다. 핵무기에 의한 인류 멸종 위기는 당시 지식인들에게 실제로 눈앞에 다가온 문제였습니다.[91]

    스마트는 소극적 공리주의를 진지하게 받아들이면 거대 파괴무기로 지구상의 인류와 동물들을 순식간에 죽이는 것이 가장 바람직하겠지만, 그것은 아무리 생각해도 비정상적이라고 회의했습니다. 소극적 공리주의는 잘못되었다고 말한 것입니다.

    그런데 여기서 나베슨과 베터 이야기로 다시 돌아가면, 이들은 애초에 지구상의 모든 인류가 멸종하는 것이 왜 나쁘냐며 스마트를 비롯한 소극적 공리주의를 비판하는 사람들에게 거꾸로 따지는 것처럼 보이기도 합니다. 만일 모든 인류가 멸종한다고 해도 그것이 이치에 맞다면 그 나름대로 좋은 게 아니냐는 것입니다. 여기에는 인류가 존재하는 것의 선함에 대해 무언가 근본적인 견해차가 있습니다. 이 점이야말로 '태어나지 않는 게 나았다'의 기반에 존재하는 철학적 요점입니다.

다시 베네타를 되돌아봅시다. 소극적 공리주의는 쾌락이 늘어나는 것보다 고통이 줄어드는 것이 더 중요하다는, 일견 당연한 발상을 성실하게 추구함으로써 지구상에 인류가 존재하지 않는 게 낫다는 결론에 이릅니다. 그렇다면 공리주의의 옷을 벗긴 형태로 재연해 보인 것이 베네타의 탄생해악론이라는 견해도 성립할 수 있습니다. 베네타의 탄생해악론 자체는 공리주의를 전제로 하지 않지만, 그럼에도 저는 앞서 지적한 논점이 베네타에게도 동일하게 들어맞는다고 생각합니다. 쾌락보다 고통을 중시하면 인류는 존재하지 않는 게 낫다는 스마트의 논리를 공리주의의 틀 밖에서 전개한 것이 베네타의 탄생해악론입니다.[92]

이 인류 멸종 사상은 오스트리아 작가 토마스 베른하르트의 단편소설 〈걷기〉의 한 구절을 떠올리게 합니다. 소설의 주인공은 광기에 빠져 다음과 같이 독백합니다. "따지고 보면 인류는 천천히 한 명도 남김없이 사멸해가야 한다고 생각한다. 그의 생각에 아이는 더 이상 필요 없다. 단 한 명도 필요 없다. (…) 인류는 점점 적어진다. 마지막에는 겨우 몇 명의 인류만 남게 된다. 그리고 인류는 한 명이 되었다가 사라진다." 그리고 또 말합니다.

점점 멸망하고, 최종적으로 인류가 전혀 없어진 지구야말로, 두말할 필요 없이 아마 가장 아름다울 것이다.[93]

인류가 전혀 없는 지구, 야생동물이나 어류, 식물만으로 구성된 지구를 아름답다고 느끼는 감성은 사실 오늘날 적지 않은 사람들이 공감하고 있습니다. 이 감성은 인간의 손이 닿지 않는 원시 자연에서 최고의 미를 찾는 자연보호주의에서도 찾아볼 수 있습니다. 자연보호를 위해 지구에서 인류의 수를 줄이자는 목소리가 심심찮게 들려옵니다. 반출생주의와 자연보호주의는 의외로 가까운 거리에 있습니다.

인류는 태어나지 않는 게 나으며 멸종하는 것이 좋다는 논리를 우리는 받아들여도 되는 걸까요? 만약 그것을 부정한다면, 그 논리의 어느 부분에 문제가 있다고 판단해야 할까요? 지금까지 살펴본 것처럼 반출생주의 사상은 고대에서 현대에 이르기까지 다양한 문헌에 등장하여 사람들을 매료시켰습니다. 오늘날에는 인터넷을 통해 반출생주의 사상이 세계적으로 확산하고 있습니다. 지구 환경 문제를 심각하게 받아들여 아이를 낳지 말자는 운동도 있습니다. 인터넷에 나타나는 무수한 '태어나지 않았으면 좋았다'는 익명의 중얼거림을, 양극화된 사회에서 억압받고 살아갈 희망을 잃어버린 사람들의 원망을 표현한 것으로 해석하는 사람들도 있습니다. 2019년부터 2020년에 걸쳐, 반출생주의는 세계적인 반문화反文化, counter-culture의 화제話題로 부상했습니다.[94] 이 흐름은 머지않아 종료되겠지만 반출생주의 사상 자체는 앞으로도 끊이지 않고 계속될 게 틀림없습니다. 반출생주의의 본질을 밝히기 위해서라도 저는 다시 한번 역사를 거슬러 올라가 '태어나지 않았으면 좋았다'의 근원을 더욱 파헤치고자 합니다.

오늘날 반출생주의자에게 가장 큰 영향을 미친 사람은 19세기

독일 철학자 아르투어 쇼펜하우어입니다. 어떻게 보면 쇼펜하우어에 이르러 반출생주의 사상의 기본적인 틀이 완성되었다고 해도 좋습니다. 쇼펜하우어는 유럽 사상사에 발자취를 남겼을 뿐만 아니라 20세기 일본 문화인에게도 거대한 영향을 미쳤습니다. 구제고등학교(일본에서 1894~1950년에 운영된 고등 교육기관—옮긴이)에서 애독되었다고 하며, 앞서 소개한 다자이 오사무 또한 그 영향 아래 성장했을 겁니다. 21세기 들어 읽는 사람들이 압도적으로 줄었지만, 반출생주의 연구에서 피할 수 없는 철학자입니다. 다음 장에서 쇼펜하우어의 사상에 다가가보겠습니다.

3장

쇼펜하우어의 반출생주의

1. 생명론으로 전환된 칸트 철학

쇼펜하우어의 반출생주의란 어떤 것일까요? 쇼펜하우어는 젊은 시절 괴테에게서 큰 영향을 받았습니다. 쇼펜하우어의 철학은 주요 저서 《의지와 표상으로서의 세계》(정편·속편)에 집대성되어 있습니다. 이 장에서는 먼저 쇼펜하우어의 생명철학 전반을 간단히 훑어본 다음, 반출생주의를 살펴보겠습니다.[1]

쇼펜하우어 철학에는 두 기둥이 있습니다. 하나는 칸트 철학으로, 쇼펜하우어는 칸트 철학을 독자적으로 발전시키려 했습니다. 또 하나는 우파니샤드와 불교 등 고대 인도 철학으로, 쇼펜하우어는 우파니샤드를 페르시아어로 번역한 다음 다시 라틴어로 번역한 《우프네카트Oupnek'hat》를 통해 습득했습니다. 또한 동시대 인도 학자들을 연구해서 불교를 탐욕스럽게 흡수했습니다. 칸트로 대표되는 근대 유럽 철학과 고대 인도 철학을 두 기둥으로 삼아 '태어나지 않았으면 좋았다'라고 하는 생명철학을 구상했습니다.[2]

쇼펜하우어는 칸트처럼 논리적인 철학 체계를 구축하지는 않았습니다. 주요 저서에 나타나는 쇼펜하우어의 말투는 한결같이 수사적修辭的입니다. 하지만 후세에 끼친 영향력은 거대했습니다. 쇼펜하우어의 직계 생명철학자로 니체가 있고, 슈바이처·하이데거·비트겐슈타인에게도 지대한 영향을 주었습니다. 성性과 무의식에 관해 주목한 지점은 프로이트나 바타유에게 영향을 주었으며, 앞 장에서 논한 베네타의 반출생주의 사상도 대부분 쇼펜하우어에서 나왔습니다. 쇼펜하우어는 20세기 이후 유럽 생명철학의 산파라고 해도 무방합니다.

나아가 쇼펜하우어는 유럽 철학과 인도 철학을 비교 연구해서 동서 철학의 통합을 지향한 점에서도 선구적입니다. 최근에는 일본의 일반 독자 중에 쇼펜하우어를 읽는 사람이 그다지 많지 않지만, 생명철학 연구가 진전된다면 그 이름이 다시 크게 부각될 게 틀림없습니다.[3]

《의지와 표상으로서의 세계》는 1819년 쇼펜하우어가 서른한 살 때 출간되었지만, 당시에는 좋은 평가를 받지 못했습니다. 1844년 쉬여섯 살이 된 쇼펜하우어는 정편 내용을 수정·보완하여 속편을 펴냈습니다.[4] 그 25년 사이 쇼펜하우어는 불교에 대한 지식이 깊어지고 사상의 폭도 넓어졌습니다. 다만 속편에서 정리가 부족한 부분이 어느 정도 보입니다. 현재 쇼펜하우어 인생의 각 단계에 주목한 연구가 진행되고 있습니다. 이 장에서는 이들 연구를 참조하는 동시에, 《의지와 표상으로서의 세계》가 하나의 철학사상을 일관되게 표현했다고 보고 여기에 나타난 반출생주의를 중심으로 고찰하겠습니다.

책 제목 《의지와 표상으로서의 세계》에 사용된 '의지'와 '표상'이라는 단어는 각각 칸트의 '물자체Ding an sich'와 '현상Erscheinung' 개념에 대응합니다. 그러니 먼저 칸트의 인식론을 간단하게 살펴보겠습니다.

내가 바로 앞에 놓인 컵을 보고 있다고 가정해봅시다. 이때 무슨 일이 일어나는지 묻는다면, 보통은 먼저 시간과 공간을 갖춘 객관적인 세계에 컵이라는 물체가 있고, 그 물체의 표면에 반사된 빛이 내 눈 속에 들어와 인식이 성립한다고 답할 것입니다. 그러나 칸트는 이런 사고방식을 근본부터 뒤집습니다. 칸트는 시간과 공간이 객관적인 세계의 편에 있는 게 아니라, 반대로 세상을 인식하려고 하는 나의 편에 있다고 생각합니다. 즉, 세계의 편에는 아직 시간도 공간도 갖추지 못한 정체 모르는 무언가가 있고, 그것이 나의 감각(감각기관) 속으로 파고들 때 내 편에 있는 '시간'과 '공간'이라는 필터(감성적 직관의 형식)를 통과하고, 나아가 내 안에 있는 지성(오성悟性)에 의해 질서를 부여받은 결과로 '지금 눈앞에 컵이 하나 있다'는 인식이 성립합니다.

이때 세계의 편에서 시간도 공간도 질서도 부여받지 못한, 정체를 알 수 없는 무언가를 칸트는 '물자체'라고 불렀습니다. 나는 이 물자체가 구체적으로 어떤 모습인지 결코 인식하거나 형상화할 수 없으며, 물자체가 나에게 보내져서 내 감각에 닿은 것, 즉 현상으로 나타난 것을 인식할 뿐입니다. 나는 현상을 인식할 수는 있지만, 결코 현상의 배후에 있는 수수께끼 같은 물자체를 인식할 수는 없습니다. 나는 단지 물자체를 생각할 수 있을 뿐입니다.

쇼펜하우어는 칸트의 인식론을 한껏 받아들인 다음 새롭게 전개했습니다. 이를 제 언어로 요약해보겠습니다. 먼저 물자체가 내 감각으로 소재를 보내와 나의 표상을 형성합니다.[5] 표상은 칸트가 말하는 현상에 대응합니다.[6] 여기서 물자체의 측면에 주목한다면, 물자체는 감각으로 소재를 내보내는 자발성을 가진 셈입니다. 쇼펜하우어는 이 자발성을 '힘Kraft'이라 불렀고, 여기에서 물자체의 '의

지Wille'를 보았습니다.⁷

쇼펜하우어는 이런 사고방식을 칸트보다 한층 더 대담하게 진행시킵니다. 즉, 자연계에서 볼 수 있는 모든 객관적인 현상, 예를 들어 식물의 생장하는 힘은 물론이고, 결정結晶이 형성되는 힘, 자력磁力, 만유인력도 물자체의 의지가 표상한 것이라고 말합니다.⁸ 이는 매우 이상한 사고방식입니다. 보통 의지는 나의 내면에 존재한다고 생각하며, 나의 외측에 펼쳐진 객관적 세계에 존재하는 식물의 생장력이나 만유인력 등을 의지의 표상이라고 하지는 않습니다. 그러나 쇼펜하우어는 "자연 속의 모든 힘을 의지로 생각해보자"라고 제안합니다.⁹

이런 세계관을 취한 시점時點에서 쇼펜하우어의 철학은 칸트와는 전혀 다르게 변모했습니다. 칸트에게서는 희박했던, 자발성을 가지고 세계의 사물을 차례로 만들어가는 힘, 즉 일반적으로 생명의 힘으로 파악하던 것을 쇼펜하우어는 의지라고 간주한 것입니다.¹⁰ 이는 생명론으로 변환된 칸트 철학입니다. 물론 쇼펜하우어도 의지는 객관적 세계에 드러날 뿐만 아니라 내 안에도 나타난다고 생각합니다.¹¹ 즉, 의지는 내 내면에 자발성을 가지고 나타나서 '나의 의욕'이 됩니다.

이와 관련해 이타바시 유진은 《끝없는 의지의 계보》에서 물자체의 의지가 먼저 존재하고, 그다음에 그 의지가 표상으로서의 세계에 나타난다는 식으로 생각하는 것은 잘못된 해석이라고 말합니다. 물자체의 의지와 표상은 세계라는 동일한 것의 겉과 속으로, 서로 인과관계가 없다는 뜻입니다. 이타바시의 주장은 설득력이 있고 배울 것도 많습니다. 하지만 저는 물자체의 주체성을 부각해서 쇼펜하

우어의 생명론적 세계관을 연결 지을 수도 있다고 생각합니다.[12]

2.   살고자 하는 의지

쇼펜하우어에 따르면, 의지의 본질은 '살고자 하는 의지 wille zum leben'입니다.[13] 이 살고자 하는 의지는 맹목적이며 억제 불가능한 충동입니다. 살고자 하는 의지는 무기물·식물·동물·인간을 포함한 자연세계 전체를 배후에서 움직이게 만듭니다. 즉 어쨌든 살아보자고 하는 의지가 이 자연세계의 모든 것을 움직입니다.[14]

무 상태에서 살고자 하는 의지에 따라 탄생한 생물 개체는 한때의 삶을 누린 뒤 다시 무로 돌아갑니다. 쇼펜하우어는 "각자가 무에서 나타나 마치 선물처럼 생명을 받고 마침내 죽음에 이르러 그 선물을 상실하고 무로 돌아가는 것이 개체라고 할 수 있다"[15]라고 표현합니다.

우주의 모든 존재는 살고자 하는 의지에 따라 충동을 받아 움직입니다. 그러나 인간을 포함한 생물 개체는 죽음의 숙명을 피할 수 없습니다. 그 지점에서 생물 개체는 생식 행위를 통해 죽음을 극복하려 합니다. 그들의 살고자 하는 의지는 궁극적으로 생식 행위로 귀결되고 수렴합니다. 그것은 《여록과 보유》(우리나라에서는 선별 번역본이 '행복론' '인생론' 같은 제목으로 출간되었다. —옮긴이)에 수록된 다음 문장에서도 뚜렷이 나타납니다. "세계를 파악할 때 물자체, 즉 살고자 하는 의지를 출발점으로 할 경우, 우리가 그 핵심으로, 그 최대의 초점으로 찾아낸 것이 생식 행위이다."[16] 생식 행위는 살고자 하는 의지를 그대로 긍정하는 것입니다. 생식 행위를 통해 "고통도, 그리고 죽음도, 생명 현상의 일환으로 다시 한번 함께 긍정된다."[17] 그리고 생식 행위를 시작할 무렵의 성욕은 "살고자 하는 의지의 가장 결정적인, 가장 강력한 긍정이다."[18] 칸트에게서는 이런 시각을 찾아볼 수 없습니다.

하지만 쇼펜하우어가 섹스를 묘사하는 방식은 결코 긍정적이지 않습니다. 쇼펜하우어는 인간을 어두운 충동인 생식기와 명랑한 주관인 두뇌가 양극단으로 갈라진 존재라고 봅니다. "인간은 의욕이 강한 어두운 충동이다(이는 그 초점인 생식기라는 극단을 통해 나타난다). 인간은 동시에 순수 인식의 영원한, 자유로운, 명랑한 주관이다(이는 두뇌라는 극단을 통해 나타난다)."[19] 그리고 생식기라는 어두운 충동은 우리에게 그만큼 어두운 경험을 가져다줄 뿐입니다. 쇼펜하우어는 몽테뉴를 인용하면서, 남성의 사정에 대해 조심스러운 표현이지만, "이 행위 뒤에는 일종의 독특한 비애와 후회가 곧바로 생겨난다 (…) 냉정하게 생각하면 대개 역겨우며, 고상한 기분이 들 때는 경멸을 받는 행위"라고까지 썼습니다.[20]

'섹스의 철학'이 생명철학에서 중요한 부분을 차지한다고 포착한 점은 쇼펜하우어의 선견지명입니다. '살고자 하는 의지' 하면 밝고 생생한 긍정적인 이미지가 떠오르지만, 쇼펜하우어는 그렇게 정의하지 않습니다. 쇼펜하우어에게 삶이란 마치 남성의 사정처럼 맹목적인 충동에 의해 농락되는 어둡고 고통스럽고 견딜 수 없는 것이었습니다.

쇼펜하우어는 "성욕은 욕정의 가장 격렬한 것, 소망 중의 소망,

우리의 모든 의욕의 집중적 발휘이다"라고 말합니다. 이 성욕을 물체로 드러낸 것이 정액이며, 정액은 "분비물 중의 분비물, 모든 액즙 중의 정수, 모든 유기적 기능의 최종적인 결과이다"라고 말합니다.[21] 그러나 이미 지적했듯이 남성에게 사정은 자기긍정의 기쁨으로 이어지는 게 아니라 단지 비애와 후회로 귀결될 뿐입니다. 쇼펜하우어는 고대 로마 의학자 켈수스의 "사정은 영혼의 일부를 버리는 것이다"라는 말을 인용합니다.[22]

생명철학을 섹스 위에 구축하는 아이디어는 쇼펜하우어의 독창적인 생각입니다.[23] 그러나 쇼펜하우어의 생명철학에 남성 성생활의 음울한 현실이 바탕으로 놓인 점은 면밀하게 고찰해야 합니다. 만약 쇼펜하우어가 섹스를 하는 사람들 사이의 공감이나, 서로를 휘감고 고조되는 쾌락이나, 오가는 애무나 사랑이 가득한 성행위를 바탕으로 살고자 하는 의지를 말했다면, 아마도 전혀 다른 철학을 꽃피웠을 겁니다. 섹스의 이상적인 상태를 긍정적으로 인식하여 섹스로부터 나오는 생명의 출생을 직접적으로 긍정하는 철학까지 구상할 수도 있었습니다. 그러나 쇼펜하우어의 사색은 그쪽으로 향하지 않았습니다. 쇼펜하우어가 주목한 점은 살고자 하는 의지에 따라 맹목적으로 충동하고 반복적으로 섹스로 향할 수밖에 없는 인간(혹은 남성)의 모습이었습니다.[24]

인간이나 동물에게 성욕이 있는 이유는 개체에게 죽음이 찾아오기 때문입니다. 개체가 죽어도 생물종의 존재가 단절되지 않도록 인간과 동물은 섹스를 해서 후손을 남기려는 것입니다. 그래서 쇼펜하우어는, 살고자 하는 의지는 생물종에 속하는 것이지 개체에 속하는 것은 아니라고 말합니다.[25] "어떠한 때에도 살아 있는 것은 종에 속한다."²⁶ 살고자 하는 의지에 따라 삶을 스스로 전개하는 생물종의 눈으로 본다면 유한한 개체 따위는 그저 쓰다 버리는 장기 말에 불과합니다. 마치 우리가 아주 무관심하게 작은 벌레를 짓밟듯이 생물종은 개체에는 무관심하며, 개체가 파멸해 죽어가는 대로 그냥 내버려둡니다.²⁷

3. 일체의 삶이 고통이다

생물 개체의 시선으로 봤을 때도 결국 삶에는 울적한 광경이 펼쳐질 뿐입니다. 개체는 잠시 삶을 경험했다가 죽음에 의해 삶이 끊어지고, 거대한 자연의 힘에 무심하게 짓밟힐 수밖에 없습니다. 살고자 하는 의지는 우리에게 존재의 긍정을 주는 것처럼 보이지만 사실은 전혀 그렇지 않습니다.

냉철한 눈으로 바라본다면 이 세계가 고통으로 가득 차 있다는 사실을 알 수 있습니다. 모든 생물 개체는 살고자 하는 의지에 떠밀려 움직이지만, 그 살아가려는 노력은 반드시 어딘가에서 좌절될 운명입니다. 다른 사람과의 투쟁에서 패배하는 경우도 많으며, 결국 삶은 죽음에 패배를 당합니다. 모든 생물 개체는 고통을 피할 수 없습니다.[28] 인간뿐만 아니라 식물과 동물도 곳곳에서 살고자 하는 노력이 좌절당하며 고통을 겪습니다. 짚신벌레 같은 최하등 동물에서 시작해서 신경계가 발달함에 따라 고통의 정도도 높아집니다. 인간에 이르러 고통은 최고도에 달하며, 지능이 높을수록 더욱 커집니다.[29] "일체의 사람이 고통이다Alles lebenist leiden", 이것이 쇼펜하우어의 결론입니다.[30]

생각해보면 애초에 인간이 살아 있다는 것은 죽음을 끊임없이 연기시킨 덕분이지만, 그러나 언젠가는 죽음이라는 최종 지점이 기다리고 있을 게 틀림없습니다. "언젠가는 터질 걸 분명히 알면서도 비눗방울을 가능한 한 오래, 또 크게 부풀리려고 하는" 행위나 마찬가지입니다. 그리고 죽음으로 향하는 인생 행로를 들여다보면, 무언가를 찾아 목표에 도달할 때까지 늘 고통 속에서 몸부림치고, 목표에 도달한 다음에는 공허와 지루함에 휩싸입니다. 따라서 인생은 "마치 진자처럼 고통과 지루함 사이를 오가며 흔들리는" 데 불과합니다.[31]

애초에 인간이 계속 살려고 하는 이유는 생명에 대한 애착이라기보다는 죽음에 대한 두려움 때문입니다. 그러나 죽음에 대한 두려움에서 벗어나기 위해 아무리 애를 써도 결국에는 난파될 곳으로 배를 몰고 가듯 죽음을 향해 나아갈 뿐입니다.[32] 우리는 행복하기 위해 산다고 생각하지만, 쇼펜하우어는 그것은 명백한 허위이며 고통이야말로 삶의 진정한 숙명이라고 말합니다. 삶이 고통과 지루함으로 뒤덮여 있고 결국에는 죽음으로 귀결한다는 점을 생각하면, 삶은 "우리에게 행복을 느끼지 못하도록 하는 게 진짜 목적이 아닐까"[33] 하는 생각이 듭니다.

쇼펜하우어는 이어서 "소원은 결코 충족되지 않고, 노력은 물거품이 되며, 희망은 무자비하게 운명에 짓밟히고, 일생은 전체적으로 불행한 오산이며, 더구나 고민은 나이가 들수록 많아지고 최후에 죽음을 맞이해야 한다면, 어찌 됐건 이것은 비극이다"라고 말합니다.[34] 결코 축복받을 수 없는 것, 바로 인생입니다.[35]

쇼펜하우어는 이런 점들을 생각해봤을 때, 이 세계가 가능한 모든 세계 중에서 최선이라고 말한 라이프니츠의 철학은 틀렸다고 단언합니다. 만약 이 세계가 지금보다 조금이라도 나빠진다면 절대

로 존속할 수 없으므로, 이 세계는 존재 가능한 모든 세계 중에서 최악이어야 합니다.[36]

그리고 쇼펜하우어는 다양한 표현을 사용하며 이럴 거면 태어나지 않는 게 나았다고 말합니다.

먼저, 비극의 본질을 이야기하는 대목에서 쇼펜하우어는 스페인 극작가 페드로 칼데론 데 라 바르카의 말을 인용합니다. "인간의 가장 큰 죄는/그가 태어났다는 데 있으니까."[37] 쇼펜하우어는 이를 '존재 자체의 죄'라고 정의했습니다.[38] 또 사려 깊은 사람은 인생이 끝날 때 인생을 다시 반복하고 싶어 하지 않을 것이라고도 했습니다. "그럴 바에는 차라리 아예 존재하지 않는 것gänzliches nichtseyn을 선택하는 게 훨씬 낫다고 생각할 것이다."[39] 또 다음과 같이 말합니다. "우리는 근본적으로 존재하지 말았어야 할 무엇이다."Wir sind im Grumde etwas, das nicht seyn sollte [40] 그리고 다음과 같이 결론짓습니다. "우리는 이 세상에 존재하지 않는 게 나았다는 인식이야말로 (…) 모든 진리 중에서 가장 중요한 진리이다."[41] 여기서 말하는 '우리는 존재하지 않는 게 나았다'라는 표현은 '우리는 태어나지 않는 게 나았다'라고 해석할 수 있습니다.[42] 바로 탄생 부정 사상이 강조되고 있습니다. 이런 말들을 볼 때 쇼펜하우어는 보기 드문 탄생 부정 철학자였음이 분명합니다. 다만 쇼펜하우어가 탄생 부정을 말할 때 '존재'라는 단어를 사용한다는 점을 유의했으면 좋겠습니다.[43]

방금 인용한 내용에서 쇼펜하우어가 '나는 존재하지 않는 게 나았다' 차원을 넘어 '우리는 존재하지 않는 게 나았다'라고 주장한다는 점에 유의하기 바랍니다. 쇼펜하우어는 '존재하지 않는 게 낫다'라는 명제가 절망에 빠진 한 사람에게만 해당하는 게 아니라 이 세상에 태어난 모든 인간에게 해당하는 진리임을 시사합니다.

쇼펜하우어는 프란체스코 페트라르카의 "천 가지 쾌락도 하나의 고통을 당할 수 없다Mille piacer' non vagliono un tormento"[44]라는 말을 인용하면서, "수천 명의 인간이 행복하고 즐겁게 생애를 보냈다 하더라도, 그것으로 단 한 사람이 받은 괴로운 불안과 죽음의 고통을 해소하기란 불가능하다"[45]라고 말합니다. 즉, 이 세상에 아무리 쾌락이 가득하다고 해도, 단 하나의 고통이 있는 한 세계는 "기뻐해서는 안 되는 것"[46]이 됩니다. 이어서 쇼펜하우어는 "이 세상에 악이 실제보다 백배 적더라도 그 악이 정말 존재한다면, 그 사실만으로 어떤 하나의 진리를 확립하는 기초로 삼기에 충분하다"[47]라고 말합니다. 그 진리가 무엇인가 하면 "세계가 존재하지 않는 것이 존재하는 것보다 낫다"입니다.[48] 이는 2장에서 소개한 베네타의 "비록 좋은 일이 가득한 삶일지라도, 만약 나쁜 일이 아주 조금이라도 있다면 (…) 그 인생은, 인생의 비존재보다 반드시 나쁜 것이다"라는 사고방식과 같은 형태입니다. 베네타의 탄생 부정 사상은 쇼펜하우어 사상의 직계 후손이라고 할 수 있습니다.

그런데 조금 전 소개한 쇼펜하우어의 부정 정신은 인간의 차원을 넘어 세계의 존재 자체를 부정하는 데까지 확대됩니다. 세상에 고통과 악이 존재한다면, 세상 따위는 존재하지 않는 게 나으며 모든 것은 무가 낫다고 말합니다. 이는 《파우스트》에서 메피스토가 말하는 '아무것도 생기지 않았으면 좋았다'에 필적하는 말입니다. 저도 당신도 동물도 식물도 암석까지 포함한 이 세계 자체가 생겨나지 않는 게 가장 좋다는 것입니다. 이는 인간이 생각할 수 있는 가장 큰 존재 부정 형식입니다.[49]

여기가 쇼펜하우어의 탄생 부정 사상의 가장 깊은 도달점입니다. 고대 그리스의 반출생주의와 그노시스주의의 물줄기가 쇼펜하우어에까지 가 닿은 것입니다.[50]

4. 무의지 상태야말로 최고선

생명을 가진 채로 세상에 존재한다는 것은 고통일 뿐입니다. 그래서 우리는 애초에 태어나지 않았으면 좋았을 테고, 세계는 애초에 존재하지 않는 게 나았을 겁니다. 이것이 쇼펜하우어의 근본적인 사고방식입니다. 우리는 살고자 하는 의지의 충동에 따라 살아가기 때문에 평소에는 그런 생각을 하지 않지만, 세상을 냉정한 눈으로 바라보면 살 만하고 존재할 만한 곳이 아니라는 진리를 똑바로 볼 수 있습니다. 인간은 그런 인식의 힘을 가지고 있습니다.

올바르게 세상을 보는 경지에 이른 인간이 해야 할 일은 살고자 하는 의지를 스스로 버리는 것입니다. 쇼펜하우어는 인간을 충동하는 맹목적인 의지와 그 의지의 폭주를 진정시키는 인식의 힘을 대립시켜 포착하고, 인식의 힘에서 희망을 보려고 합니다. 왜냐하면 우리는 인식의 힘으로 비로소 살고자 하는 의지에서 벗어나 진정한 구원에 이를 수 있기 때문입니다. 쇼펜하우어는 이를 "의지에 대한 인식의 승리"라고 말합니다.[51]

즉, 살고자 하는 의지를 내면에서 지워버리고 진정한 무의지 Willenslosigkeit 상태에 이르는 것입니다. 이 상태야말로 최고선의 경지입니다.[52]

세상에 대한 사랑으로 가득 찬 사람이라도 이 세상을 긍정하기는 불가능합니다. 이 세상에 사는 모든 생명체가 고통으로 가득 차 있기 때문입니다. 세상을 사랑하는 사람은 고통받는 모든 생물과 함께 괴로워하며, 그들의 고통을 자신의 고통으로 받아들입니다. 그러나 아무리 고통을 함께하는 태도를 견지한다고 해도 그들의 고통 자체를 근절할 수는 없습니다. 이 사실을 명료하게 인식한 사람은 살고자 하는 의지를 버리고 자기 내부에서 온갖 것에 대한 무관심을 키워 완전한 무의지 상태로 이행합니다. 이런 식으로 세상에 대한 사랑에서 세상에 대한 부정으로 옮겨갑니다.[53]

쇼펜하우어는 살고자 하는 의지를 버리고 모든 것에 대한 무관심의 경지에 이르렀을 때 진정한 자유를 얻는다고 말합니다.[54] 동서양을 막론하고 금욕적인 성인으로 일컬어지는 인물은 이런 자유를 획득합니다. 자유란 자아를 비대하게 키워 모든 것을 자유자재로 행하는 게 아니라, 자아를 멸각滅却하여 이 세상을 살아가는 고통으로부터 해방되는 상태입니다.

사실 무의지 상태는 기쁨이 넘치는 경지이기도 합니다. 비록 축복받지 못하고 가난한 사람이라도 그 내면은 기쁨과 안정으로 가득합니다. 여기서 말하는 기쁨이란, 삶을 탐욕스럽게 추구하는 사람이 경험하는 고통이 뒤따르는 기쁨이 아니라, 생명에 대한 욕망을 내면으로부터 지워버린 후에 찾아오는 경지, 즉 "흔들리지도 스러지지도 않는 평화"이며 "마음에서 우러나는 쾌활"입니다.[55]

이 경지에 이른 사람은 살고자 하는 의지가 완전히 사라지고, 내면은 행복으로 가득하며, 어떤 것도 그 마음을 흔들 수 없습니다. 왜냐하면 그 사람은 욕망이나 두려움 등을 이미 끊어냈기 때문입니다. 그리고 그 사람은 그저 순수한 인식자가 되어 세상을 비추는 거울과 같아집니다.[56] 올바른 인식을 통해 욕망이 단멸된다는 생각은 고대 인도의 원시불교 경전에서도 찾아볼 수 있습니다.

살고자 하는 의지를 지워버린 사람에게 죽음은 공포가 아닙니다. 그와 반대로 죽음은 "마지막에는 좋은 것으로 생각된다"[57]라는 말처럼, 세상에 대한 집착이 이미 끊어졌으니 죽어서 세상을 떠나는 것도 더 이상 대단한 일이 아닙니다. 죽음은 두려워할 것도 아니고, 기피할 것도 아닙니다. 일단 살고자 하는 의지를 단멸한 후에는 평안한 가운데 담담하게 죽음을 맞이할 뿐입니다. 따라서 실제 죽음은 "기다리던 구원으로 크게 환영받으며", 그들은 "기쁘고 동요하지 않으며 행복한 가운데 죽어간다"라고 했습니다.[58] 우리 세계 쪽에서 그 심경을 보면 무의 경지로 비치겠지만, 무의지인 사람에게는 "우리 세계 쪽이, 그 모든 태양과 은하까지 포함해서, ―무"입니다.[59]

이타바시 유진은 무이자 자유인 경지를 "하나하나가 그렇게 존재해야 하기 때문에, 지금 있는 그대로 존재하며, 있는 그대로를 필연으로 인식한다. 이는 하나하나가 그렇게 존재한다는 것이 지금 의지 스스로가 원래 바라고 의욕하던 상태에 있음을 말한다"라고 설명합니다.[60] 이타바시는 이것을 '끝없는 의지의 자유'라고 부릅니다. 나중에 6장에서 고찰할 니체의 '운명애'를 방불케 합니다.

물론 쇼펜하우어도 살고자 하는 의지를 지우기란 실제로 쉽지 않음을 인정합니다. 왜냐하면 우리는 신체를 가진 존재이고, 신체 깊숙한 곳에는 살고자 하는 의지가 강력하게 뿌리내리고 있으면서 약간의 틈만 생기면 분출하기 때문입니다. 그렇다면 우리는 살고자 하는 의지를 단멸하기 위해 부단히 노력하지 않으면 안 됩니다. 따라서 우리가 몸으로 생존하는 동안, 몸속 깊은 곳에서 솟아오르는 의지와 그 의지를 단멸해서 부동불괴不動不壞의 평화를 간구하는 정신 사이에서 쉼 없는 투쟁이 벌어집니다. 그리고 이 투쟁은 우리가 죽음으로 소멸할 때까지 계속됩니다.[61]

이렇게 생각해보면, 역시 가장 바람직한 상황은 '애초에 내가 태어나지 않는 것'입니다. 태어나지 않으면 삶의 고통도 없고 부단한 투쟁에 휘말릴 일도 없기 때문입니다. 쇼펜하우어의 사색 전체를 지탱하는 기조 역시 나를 포함한 이 세계가 존재하는 것에 대한 부정의 정신이며, 철저한 염세주의입니다. 원래는 태어나지 않는 게 가장 좋았겠지만, 지금 나는 태어났습니다. 그렇다면 차선책으로 삶에 매달리지 말고 무의지 상태가 되도록 노력하는 수밖에 없습니다. 여기에 쇼펜하우어 반출생주의의 핵심이 있습니다.[62]

이는 고대 인도에서 불교 수행자들이 지향했던 경지와도 비슷합니다. 사실 쇼펜하우어는 저서에서 불교 수행에 대해 여러 차례 열렬히 이야기하며 불교 수행 방식에 크게 공감합니다. 하지만 쇼펜하우어는 실생활에서 불교 수행자와 같은 삶을 살지 않았고, 실제로 무의지가 되려고 시도한 적도 없습니다. 쇼펜하우어는 먼 아시아에서 입수한 번역 텍스트나 당시 인도 학자들이 행했던 불교 연구에 심취했을 뿐입니다. 어디까지나 세속에 찌든 철학자일 뿐 결코 종교 실천자는 아니었습니다.[63]

5. 자살에 대하여

　애초에 삶에 집착하지 않는다면 차라리 자살해도 되지 않을까요? 그러나 쇼펜하우어는 기본적으로 자살을 가치 있다고 생각하지 않습니다. 쇼펜하우어가 자살을 어떻게 생각했는지 《의지와 표상으로서의 세계》를 통해 살펴봅시다.
　자살이란 살고자 하는 의지를 부정한 결과로 이루어지는 행위가 아니라, 그 반대로 살고자 하는 의지를 놓지 않고 간절히 집착하기 때문에 이루어지는 행위라는 게 쇼펜하우어의 기본적인 생각입니다.[64] 쇼펜하우어는 "자살하는 사람은 삶을 원하는 것이다. 자살은 단지 현재 내가 처한 여러 조건에 만족할 수 없다는 걸 말할 뿐이다."[65]라고 간결하게 표현했습니다.
　즉, 자살하는 사람은 사실 살고 싶은 것입니다. 행복한 삶을 구가하고 싶었지만, 실제로는 인생이 고통으로 가득 차 있고 마음대로 살 수 없기에 고통 속에서 계속 사는 것보다 생명을 버림으로써 고통에서 완전히 해방되는 게 낫다고 생각해서 자살을 결행합니다.
　이와 같은 쇼펜하우어의 사고 흐름은 왠지 용인하기 어렵습니다. 왜냐하면 자살하는 사람은 사실은 살고 싶다고 생각하는데, 그 살고 싶다는 집착이야말로 본래 단멸해야 할 대상이기 때문입니다.
　현대의 자살 예방에 대한 사고방식과 비교하면 쇼펜하우어의 특색이 더욱 선명하게 드러납니다. 자살 예방 기관은 자살을 생각하는 사람에게 "당신이 자살하고 싶다고 말할 때 당신이 진정으로 원하는 것은 이 고통을 어떻게든 해결해줬으면 좋겠다는 겁니다. 당신이 진정으로 원하는 것은 결코 죽음으로 생을 끝내는 게 아니라 이 고통에서 해방되어 삶을 살아가는 것입니다. 그러니 자살할 생각은 이제 그만두세요"라는 메시지를 보냅니다. 사실 쇼펜하우어도 결론은 같습니다. 하지만 결론에 이르는 이유가 전혀 다릅니다. 쇼펜하우어라면 분명 이렇게 주장할 겁니다. "당신이 자살하고 싶다고 말할 때, 당신이 진정으로 원하는 것은 결코 죽음으로 생을 끝내는 것이 아니라, 이 고통에서 벗어나 삶을 살아가는 것이다. 따라서 '그런 불순한 동기로 이루어지는 자살을 결코 권장하지 않는다.'" 현대의 인식 범주에서는 결코 도출될 수 없는 쇼펜하우어의 특수한 사상이 이 부분에 있습니다.

다만, 굶어 죽는 것은 쇼펜하우어가 유일하게 긍정할 여지가 있다고 말한 자살 방식입니다. 아사는 금욕 수행에 힘쓴 인간이 살고자 하는 의지를 완전히 소멸시킨 결과 음식을 섭취하려는 의지마저 사라지고, 그 결과 먹는 것을 아예 그만두고 죽음으로 가는 방식입니다. 이런 형태의 자살은 살고자 하는 의지를 완전히 소멸시킨 결과이며, 살고자 하는 의지에 집착한 채 이뤄지는 자살과는 결정적으로 다릅니다. 쇼펜하우어는 아사를 통한 자살은 부정적으로 바라보지 않습니다.[66]

만년의 《여록과 보유》에서 몇 가지 추가된 내용을 살펴보겠습니다. 우선, 자살하려는 사람은 살고자 하는 의지로부터 충동을 받으므로 이는 자살하면 안 되는 근거일 수밖에 없다고 강조합니다.

또한 종교적 이유로 자살에 반대하는 유대교·기독교나 그에 영합하는 철학자의 사고방식은 궤변이라고 말합니다.[67] 살고자 하는 의지의 부정이란, 단지 모든 것을 의욕적으로 하지 않는다는 의미이며, 결코 의욕을 가진 실체의 멸종(즉 자살)을 의미하지는 않습니다. 의욕이 완전히 사라지면 그 사람은 결국 무로 이행할 뿐(즉 아사)입니다.[68] 어쨌든 반출생주의자인 쇼펜하우어와 베네타 모두 자살을 원천적으로 권장하지 않는 점은 매우 흥미롭습니다.[69]

쇼펜하우어의 자살관에 대한 연구는 그리 많지 않습니다. 그중에서 데일 자케트의 논문 〈쇼펜하우어에게 있어서 자살의 윤리학〉은 아사를 통한 자살의 타당성을 검토합니다. 이 논문에서 분석한 쇼펜하우어의 논리에 따르면 아사를 시도하는 사람은 "살고자 하는 의지를 표현하기 위해서도 아니고, 죽으려는 의지를 표현하기 위해서도 아니며, 어떤 유형의 의지에 대해서도 완전히 무관심을 고수" 합니다.[70] 그러나 자케트는 "삶이든 죽음이든 무관심할 사람이 왜 아사를 선택하는 걸까? 아사 형태로 죽는 것에 대한 관심은 역시 '살고자 하는 의지'의 표명이라고 할 수밖에 없지 않을까?"라고 지적합니다.[71]

이 점에 대해서 다음과 같이 생각해봅시다. 자케트는 어떤 사람이 아사 형태로 죽는 것에 적극적인 관심을 가진 결과 아사를 시도하는 경우를 상정합니다. 그러나 그 경우와 다르게 살고자 하는 의지를 완전히 상실한 결과로 일어나는 아사와는 구별해야 합니다. 즉 '이제부터 아사를 통해 생을 마감하자'라는 의지로 아사하는 것과 삶에도 죽음에도 전혀 관심이 없고 음식을 입에 넣을 의욕조차 잃어서 아사하는 것은 구별해야 합니다. 쇼펜하우어의 사고방식에 따르면 후자는 무의지에 바탕을 둔 아사이기 때문에 긍정할 수 있지만, 전자는 무의지가 아니기 때문에 부정될 것입니다. 이런 논리로 따져본다면 일본의 이른바 '즉신불卽身佛'도 부정됩니다. 그들은 '스스로 죽음으로써 부처가 되자'라는 의지를 가지고 아사를 선택하기 때문에 '의지'라는 것으로부터 전혀 자유롭지 못합니다. 또한 단식을 통한 아사로 자이나교의 '산타라Santhārā' 의례가 있는데, 향후 연구가 필요합니다.

6. 죽음으로도 파괴되지 않는 것

쇼펜하우어의 사색을 더 따라가 봅시다. 먼저, 살고자 하는 의지는 성욕으로 수렴합니다. 따라서 우리는 성적인 금욕을 실행해야 합니다. 만약 모든 인간이 금욕에 성공한다면 인류는 멸종합니다. 이와 관련해 쇼펜하우어는 아우구스티누스가 《결혼의 선》(우리나라에서는 《아우구스티누스의 결혼론》이라는 제목으로 출간되었다. ─ 옮긴이)에서 모든 인간이 성적인 금욕을 하면 세상의 종말이 앞당겨지고, 그 결과 신의 나라가 신속하게 실현된다고 말했다고 인용했습니다. 그리고 고대의 진정한 기독교에서는 결혼보다 금욕을 훨씬 바람직한 덕으로 여겼다고 결론짓습니다.[72]

확실히 아우구스티누스는 《결혼의 선》에서 성적 금욕은 선이며, 결혼은 그보다 뒤처지지만 역시 선이라며 결혼은 악이라는 설을 물리쳤습니다. 그 책에는 "그러나 다음과 같이 중얼거리는 사람들이 있다는 사실을 나는 알고 있다. '만약 모든 사람이 모든 성관계를 삼가기를 바란다면 어떻게 인류는 존속할까?' 아아, 모든 사람이 그저 '맑은 마음과 바른 양심과 거짓 없는 믿음'으로 그 일(절제)을 원했으면 좋겠다. 그러면 하나님의 나라는 더욱 신속하게 성취되고, 세상의 종말은 빨라질 것이다"라고 쓰여 있습니다.[73] 이 부분만 읽으면 아우구스티누스가 모든 사람이 성적 금욕으로 인류가 멸종하면 최후의 심판이 빨리 오고 하나님 나라가 빨리 실현될 거라고 기대하는 듯 보입니다.

그리고 쇼펜하우어가 이 부분을 인용한 방식을 보면, 그 역시 성적 금욕에 의한 인류 멸종에 대해 긍정적인 평가를 내리는 듯합니다. 제 생각에 쇼펜하우어는 출산 부정에 의한 인류 멸종을 바람직하게 생각하는 유형의 반출생주의자로 보입니다.

쇼펜하우어는 자살을 절망에 의한 자살과 아사에 의한 자살로 나누고, 아사에 의한 자살을 긍정적으로 보았습니다. 아마도 그는 성적 금욕에 의한 인류 멸종을 아사에 의한 개인의 자살과 동일한 종류로 파악했을 겁니다. 즉, 음식을 끊어서 개인의 삶을 소멸시키듯이, 성욕을 끊어서 인류를 소멸시키기를 바랐을 것입니다. 이는 중요한 논점입니다. 자신의 몸을 억지로 칼로 찌르거나 핵무기로 인류 전체를 폭살하는 것이 아니라, 말하자면 꽃이 저절로 쪼그라들듯 생명의 무화無化을 달성하자는 말입니다. 쇼펜하우어는 부정적인 감정에 사로잡히거나 자포자기해서 폭력적으로 생을 마감하는 대신, 온전히 납득하고 조용히 움츠러들듯이 생을 마감하는 것에 대해 일정한 동경이 있는 듯합니다. 어쨌든 아사로 개인의 생을 끝내는 것, 그리고 성적 금욕으로 인류를 멸종시키는 것이 쇼펜하우어적인 반출생주의에서 생존을 끝내는 가장 친숙한 방법입니다.

생각해보면 살고자 하는 의지가 내 안에서 나타나 나의 의지, 즉 나의 의욕이 됩니다. 내가 해야 할 일은 스스로의 의지를 발휘해 생생하게 사는 게 아니라, 그와 반대로 스스로의 의지를 감퇴시켜 무의지가 되는 것입니다. 쇼펜하우어는 무의지로 향하는 행위가 가능하다고 생각합니다.[74] 그리고 내 안에서 '살고자 하는 의지'와 '무의지로 향하는 행위'가 서로 충돌합니다. 쇼펜하우어는 그것을 '부단한 투쟁'이라고 불렀습니다. 나아가 쇼펜하우어는 그 두 가지가 결국 평화롭게 조정된다고 믿었으며, 거기에서 구원을 보았습니다. 즉, 내 안의 무의지로 향하는 행위가 내 안의 살고자 하는 의지를 감퇴시킴으로써 살고자 하는 의지가 축소되고 그것을 감퇴시키려는 무의지로 향하는 행위 또한 축소하여 함께 좁혀지면서 하나의 평화로운 종국이 찾아온다고 생각했습니다.

이처럼 조화롭고 평화로운 정착은 2장에서 언급한 생물진화와 반출생주의 사이의 영원한 싸움과는 전혀 다릅니다. 쇼펜하우어 시대에는 라마르크가 있었지만, 생물진화적 사고방식은 아직 철학에 본격적으로 유입되지 않았습니다. 만약 쇼펜하우어의 사고방식을 현대에 되살린다면, 그가 말하는 '살고자 하는 의지' 속에 스스로를 진화시키려는 생물진화의 자발적 의지를 포함시켜야 합니다. 즉, 스스로를 본질적으로 해체하여 지금까지 없었던 새로운 생물종으로 거듭나게 하는 힘을 살고자 하는 의지에 포함해서 읽어야 합니다. 후대 철학자 앙리 베르그송은 '생명의 약동Élan Vital' 개념으로 이 문제를 다뤘습니다.

한편, 반출생주의 철학에서는 멀어지지만, 쇼펜하우어가 '나의 죽음'이라는 개념을 어떻게 포착했는지 잠시 살펴보겠습니다. 먼저 그가 참조하던 칸트의 철학을 되짚어봅시다. 칸트는 현상세계에 나타나는 것은 모두 감성적 직관 형식인 시간과 공간에 의해 규정된다고 생각했습니다. 이에 반해 현상세계 배후에 있다고 여겨지는 물자체나 '나(초월론적 통각Transcendental Apperception)'에 대해 말하면, 그것들은 시간이나 공간의 제약을 벗어났기 때문에 시간적인 의미에서는 생겨나지도 소멸하지도 않습니다. 그렇다면 사후에 나의 영혼은 어떻게 될까요? 이러한 물음은 애초에 잘못된 것이라고 칸트는 말합니다. 왜냐하면 영혼의 불멸은 논리적으로 증명할 성질이 아니라 도덕을 성립시키기 위해 실천이성으로부터 요청되어야 할 성질이기 때문입니다.[75]

쇼펜하우어는 '나'가 시공의 제약을 벗어난 곳에 있다는 칸트의 철학을 이어받습니다. '나'는 시간의 제약을 벗어나 있기 때문에 사후에 영혼이 영원히 존재한다는 말도, 사후에 영원한 무가 도래한다는 말도 모두 틀렸습니다.[76]

현상세계에서 확실히 '나'는 죽습니다. 그러나 현상세계에서 '나'가 죽었다고 해도 시공의 제약을 벗어난 곳에서 '나'를 지탱하던 본질은 파괴되지 않은 채로 있습니다. 쇼펜하우어는 '나'의 본질이 지닌 이 성질을 '불괴성不壞性, Unzerstörbarkeit'[77]이라고 부릅니다. '나'가 현상세계에서 죽더라도 그 본질은 파괴되지 않고 남습니다. 하지만 시간적인 의미에서 사후에 남는다는 말은 아닙니다. 여기까지는 칸트 철학의 틀 안에서 그럭저럭 말할 수 있습니다. 칸트는 이 파괴되지 않은 불사 개념을 요청했습니다. 하지만 쇼펜하우어는 이 부분에서 칸트 밖으로 나옵니다.

쇼펜하우어는 불괴성을 담당하는 본질이야말로 살고자 하는 의지라고 말합니다. 쇼펜하우어는 내가 죽을 때 의식은 없어지지만 "의식을 낳고 유지한 곳은 없어지지 않으며 생명은 사라지지만 생명에서 현현한 생명의 원리까지 함께 사라지지는 않는다. 그렇기에 내 안에는 진정 불멸불괴인 무언가가 있다는 확실한 느낌이 누구라도 마음에서 솟아나온다"라고 말합니다.[78] 즉, 살고자 하는 의지는 비록 내가 죽었더라도 파괴되지 않습니다. 그래서 나는 내 안에 파괴되지 않는 무엇인가가 존재한다고 직관합니다.[79]

쇼펜하우어의 사색은 여기서 크게 도약합니다. '나'의 죽음에도 파괴되지 않는 살고자 하는 의지가 '나'의 사후에 다른 인간의 생명으로 재생한다고 말합니다. 하나의 인생이 죽음으로 끝날 때마다 그 생명을 구동하던 살고자 하는 의지는 새롭게 이 세상에 탄생하는 아기 내부로 파고들며, 그렇게 여러 삶을 차례로 돌고 돈다는 것입니다.[80] 이를 윤회라고 불러도 되는데, 여기서 윤회하는 것은 인식 주체가 아니라 그 주체의 근저에 있는 살고자 하는 의지입니다.[81] 새로운 인간은 이전의 삶을 기억하지 못합니다. 왜냐하면 윤회하는 것은 살고자 하는 의지일 뿐, 지성은 윤회하지 않기 때문입니다.[82] 쇼펜하우어는 살고자 하는 의지의 윤회를 '재생Wiedergeburt'이라 부르며 통속적인 윤회와 구별합니다.[83]

이 논지에 따르면, 태어난 아기를 볼 때 우리는 이미 죽은 다른 인간의 살고자 하는 의지와 재회하는 셈입니다. 쇼펜하우어는 기독교 관점으로 보자면 이미 죽은 인간은 부활한 후의 세계에서 다시 만날 수 있겠지만, 살고자 하는 의지의 윤회라는 관점으로 보자면 "재회는 바로 지금 이미 진행 중"이라고 주장합니다.[84] 쇼펜하우어는 이슬람화된 지역 외의 아시아 전체에 이런 사고방식이 널리 퍼져 있으며, 이집트나 그리스에서도 통용되었다고 말합니다.[85] 확실히 윤회사상은 이미 우파니샤드에서 정립되었고, 불교에서 더욱 정교해졌습니다. 쇼펜하우어의 생각은 불교의 윤회에 가깝습니다. 그 증거로, 쇼펜하우어는 윤회 속에서 "파괴되지 않은 의지가 생의 몽상을 계속해"가고, 수많은 인식을 계승하면서 향상해 "드디어 자기

자신을 폐기하기에 이른다"고 말합니다.[86]

　아시아적 윤회에 가까운 쇼펜하우어의 성향은 쇼펜하우어 연구자들을 고민에 빠지게 만들었습니다. 예를 들어, 헬무트 글라제나프는 "쇼펜하우어에게 있어 윤회설은 칸트식으로 표현하면 실천이성 요청의 모범이다"라고 말하여, 윤회의 실재를 증명할 수는 없지만 존재해야 할 것으로 조정措定했다고 해석합니다.[87] 하지만 그의 해석은 쇼펜하우어를 아시아적 사유에서 지나치게 격리하려 한다는 의심이 듭니다. 실제로 쇼펜하우어는 '살고자 하는 의지의 재생'이라는 자신의 의견을 제시한 다음, 그런 생각이 밀교密敎의 교리와 일치한다고 인정했고, "한편 경험적인 근거 또한 이런 종류의 재생을 증명한다는 점을 간과해서는 안 된다"라고 주장합니다.[88] 그 경험적 증거란 "사망자 수와 출생자 수가 언제 어느 장소에서건 같은 비율로 증감한다"는 내용으로, 이는 사망한 사람의 살고자 하는 의지가 이 세상에 새로 태어난 사람 속으로 파고들기 때문이라고 주장합니다.[89] 이렇듯 쇼펜하우어는 사망자 수와 출생자 수가 같은 비율이라는 위의 언술을 사실의 근거로 제시합니다. 저는 쇼펜하우어가 '살고자 하는 의지'의 '재생'을 진심으로 사실이라고 생각했다고 봅니다[90](이후로는 재생을 윤회와 동일하다고 생각했습니다).

　칸트의 초월론적 철학을 생명 에너지가 차례차례 윤회·전생轉生한다는 고대 인도 철학에 직접 연결하는 것은 상당히 위험한 모험입니다. 그러나 아트만Atman이나 무아無我 개념은 칸트의 초월론적 통각 개념과 친근성이 있어 보이므로 쇼펜하우어가 철학적으로 중요한 논점을 발견했을 가능성도 있습니다. 즉, 지금 눈앞에 있는 인간을 존재하도록 하는 것은 그 이전에 다른 별개의 인간을 존재하도록 했던 것이며, 그것은 점점 세대를 거슬러 올라갑니다. 따라서 눈앞의 한 인간과 만나고 있는 나는 무수히 많은 인간을 거쳐 그곳으로 흘러들어온. 살고자 하는 의지에 새겨진 무수한 인간의 '흔적'을 동시에 만나고 있는 셈입니다.[91] 그리고 이는 나 자신에게도 똑같이 해당합니다. 끝없는 세대를 통해 흘러들어 온 살고자 하는 의지에 의탁한 무수한 인간의 흔적이 나의 깊은 곳에 새겨져 있습니다. 쇼펜하우어는 윤회설을 칸트 철학과 양립시키려 했으며, 이에 따라 인간에게 몇 번이나 흘러들어 온 살고자 하는 의지와 칸트의 물자체를 동일시합니다. 즉 칸트에 있어서는 현상세계 배후에서 감각 자극을 보내는 물자체가, 쇼펜하우어에 있어서는 태어나고 죽어가는 인간들에게로 옮겨가며 그들의 생명을 구동하는 살고자 하는 의지가 됩니다. 이는 물자체가 유동적인 생명 에너지가 되어 인간에게서 인간으로 무한히 윤회하는 세계이기도 합니다.

다만 이러한 사건은 예지계Noumenon에서 일어나므로, 시간적인 계기로 생각해서는 안 됩니다. 그렇다면 윤회를 어떻게 탈시간적인 범주에서 파악할 수 있을까 하는 곤란한 문제가 생깁니다. 하나의 가설을 말하자면, 이 세계 안에서의 생은 시간적으로 일어나지만, 사후의 윤회는 시간적으로 일어나지 않으며, 따라서 윤회로 연결되는 두 삶 사이에는 어느 쪽이 먼저이고 어느 쪽이 나중인가 하는 순서 관계는 있지만 시간적 계기의 관계는 없어집니다. 즉, 모든 의식 존재는 선후의 순서 관계를 통해 일대일로 연결되는데, 그것이 연결된 장소는 시간 제약을 떠난 예지계이기 때문에 시간적인 의미에서 이쪽 생이 끝난 후에 저쪽 생이 시작되었다는 식으로는 말할 수 없다는 뜻입니다.

좀 더 생각해보면, 애초에 윤회적 세계관에서 반출생주의는 패배할 숙명을 지녔습니다. 어떤 사람이 "나는 태어나지 않는 게 나았다"라고 말했다고 가정해봅시다. 그런데 태어나기 전의 나는 무가 아니라 생명 에너지로 연결된 삶을 살던 다른 누군가였습니다. 따라서 그 누군가가 사는 삶 또한 "태어나지 않는 게 나았다"라고 주장하는 꼴이 됩니다. 이러한 연쇄는 무한히 계속됩니다. 반출생주의는 생물진화에 질 뿐만 아니라 윤회적 세계관에 또 집니다. 이는 아마도 생물진화와 윤회가 같은 하나의 무언가로부터 나왔으며, 반출생주의는 그 하나의 무언가를 결코 이길 수 없기 때문일 겁니다. 그 무언가는 일반적으로 생명 에너지라는 관념으로 파악되었으며, 쇼펜하우어는 이를 '살고자 하는 의지'라고 불렀습니다.

또한 쇼펜하우어는 칸트 철학과 인도 철학을 융합해서 '혼자란 혼자가 아니다'라는 철학을 구상했습니다. 쇼펜하우어는 "무한히 많은 자아도 유일한 자아와 다를 바 없다"라고 주장합니다.[92] 쇼펜하우어는 이를 범아일여梵我一如적 공고共苦 개념에 기초하려 했습니다. 하지만 저는 그것을 윤회설로 연결하려는 시도가 더 흥미롭습니다. 즉 인간의 공동성이 영혼의 무시간적 환생을 기초로 한다는 세계관입니다. 놀랍게도 와타나베 츠네오는 전부터 이와 동일한 사색을 전개해왔습니다. 와타나베는 《윤회환생을 생각하다》에서 '편재환생관遍在轉生觀'이라는 개념을 제창했습니다.[93] 이 개념은 우주에 존재하는 것은 나 혼자뿐이라는 독아론獨我論과, 혼자뿐인 내가 윤회환생을 통해 이 세계에 무한히 태어난다고 하는 환생관을 합쳐놓은 개념입니다. 무한히 환생하여 태어나는 나는 시간적 제약을 벗어나 지금 이곳의 세계에 중첩합니다. 즉, 내가 만나는 인간들은 모두

나의 환생인 존재입니다. 수많은 영혼이 윤회환생하는 게 아니라 나라고 하는 단 하나의 존재가 시간 축을 넘어 몇 번이나 이 세계로 환생해 인간 사회를 만들어내는 것입니다. 지상에 존재하는 수십억 명의 인간들은 모두 내가 환생해서 생겨난 존재라는 말입니다. 이 발상은 쇼펜하우어의 '무한히 많은 자아도 유일한 자아와 다를 바 없다'라는 명제의 윤회적인 구현입니다. 그리고 그 원형은 우파니샤드의 아트만 개념까지 거슬러 올라갑니다.[94]

미하엘 하우스켈러는 저서 《생명의 탄식》에서 쇼펜하우어가 심취한 우파니샤드의 금언 '너는 그것이다'에 착안해, 그 말에서 도출되는 공동성이라는 명제는 "모든 살아 있는 개체를, 마치 그것이 유일한 것처럼, 마치 그 고뇌만이 현실적인 것처럼, 마치 바로 그 현존에 세계의 현존이 달라붙은 것처럼 취급하라는 말일 것이다"라고 서술합니다.[95] 이는 매우 재미있는 발상이며, 만약 이러한 시선으로 생각한다면 이 문장 속의 '처럼'을 어떻게 이해할지가 관건입니다. 다만 쇼펜하우어와 우파니샤드를 모두 면밀하게 검토한 유다 유타카는 애초에 쇼펜하우어가 우파니샤드의 '너는 그것이다'의 의미를 오해했으며 '너는 그것이다'로부터 공동성의 윤리학이 도출될 수 없다고 단언합니다.[96] 그러나 저는 현대 윤리학으로 쇼펜하우어와 같은 사고방식을 구상하는 게 불가능하지 않다고 생각합니다. 우파니샤드에 대해서는 4장에서 자세하게 다루면서 다시 생각해보겠습니다.

자, 여기까지 고찰해봤을 때 쇼펜하우어는 어떤 유형의 반출생주의자였을까요? 우선 쇼펜하우어는 '우리는 존재하지 않는 게 나았다'라는 식의 탄생 부정을 주장합니다. 그 주장은 '세계가 존재하지 않는 게 존재하는 것보다 낫다'라는 데까지 도달합니다. 그리고 이미 태어난 우리에게 '살고자 하는 의지'를 지우고 '무의지' 상태가 되라고 권합니다. 아이를 낳는 것에 대해서는 성적 금욕을 통한 출산 부정을 주장합니다. 그 결과로서 인류 멸종을 허용합니다. 자살은 기본적으로 권장하지 않습니다. 다만 무의지의 결과로서 아사는 긍정합니다. 사람이 열반에 이르지 못하고 죽으면 의식은 소멸하지만, 그 사람의 삶을 추동하던 살고자 하는 의지는 윤회하여 다른 인간으로 재생합니다.

쇼펜하우어는 테오그니스·베네타와 다른 독특한 반출생주의자입니다. 그리고 쇼펜하우어는 유럽 반출생주의 사상의 요체에 자리한 철학자입니다. 수많은 반출생주의 사상이 쇼펜하우어에게 빨려들어 간 다음 그를 거쳐 후대 사상가에게 흘러갔습니다. 쇼펜하우어는 그동안 염세주의 철학자로, 혹은 칸트주의 계보의 철학자로 자리매김했습니다. 반면 '반출생주의자 쇼펜하우어'의 면모가 오늘날 새로이 부상하고 있습니다.[97] 이는 앞으로 쇼펜하우어 연구에 새로운 빛을 비춰줄 것입니다.

그 일례로 반출생주의자 켄 코츠가 쇼펜하우어를 어떻게 비판했는지 살펴봅시다. 코츠는 쇼펜하우어가 중요한 반출생주의 사상가임을 인정하면서도, 이미 태어난 개인을 구원하는 데만 집중해서 고찰했으며 아이의 출생을 예방하는 사고방식은 거의 없다고 비판합니다. 코츠는 "확실히 쇼펜하우어는 강력한 반출생주의 견해를 표명하지만, 아직 태어나지 않은 인간을 향후 존재시키지 않을 수단으로서 반출생주의를 옹호하지 않는다고까지 말할 수는 없어도 제대로 고찰하지는 못하고 있다"[98]라고 말합니다. 즉, 구체적인 출산 부정 프로그램을 제창하지 못했다는 말입니다.[99] 이미 보았듯이 쇼펜하우어는 아우구스티누스가 말한 인류 멸종 구상을 긍정적으로 포착합니다. 하지만 쇼펜하우어는 아이를 위한 출산 부정과 그보다 선결과제인 인류 멸종 계획을 구체적으로 구상하지는 않았습니다. 현대 반출생주의자의 쇼펜하우어 비판은, 따라서 한번 생각해볼 가치가 있습니다.

7. 쇼펜하우어의 영향력

쇼펜하우어의 반출생주의에 영향을 받은 대표적인 유럽 사상가 두 명을 간단히 소개하겠습니다.

한 사람은 에두아르트 폰 하르트만입니다. 지금은 잊혀졌지만 한때는 일세를 풍미해, 모리 오우가이가 단편소설 〈망상〉에서 "19세기는 철도와 하르트만의 철학을 불러왔다고 했을 정도로, 최신의 대계통으로 찬반의 소리가 떠들썩했다"라고 말한 철학자입니다.[100] 하르트만은 1869년에 《무의식의 철학》을 펴내며 쇼펜하우어와 생물진화론을 연결했습니다. 오우가이가 읽은 책도 이 책입니다. 하르트만은 인간이 무의식에 의해 충동을 받는다고 생각합니다. 이는 쇼펜하우어의 '살려고 하는 의지'에 해당합니다. 그리고 하르트만은 인류가 무의지를 달성하려면 어떻게 해야 하는지 고찰합니다. 그렇게 하기 위해서는 먼저 삶의 비참이 인류의 의식을 꿰뚫고, 이를 통해 인류가 무의 평화와 무통無痛에 깊은 동경을 품어야 합니다. 그래야 의지를 지우고 빨리 무의지를 지향한다고 말합니다. 이런 과정이 성공하여 전 세계에 존재하는 의욕을 모두 없앨 때 모든 우주는 순식간에 소멸합니다.[101] 이는 최고의 가능 세계이며, 의식의 가장 위대한 진화입니다. 이것이 하르트만이 주창한 전 인류 동시 무의지화 계획입니다.[102]

하지만 하르트만은 모든 것이 잘 진행되었을 때만 가능한 시나리오라고 말합니다. 비록 인류가 멸종하더라도 우주에 존재하는 무의식은 다음 기회를 노리고 새로운 인류나 그와 비슷한 생물종을 낳을 수 있으며, 그렇게 되면 그 모든 비참이 다시 처음부터 시작될 것입니다. 심지어 인류가 무의지를 향한 여정을 달성하더라도 고등동물이 지구상에 출현하여 인류의 여정을 계승할지 어떨지도 알 수 없으며, 어쩌면 지구가 이 여정을 달성하기에는 애초에 적합하지 않을 수도 있고, 우리가 볼 수 없는 다른 항성을 도는 행성에서만 그 여정을 달성할 수 있을지도 모릅니다. 하르트만은 실제로 어떻게 될지는 알 수 없다고 서술합니다.[103] 하르트만은 쇼펜하우어의 반출생주의를 다윈의 생물진화론으로 가장 빠르게 연결했습니다.[104]

정신분석학의 시조 지그문트 프로이트 역시 쇼펜하우어의 영향을 많이 받았습니다. 프로이트의 무의식이나 리비도Libido 같은 개념을 보면 잘 나타나는데, 여기에서는 에세이 《쾌감 원칙의 피안》(우리나라에서는 《쾌락원리 너머》라는 제목으로 출간되었다. ―옮긴이)에 나오는 성性과 죽음의 고찰을 살펴보겠습니다.

프로이트는 에세이 후반부에서 성과 죽음에 대해 하나의 가설을 제시합니다. 인간의 근저에는 쾌감 원칙이 있는데, 실은 그것을 능가하는 반복 강박의 욕동慾動이 있습니다. 이는 생명체가 초기 상태를 회복하려는 욕동입니다. 생명체에게 초기 상태란 태어나기 이전의 상태를 말합니다. 제 방식으로 표현한다면 생명체는 밑바탕에 '태어나지 않았으면 좋았다'는 쪽으로 향하는 욕동을 가지고 있습니다.

생명은 변화와 진보를 모색한다는 설이 있지만, 프로이트는 그

설이 틀렸다고 말합니다. 생명은 처음 상태로 돌아가는 것, 즉 생명이 태어나기 전의 '생명이 없는 상태'로 돌아가는 것이 목표이며, 이를 부연하면 '모든 생명체의 목표는 죽음이다'입니다. 프로이트는 지구의 생명진화의 첫 시점에서 갓 태어난 생명이 갖는 최초의 욕동은 '생명이 없는 상태로 되돌아가려는 욕동'이라고 주장합니다.[105]

원초의 생명은 이 욕동에 따라 태어나자마자 죽었습니다. 그러나 어느 순간 결정적인 생명의 진화가 일어나면서, 생명은 생식을 통해 자손을 남기고 죽는 우회로를 경유하게 되었습니다. 물론 그런 우회로를 지난다고 해도 결국 생명은 죽습니다. 그러나 한 개체가 죽더라도 그 생명은 자손에게 이어지므로 어떤 의미에서 생명이 죽을 때까지의 시간은 지연되었습니다.

이리하여 생명에는 가능한 한 빨리 원래의 생명이 없는 상태로 돌아가려는 죽음의 욕동과 죽음으로 가는 경로를 우회하여 가급적 생을 연명하려는 성의 욕동, 이 두 가지가 각인되었습니다. 프로이트는 전자를 '생명을 죽음으로 이끄는 욕동'이라 부르고 후자를 '생명의 갱신을 항상 요구하고 관철하려는 성의 욕동'이라 부릅니다.[106] 이른바 타나토스Thanatos와 에로스Eros입니다.

프로이트가 이 두 가지를 완전히 별개로 여기지는 않습니다. 왜냐하면 성의 욕동도 결국은 죽음을 목표로 한다는 점에서 죽음의 욕동과 같은 방향을 향하기 때문입니다. 이는 성의 욕동에 대한 다음의 문장을 읽으면 분명해집니다. "그러나 마침내 어떤 결정적인 외부 영향이 작용하여 그 시점에 생명을 가지고 있던 물질이 원초적 생명의 경로에서 크게 벗어나 복잡한 우회로를 경유하여 최후에는 죽음이라는 목표에 도달하게 되었다고 생각한다."[107] 즉 성의 욕동은 생식이라는 우회로를 경유함으로써 생물종의 죽음이 도래하는 것을 연장한 데 불과하며, 그 목표가 죽음임에는 변함이 없다는 말입니다.

이것은 바로 쇼펜하우어의 세계입니다. 쇼펜하우어는 "우리 몸이 살아 있다는 것은 사실 우리 몸이 죽을 수 없도록 막는 것, 즉 죽음이 그때마다 연기되고 있는 것이나 다름없다"라고 썼습니다.[108] 프로이트도 "우리는 뜻하지 않게 쇼펜하우어 철학의 '항구'로 뱃머리를 돌리고 말았다. 쇼펜하우어의 철학에 따르면 죽음은 생명의 '본래적 결과'이며 '목적'이기도 하다"[109]라고 말했습니다. 심지어 이 에세이 주석에서 플라톤과 함께 우파니샤드가 언급되는 점도 흥미롭습니다.[110] 프로이트는 이 가설을 어느 정도까지 믿는지 스스로도 모른다고 토로합니다. 하지만 쇼펜하우어를 경유한 반출생주의가 프로이트의 에세이 《쾌락 원칙의 피안》에 영향을 준 것은 틀림없습니다.[111]

프로이트의 반출생주의와 생물진화론 해석은 독특합니다. 프로이트는 죽음의 욕동을 '가장 좋은 것은 태어나지 않는 것, 그다음 좋은 것은 온 곳으로 빨리 돌아가는 것'이라는 고대 그리스의 탄생 부정 사상에 적용해서 설명합니다. 그런 다음 생명의 욕동을 그런 탄생 부정에 대한 반항으로 설정합니다. 그러나 그 반항은 기껏해야 탄생 부정의 손바닥 위에서 이루어질 뿐, 아무리 생물종의 생명이 지연된다고 해도 개체의 죽음이 연속됨에 따라 결국에는 생물종이 멸종하면서 그 생명은 무로 돌아갑니다. 프로이트는 지구상의 모든 생명은 결국 멸종이라는 결말에 이른다고 간주했던 것은 아닐까요? 프로이트가 그리는 세계에서 생물진화는 일시적인 반항에 지나지 않으며 최종적으로는 생물에 내재하는 반출생주의 힘에 지고 맙니다. 프로이트는 반출생주의가 생물진화를 이긴다고 생각합니다. 물론 프로이트의 죽음의 욕동은 인간에게 나타나는 반복 강박 증상에서 발상發想했으며, 에세이에서는 그것을 사변적으로 원초의 생물에 적용해본 데 불과합니다. 그러나 이 독자적인 전개에는 살펴봐야 할 점이 있습니다.

이미 여러 번 말했듯이 쇼펜하우어는 고대 인도 성전 우파니샤드를 포함한 베단타Vedānta 문헌군, 그리고 원시 불전·대승 불전으로부터 지대한 영향을 받았습니다. 다만 당시에는 인도 철학 연구를 본격적으로 시작한 지 얼마 되지 않았습니다. 따라서 설령 쇼펜하우어 자신은 그것들을 충분히 이해했다고 하더라도 오늘날 학문적 수준으로 보면 상당히 의심스러운 이해였습니다. 글라제나프는 쇼펜하우어를 베단타 및 불교와 비교 검토하여 브라흐만Brahman과 살려고 하는 의지를 동일시하는 것은 오류이며, 쇼펜하우어는 세계 전체의 구원에 대해 말하지만 고대 인도에서 구원은 개개인의 문제로 여겼던 점 등을 지적합니다.[112] 모이라 니콜스도 쇼펜하우어는 살고자 하는 의지를 이 세계 고통의 근원이라 생각하지만 베단타에서는 브라흐만을 그렇게 생각하지 않으며, 또 쇼펜하우어는 물자체를 보통 의식으로 사고할 수 있다고 하지만 베단타에서는 요가 체험을 통해서만 접근할 수 있다고 지적합니다.[113] 유다 유타카 역시 쇼펜하우어의 철학은 본질적으로 기독교적이며 쇼펜하우어의 "인도 철학에 대한 이해는 대부분 옳지 않다"라고 밝혔습니다.[114]

쇼펜하우어가 본 고대 인도 철학과 현실의 고대 인도 철학 텍스트에서 말하는 내용 사이에는 상당한 차이가 있습니다. 그러나 여전히 유럽과 인도를 연결하려 했던 쇼펜하우어의 업적은 위대합니다. 글라제나프는 "인도의 지혜가 유럽에 보급되는 데 쇼펜하우어만큼 공적이 있는 사람은 없다"라고 평가했습니다.[115]

유럽 철학계는 쇼펜하우어를 통해 고대 인도 철학을 본격적으로 발견했습니다. 예를 들면, 젊은 날 쇼펜하우어에 심취한 루트비히 비트겐슈타인의 《논리철학논고》[116]에는 원시불교 중부 경전 《사유경》의 '뗏목의 비유'[117]나 대승불교 《유마경》의 '유마의 일묵一默'[118] 에피소드가 노골적으로 반영되었습니다. 즉, 강을 건넌 후 필요가 없어진 뗏목은 버려야 한다는 '뗏목의 비유'는 《논리철학논고》의 '사다리를 다 탄 자는 사다리를 내던져야 한다'로 반영했고,[119] 말의 차원을 뛰어넘는 진리에 대해 질문을 받은 유마가 침묵으로 일관했다는 '유마의 일묵, 벼락과 같다'는 《논리철학논고》의 '말할 수 없는 것에 대해서는 침묵해야 한다'로 반영했습니다.[120] 고대 인도 철학은 19세기에서 20세기 유럽 철학을 배후에서 구동한 거대한 수맥의 하나입니다.

쇼펜하우어가 흡수한 고대 인도 철학이 무엇인지, 그리고 거기서 반출생주의는 어떻게 다루어지는지를 조사하기 위해 저는 2천 5백 년의 시간을 거슬러 고대 인도 세계로 헤치고 들어가 4장에서 우파니샤드를 고찰하고, 5장에서 원시불교의 출생과 죽음의 철학을 고찰하겠습니다. 6장에서는 다시 유럽으로 돌아가 니체의 생의 철학을 고찰하고 운명과 영원을 둘러싼 사색이 탄생의 긍정으로 이어지는 경로를 살펴보겠습니다.

그럼, 다음 장에서 우파니샤드를 살펴봅시다. 우파니샤드는 세계 최고最古 수준의 철학적 문헌을 포함하는 텍스트군으로, 원시불교를 이해하는 데 반드시 고찰해야 할 문헌입니다. 우리는 거기에서 근대 이후의 유럽 철학과는 사뭇 다른 류類의 사색을 만날 것입니다.

4장

윤회하는 불멸의 아트만

1. 윤회사상의 탄생

고대 인도에서는 기원전 13세기경부터 베다Vedas라는 종교 문헌군이 만들어졌습니다. 베다는 우주의 창세신화와 신들의 이야기를 웅장하게 서술했으며, 각종 베다 말미에는 철학적 내용이 담겨 있습니다. 그것이 바로 우파니샤드Upaniṣad입니다.

아주 오랜 세월에 걸쳐 1백 편 정도의 우파니샤드가 만들어졌습니다. 성립 연대가 가장 오래된 문헌으로는 기원전 6세기 전후에 작성된 《브리하다라냐카 우파니샤드Bṛhadāraṇyaka Upaniṣad》와 《찬도기야 우파니샤드Chāndogya Upaniṣad》가 있으며, 이 둘을 포함한 일군의 문서를 고古우파니샤드로 분류합니다. 이 두 편이 생겨난 시기는 고타마 붓다보다 이전이며, 고대 그리스의 자연철학자들과 동시대이거나 약간 늦은 정도라고 짐작합니다. 우파니샤드는 현존하는 가장 오래된 철학적 텍스트 중 하나입니다.[1] 이 두 편은 고우파니샤드 중에서 가장 분량이 많고 내용도 깊습니다(우파니샤드 자체는 기원후까지 면면히 만들어졌습니다).

우파니샤드는 다수의 작가들에 의해 작성되었습니다. 특히 고우파니샤드에는 우달라카, 찬도기야, 야즈나발키야 같은 철학자[2]들이 등장하며 스승과 제자, 부모와 자녀, 부부 사이에 철학적 대화가 이뤄집니다. 그 대화는 생기발랄하고, 마치 한 편의 문학작품을 읽는 듯합니다.³ 철학자들의 세계관은 서로 조금씩 다르고, 또 한 철학자 안에서도 논리적 모순이 나타납니다. 이런 차이에도 주목해야 합니다. 가령 우달라카는 유有의 철학자로 불렸고, 제자인 야즈나발키야는 '자기自己 존재론'을 스승과 다른 방향으로 밀고 나갔습니다. 우파니샤드는 이들 철학자의 사색 집합체로, 결코 하나의 철학설로 이루어진 것이 아닙니다. 츠지 나오시로는 각각의 우파니샤드를 마치 한 개인의 작품처럼 읽어야 한다고 힘주어 강조합니다.⁴ 이는 중요한 점입니다. 이 장에서는 이런 사정을 고려하면서 고우파니샤드에 나타난 출생에 관한 몇 가지 철학사상을 고찰하겠습니다.

    우파니샤드에서 대표적인 철학사상을 취하여 고찰하는 이유는 다음의 두 가지입니다. 먼저 반출생주의자 쇼펜하우어가 평생 사랑한 우파니샤드가 어떤 책인지 알기 위해서입니다. 다음은 아시아의 반출생주의를 이야기할 때 피해갈 수 없는 고타마 붓다의 철학이 우파니샤드의 세계관을 참조하면서 구축되었기 때문입니다.⁵ 다소 멀리 돌아가는 듯 보이지만, 고대 인도의 생명철학에 대해 함께 생각해보았으면 합니다.

    쇼펜하우어가 주창한 윤회의 철학은 우파니샤드의 윤회사상으로부터 큰 영향을 받았습니다.⁶ 윤회사상은 고대 인도뿐만 아니라 고대 그리스와 중동 지역에서도 폭넓게 나타났습니다. 예를 들어, 피타고라스의 영향을 받은 플라톤이 《국가》에서 사후에 영혼이 윤회환생하는 모습을 '엘의 이야기'로 생생하게 묘사했다는 사실은 잘 알려져 있습니다.⁷ 이런 윤회사상 중에서도 우파니샤드에 나오는 윤회에 대한 기재記載는 가장 오래되었습니다. 고대 인도 문헌 《브라마나 Brāhmaṇa》에는 사람이 죽은 후의 세계에서 다시 죽는다는 사고방식이 나오며,[8] 이를 '재사再死'라고 부릅니다.[9] 그리고 그 사고방식을 바탕으로 윤회사상이 생겨났습니다. 구체적인 내용을 봅시다.

《찬도기야 우파니샤드》에는 다음과 같은 에피소드가 나옵니다. 우달라카의 아들 스베타케투는 어느 날 프라바하나 자이발리 왕으로부터 질문을 받습니다. "생명을 가진 것이 이 세상을 떠나면 어디로 가는지 너는 아느냐?" "어떻게 그들이 다시 돌아오는지 너는 아느냐?" "어떻게 저세상이 채워지지 않는지 너는 아느냐?" 등 다섯 가지 질문입니다. '저승이 채워지지 않느냐'라는 말은 만약 죽은 생명체가 모두 저승으로 옮겨간다면 저승은 죽은 자들로 가득 차지 않겠는가 하는 뜻입니다. 사망자의 행선지에 대해 질문을 받은 스베타케투는 한마디도 대답하지 못하고 귀가했습니다. 아들에게 이야기를 들은 아버지 우달라카는 왕에게 가서 가르침을 청했습니다.

왕은 인간이 세상에 탄생하는 이치부터 설파합니다. 먼저 남자가 여자의 질에 정액을 넣으면 태아가 생깁니다. 태아는 약 10개월간 자궁에 머물다가 탄생합니다. 그리고 인생을 살다 수명이 다 되어 죽을 때, 윤회의 가르침(오화이도설五火二道說)을 아는 사람은 사후에 불길 속으로 들어간 다음 달과 태양을 거쳐 번개 속으로 들어갑니다. 그러고는 최종적으로 브라흐만 세계로 인도됩니다. 이는 '신들에게 이르는 길'입니다. 사후에 영원한 세계에 이르러 이제 다시는 이 세상으로 돌아오지 않습니다. 여기에서 생사로부터의 해탈이 설파됩니다.

그런데 윤회의 가르침을 모르는 사람은 해탈의 길로 나아가지 못합니다. 그 사람은 먼저 연기 속으로 들어가고, 밤으로 들어가고, 반달로 들어가고, 태양이 남쪽으로 향하는 반년으로 들어가고, 그

다음 조상의 세계로 들어가고, 허공의 세계로 들어가고, 달로 들어가고, 신들에게 잡아먹힙니다. 그리고 그 세계에 잠시 머무른 후에 거쳤던 길을 통해 허공으로 돌아옵니다. 허공에서 바람이 되고, 연기가 되고, 뇌운이 되고, 비구름이 되고, 지상으로 쏟아집니다. 그런 다음 쌀이나 보리나 콩이 됩니다. 그 음식을 남자가 먹으면 그 남자의 정액이 되어 다시 지상에서 재생합니다. 누가 이 음식을 먹느냐에 따라 브라만으로 태어날지 크샤트리아로 태어날지 불가촉천민으로 태어날지 개나 돼지로 태어날지가 결정됩니다. 이는 해탈에 이르지 않고 이승과 저승을 왔다 갔다 하는 '선조의 혼령에 이르는 길'입니다. 인간으로 태어날 수도, 인간 외의 동물로 태어날 수도 있습니다.

    심지어 황금을 훔친 자, 술을 마신 자, 스승의 아내와 정을 통한 자, 브라만을 살해한 자는 작은 생명체로 태어나 죽기만 하는 제3의 세계로 떨어집니다.[10] 이렇게 해서 사람이 죽은 뒤에는 윤회환생으로부터 해탈하여 불멸의 세계로 들어가는 길, 윤회환생을 거쳐 이 세상으로 재생하는 길, 지옥 같은 세계로 떨어지는 길, 세 갈래 가운데 하나의 길을 가게 됩니다. 주목할 만한 부분은 사후에 윤회환생하는 길과 그로부터 벗어나 불멸의 세계로 들어가는 해탈의 길을 언급한다는 점입니다.

    우달라카의 제자 야즈나발키야는 《브리하다라냐카 우파니샤드》에서 윤회환생을 한층 더 생생하게 묘사합니다.[11] 인간이 늙거나 병으로 쇠약해져 바야흐로 숨을 거두려 할 때 모든 생기는 아트만 주위로 모입니다. 여기서 말하는 아트만은 개인의 몸속에 깃든 생명의 숨인 '자기自己'입니다. 아트만이 의식불명되어 보지도 말하지도 생각하지도 인식하지도 못하게 되었을 때, 이 생기는 심장 속으로 내려갑니다. 그리고 "그의 심장 끝이 빛나기 시작한다. 그 빛에 의해 자기[아트만]는 눈을 통해, 혹은 두개골을 통해, 또는 신체의 다른 부분을 통해 밖으로 나간다. 숨이 밖으로 나가려고 할 때, 모든 생기는 그 숨을 따라 밖으로 나간다."[12] 마치 애벌레가 풀잎 끝까지 도달한 뒤 다른 잎 끝으로 넘어가듯이 아트만은 그때까지 살았던 몸을 벗어나 다른 새로운 몸속으로 넘어갑니다.[13] 그리고 착한 일을 했던 사람은 착한 사람으로 다시 태어나고, 나쁜 일을 했던 사람은 나쁜 사람으로 다시 태어납니다.[14] 이것이 욕망을 따라 움직이는 인간의 윤회환생입니다.

이에 반해 욕망이 없는 인간, 욕망을 떠난 인간, 아트만을 원하는 인간은 죽을 때 그 생기가 몸 밖으로 나가지 않습니다. 그 인간은 불멸의 존재인 브라흐만 속으로 들어갑니다. "그의 심장에 깃든 모든 욕망이 해소될 때, 죽어야 할 것은 불사가 되고 이 세상에서 브라흐만에 도달한다."[15] 그리고 "개미 무덤에 벗어던져져 놓인 뱀 허물처럼 이 시체는 죽은 채로 누워 있다. 그러나 몸이 없는 불사의 이 숨이 바로 브라흐만이요, 바로 열熱이다."[16] 즉 욕망을 떠난 인간은 사후에 윤회환생하지 않고 뱀이 허물을 벗어던지듯 몸을 벗어나 불사의 숨이 되어 해탈에 이릅니다.[17]

이 윤회환생하는 아트만은 '숨Prāṇa'입니다. 다카사키 지키도우는 아트만이 '호흡하다'는 동사에서 유래한 말로 기식氣息 및 생명의 근원이라고 여겨졌으며, 나아가 '자기'를 의미한다고 말합니다.[18] 야즈냐발키야는 "유일한 신은 누구인가?"라는 질문에 "숨이다. 사람들은 그를 브라흐만이라고, 그 자체라고 부른다"라고 분명하게

대답합니다.[19]

또한 《브리하다라냐카 우파니샤드》에 나오는 다음의 우화도 흥미롭습니다. 인간을 구성하는 '언어' '시각' '청각' '사고' '정액' '숨'들이 모여 누가 가장 잘났는지를 다투고 있었습니다. 그들은 브라흐만에게 가서 물었습니다. 그러자 브라흐만은 "너희들 하나하나가 차례로 번갈아가며 인간의 몸에서 밖으로 나갔을 때 가장 큰 피해를 준 것이 그 인간에게 가장 탁월한 것이다"라고 대답했습니다. 그 말을 듣고 먼저 언어가 인간의 몸 밖으로 나갔다가 1년 후에 다시 몸 안으로 돌아왔습니다. 이어서 시각, 청각, 사고, 정액이 하나씩 차례로 그 인간의 몸 밖으로 나갔다가 1년 후에 다시 몸 안으로 돌아왔습니다. 마지막으로 숨이 그 인간의 몸 밖으로 나가려 할 때 나머지 구성 요소들은 황급히 숨에게 나가지 말라고 간청했습니다. 왜냐하면 만약 숨이 나간다면 그 인간 자체가 죽어서 나머지 구성 요소들은 인간의 몸속에서 살아갈 수 없기 때문입니다. 이를 통해 숨이 가장 탁월한 구성 요소임이 입증되었습니다.[20]

여기서 주목해야 할 것은 인간에게 사고보다 숨이 더 탁월하다는 생명관입니다. 《찬도기야 우파니샤드》에도 흥미로운 우화가 소개됩니다. 나라다는 사나트 쿠마라로부터 "네가 배운 것은 '이름'에 불과하다"라고 지적받습니다. 나라다는 "이름보다 위대한 것이 존재하는가?"라고 묻습니다. 그러자 사나트 쿠마라는 "언어는 이름보다 위대하다"라고 답합니다. 나라다는 "그럼 언어보다 위대한 것이 존재하는가?"라고 묻습니다. 사나트 쿠마라는 "사고는 언어보다 위대하다"라고 대답합니다. 나라다는 "그렇다면 사고보다 위대한 것은……?"이라고 묻고, "의도는 사고보다 위대하다"라는 답을 없습니다. 그리고 그것들보다 위대한 것은 '이해력' '심사숙고' '인식' '힘' '음식' '물' '열' '허공' '기억' '희망'의 순서로 이어지고, 마지막으로 "숨은 희망보다 위대하다"라고 답합니다. 즉 숨이 목록에서 맨 위에 놓이며, 그 숨을 만들어내는 것이 아트만입니다.[21]

　이 목록을 봤을 때 놀라운 점은 유럽 철학에서 인간의 가장 큰 본질로 여긴 '사고'나 '인식'이 위대함의 목록에서 숨보다 훨씬 하위를 차지한다는 것입니다. 숨은 사고나 인식을 훨씬 능가하는 위대함을 지녔다고 간주됩니다. 그리고 이 목록에서 숨은 아트만에 가장 근접한 존재로 여겨집니다. 물론 이 텍스트에서는 숨이 아트만과 완전히 동일시되지는 않지만, 숨이 곧 아트만이라는 사고방식이 우파니샤드를 지탱하는 중요한 기둥의 하나임은 틀림없습니다.

　《카우시타키 우파니샤드_Kauṣītaki Upaniṣad_》에서는 한걸음 더 나아가서 인드라에게 "나는 숨이다, 영지(英知)로서의 자기[아트만]이다. 그런 것으로, 나를 수명으로, 불사하는 것으로 명상하라!"라고 말합니다.[22] 《타이티리야 우파니샤드_Taittirīya Upaniṣad_》에는 다음과 같은 문장이 있습니다. "숨을 브라흐만으로 명상하는 사람들 — 그들은 그야말로 수명을 전부 누린다. 왜냐하면 숨은 생명체의 생명이기 때문이다. 그러므로 그것은 '일체의 생명'이라고 일컬어진다."[23] 이와 같이 우파니샤드에는 숨이야말로 인간뿐만 아니라 모든 생명을 그 밑바탕에서 살리는 것이라는 사상이 담겨 있습니다.

　인간 생명의 본질이 숨이라는 관념은 고대 세계에서 널리 찾아볼 수 있습니다.《구약성서》에는 신이 흙으로 인간의 형상을 만들고 코에 생명의 숨을 불어넣어 인간을 살게 했다는 내용이 있습니다.[24] 사카구치 후미는 고대 기독교에서 '성령_Pneuma_'은 고대 그리스에서는 '생명을 주는 우주의 숨결'을 의미하며, 신플라톤주의에서는 '가시可視의 우주 전체를 낳고 감싸고 지배하며 지탱하고 생명을 주는 원리'라고 했습니다.[25] 숨은 우주 전체에 가득 차 있고, 인간을 포함한 다양한 것에 생명을 부여한다는 뜻입니다. 우파니샤드나 그에 앞선 《리그 베다Rig veda》에서 볼 수 있는 '숨으로서의 아트만'은 지중해 세계로 확산된 기식적氣息的 생명관의 원초적인 형태를 형성하는 밑거름이 되었습니다.[26] 이는 인류가 아주 오래전부터 여러 지역에서 공유한 세계관일 것입니다.[27]

쇼펜하우어는 윤회하는 숨으로서의 아트만을 살고자 하는 의지와 동일시한 듯합니다. 인간이 죽었을 때 숨으로서 아트만이 그 인간의 몸에서 벗어나 다른 인간으로 거듭나듯이, 쇼펜하우어 철학에서 살고자 하는 의지 또한 인간이 죽은 뒤 파괴되지 않고 다른 인간으로 윤회환생합니다.[28]

지금까지 살펴본 우파니샤드에서는 끝없이 윤회를 반복하는 과정에서 벗어나 불멸의 세계로 들어가는 길이 있다고 말합니다. 아트만이 무엇인지 제대로 인식하면 마치 뱀이 허물을 벗어던지듯 몸을 벗어나 해탈에 이른다고 했습니다.

야즈냐발키야는 이를 나무에 빗대어 설명합니다. 나무가 잘리면 뿌리에서 새 나무가 돋아나 생장합니다. 그러나 "수목을 뽑아내면 뿌리라도 다시 생기지 않을 것이다."[29] 이와 마찬가지로 인간은 죽은 다음에 새로운 인간으로 이 세상에 태어나지만, 일단 윤회의 뿌리를 뽑아버리면 다시는 인간으로 태어나지 않습니다.

해탈을 뜻하는 '다시 생기지 않는다'라는 표현에 주목해봅시다. 이는 사후에 윤회하여 이 세상에 다시 태어나는 일이 생기지 않도록 하겠다는 반출생주의입니다. 예를 들어《카타 우파니샤*Katha Upaniṣad*》는 올바른 이해에 도달한 자는 최고의 하늘에 도달하고, "그곳에서 그는 다시 태어나지 않는다"라고 진술합니다.[30] 일단 해탈하면 다시는 태어나지 않아도 됩니다.

고대 그리스의 반출생주의는 '가장 좋은 것은 태어나지 않는 것, 그다음 좋은 것은 왔던 곳으로 빨리 돌아가는 것'이라는 영탄의 형태를 취하며 성립되었지만, 고대 인도의 반출생주의는 '윤회를 벗어나 해탈함으로써 다시는 어디에서도 태어나지 않는다'라는 실천 형태를 취하며 성립되었습니다. 여기에서 두 문명 사이의 명료한 차이가 드러납니다.

그렇다면 철학자들은 왜 윤회에서 탈출하기를 원했을까요? 이 세상이 고통과 슬픔으로 가득 찼기 때문입니다. 야즈냐발키야는 이 세상에 사는 인간은 욕구가 끊이지 않아서 굶주림과 갈증, 슬픔, 유혹, 늙음과 죽음으로 채워졌다고 말합니다.[31] 나라다는 이 세상의 삶은 죽음, 병, 고통, 슬픔으로 가득 차 있다고 했습니다.[32] 이 고통의 세계에 사람은 죽은 후에도 여러 차례 윤회하여 태어납니다. 그러니까 우파니샤드에는 어떻게든 윤회의 사슬로부터 해방되고 싶다는 생각이 담겨 있습니다. 하리카이 쿠니오에 따르면, 우파니샤드 시대에는 "이 세상에서는 죽음의 고통에서 벗어날 수 없다는 사실을 분명히 의식하게 됐고, 그런 고통의 고리에서 해방되기를 간절히 바라게 됐다"라고 합니다.[33] 이 세상에서 사는 것은 고통이라는 인식이 바탕이 되어 고우파니샤드의 반출생주의가 성립한 것입니다.

일례로《브리하다라냐카 우파니샤드》에는 고대 금욕주의자들이 욕구를 버리고 거지로 방랑하면서 후손을 남기려 하지 않았다는, 출산 부정을 긍정적으로 묘사하는 내용이 나옵니다.[34]

다만 반출생주의적 사고방식이 고우파니샤드 전체를 지배하지는 않았다는 점에 주의해야 합니다. 거기에서 주로 서술된 내용은 역시 아트만을 깨달아서 해탈하고 싶다는 열정입니다. 츠지 나오시로가 쓴 대로 "우파니샤드는 세상에 대해 필연적으로 염세적인 방향을 취하지 않을 수 없지만, 이 사상은 아직 기조를 완성하지 못했고, 불교처럼 깊이 있는 무상관無常觀은 발달하지 않았다"라고 할 수 있습니다.[35]

2. 숙면을 통해 아트만에 도달하기

　우파니샤드에서는 윤회하는 숨으로서의 아트만뿐만 아니라 그와는 차원이 전혀 다른 주목할 만한 아트만의 철학을 말합니다. 그것은 우주 근본 원리인 브라흐만과 진실한 자기인 아트만이 동일하다는 철학입니다.[36]

　브라흐만과 아트만의 일치를 최초로 분명히 설명한 사람은 샨딜리야로 알려져 있습니다. 《찬도기야 우파니샤드》에는 다음과 같은 샨딜리야의 말이 기록되어 있습니다. "아트만은 심장 내부에 있는데, 그것은 쌀알보다도 겨자씨보다도 미세하다. 그러나 동시에 아트만은 대지보다 크고, 대기보다 크고, 하늘보다 크다. 그리고 모든 행위, 모든 욕망을 포함한다." "이것이 심장 내부에 있는, 나의 자기[아트만]이다. 이것이 브라흐만이다. 세상을 떠난 후에, 나는, 이 자기로 들어갈 것이다."[37] 아트만은 나의 내부에 있는 극소 존재이며, 또 우주 전체까지 퍼지는 극대 존재이기도 합니다. 그리고 아트만이야말로 브라흐만입니다.[38]

　샨딜리야의 철학을 독자적으로 발전시켜 고고한 지점까지 높인 사람이 야즈냐발키야입니다. 그의 아트만 개념은 현대 첨단 철학과도 쟁론할 만큼 자극적입니다. 야즈냐발키야는 《브리하다라냐카 우파니샤드》에서 진실한 자기인 아트만을 다양한 방식으로 표현합니다.

아트만이란 '내쉬는 숨을 통해 숨을 내쉬는 것'입니다. 숨을 내쉬고 있는데, 숨 쉬는 주체를 내가 인식할 수 있느냐 하면 그렇지 않습니다. 야즈나발키야는 말합니다. "'네가' 보는 것(모습)을 보고 있는 것(주체)을 너는 볼 수 없다. (…) '네가' 생각하고 있는 것(모습)을 생각하는 것(주체)을 너는 생각할 수 없다. 너는 인식하고 있는 것(인식의 주체)을 인식할 수 없다. 이것이 일체의 내부에 있는 너의 자기[아트만]이다."[39] 즉, 나는 '생각한다는 것(상황)'을 생각할 수는 있습니다. 그렇지만, '생각한다는 것'을 생각할 때, 그 '생각한다는 것'을 생각하고 있는 상황의 '주체'에 대해서는 결코 나의 사고로 포착할 수 없습니다. 생각하는 '주체'는 사고의 촉수를 빠져나가 그 배후로 도망칩니다.[40]

다른 곳에서는 불멸의 아트만을 "볼 수 없지만, 보고 있는 것이다. (…) 그것은 생각하고 있지 않지만 생각하고 있는 것이다. 그것은 인식되지 않았지만 인식하고 있는 것이다"라고 표현했습니다.[41]

야즈나발키야는 이 사색을 한층 정밀하게 전개하여 다음과 같이 말합니다. "숨 속에 존재하되 숨과 다르며 숨은 그것을 알지 못한다. 그것의 몸은 숨이며, 내부에서 숨을 통제하는 것 — 이것이 내부에서 통제하는 불사인, 너의 자기[아트만]이다."[42] 즉, 아트만은 내 숨 속에 있으면서 그 숨과는 별개의 존재입니다. 그리고 숨은 아트만의 존재를 모르지만, 아트만 쪽에서 보았을 때 아트만의 몸에 해당하는 것이 숨이며, (마치 사람이 몸을 내부에서 통제하듯이) 아트만은 숨을 그 내부에서 통제한다는 말입니다.[43]

여기까지는 그래도 알기 쉬운 논리입니다. 그런데 야즈나발키야는 이 논리를 사고에까지 적용합니다. "사고 안에 존재하되 사고와는 다르며 사고는 그것을 알지 못한다. 그것의 몸은 사고이며, 내부에서 사고를 통제하는 것 — 이것이 내부에 있으면서 통제하는 불사인, 너의 자기[아트만]이다."44 즉 아트만은 나의 사고 속에 있으면서 그 사고와는 별개의 존재입니다. 그리고 사고는 아트만의 존재를 알지 못하지만, 아트만의 입장에서 보았을 때는 아트만의 몸에 해당하는 것이 사고이고, (마치 사람이 몸을 내부에서 통제하듯이) 아트만은 생각을 그 내부에서 통제한다는 말입니다. 나아가 동일한 문장이 인식과 그 밖의 것에 대해서도 반복됩니다.

바로 이 부분, 《브리하다라냐카 우파니샤드》 3장 7절이야말로 고우파니샤드의 백미라고 생각합니다. 그 전후를 보면 알 수 있듯이, 아트만은 내 심장의 내부에 있는 동시에 나의 오감과 인식과 신체와 사고의 배후에 있으며, 심지어 우주 모든 존재의 배후에 있으면서 내부에서 그것들을 통제하는 무언가입니다. 현대의 우리들이라면 그렇게 통제하는 주체로서 자기의식이나 이성을 가진 존재자를 상정할 겁니다. 그러나 야즈냐발키야는 그런 생각을 완전히 거부합니다.

야즈냐발키야에 따르면, 아트만은 사고의 내부에서 나의 사고를 통제합니다. 즉 아트만은 사고와는 별개인 무언가이며, 사고로는 속박할 수 없는 무언가입니다. 인식에 대해서도 동일하게 말할 수 있습니다. 아트만은 인식의 내부에서 내 인식을 통제하며, 인식으로 속박할 수 없는 그 무엇입니다. 아트만은 사고에서도 인식에서도 떨어져 있는 그 무엇이기 때문에 당연히 자기의식에서도 이성에서도 떨어져 있습니다.

그렇다면 여기서 말하는 아트만이란 도대체 무엇일까요? 그것은 영혼 같은 걸까요? 그러나 야즈나발키야의 논법에 따르면 아트만은 영혼을 그 내부에서 통제하는 것입니다. 즉, 아트만은 모든 것을 그 내부에서 통제하면서, 자기 자신은 결코 그것들에 속박되지 않습니다. 여기에 이르러 아트만은 윤회하는 숨과는 다른 차원의 개념으로 변모합니다.[45]

유럽 철학에서 이에 가장 가까운 구조를 갖춘 개념은 앞 장에서 언급한 칸트의 초월적 주관성Transcendental Subjectivity 혹은 초월적 통각Transcendental Apperception입니다. 칸트에 따르면 '나'는 초월적 주관성으로 외계의 대상을 인식하지만, 자기 자신은 결코 인식 대상이 될 수 없습니다. 초월적 주관성은 시간에도 공간에도 제약을 받지 않는 예지계에 있으며, 내가 외계에 존재하는 물체를 인식하는 방식으로는 결코 인식할 수 없습니다. 야즈나발키야가 생각한 아트만은 칸트의 초월적 통각 구조를 선점한 셈입니다.

그러나 아트만과 초월적 통각 사이에는 결정적인 차이가 있습니다. 칸트는 초월적 통각을 이성의 지위라고 생각했지만, 야즈나발키야는 아트만을 이성의 지위라고 생각하지 않습니다. 사고에 대해 말한 내용을 이성에 적용하면, 아트만은 이성의 내부에 있으면서 이성을 통제하는 것이라는 말이 됩니다. 따라서 아트만은 이성의 배후에 존재하며 결코 이성의 지위가 아닙니다. 말하자면 아트만은 이성의 배후로 빠져나가는 무언가입니다. 아리스토텔레스 이후의 유럽 철학은 이성을 인간 본성의 핵심으로 보는 이성주의 전통이 있는데, 우파니샤드의 이 부분은 유럽 철학과 양립할 수 없는 사고 형태입니다. 칸트는 '나'는 초월적 통각을 인식할 수는 없어도 그것을 사고할 수는 있다고 말했습니다. 그런데 야즈냐발키야는 '나'는 아트만을 인식할 수도 없고 사고할 수도 없다고 말합니다.

이상을 정리하면, 아트만은 호흡·신체·인식·감각·사고·이성 등을 배후에서 관장하며, 어떠한 인식이나 사고의 대상이 되지 않고, 항상 인식이나 사고의 배후로 빠져나가는 무언가입니다.

그렇다고 해도 야즈냐발키야는 《브리하다라냐카 우파니샤드》에서 아트만의 본질에 가까워지는 방법을 반복해서 이야기하는데, 그게 가능하다고 생각했던 게 틀림없습니다.

접근법 중 가장 독특한 하나는 숙면을 통해 아트만으로 접근하는 방법입니다. 야즈냐발키야는 '내'가 숙면 상태에 빠졌을 때 '나'는 아트만을 포착할 수 있다고 말합니다. 즉, 숙면 상태에서 "거기서 그가 생각하지 않을 때, 사실은 생각하고 있지만, 그는 생각하지 않는 것이다. 왜냐하면 생각하는 능력의 상실은 존재하지 않기 때문이다. 그것은 불멸이기 때문이다. 그러나 거기에는 그가 생각할 수 있는 제2의 것, 그와는 다른, 그에게서 분리된 것은 존재하지 않는다."[46] 이와 같은 내용이 여러 감각과 인식에 대해 반복적으로 언급됩니다.

야즈냐발키야의 말은 이렇습니다. 내가 잠에 빠져들 때를 생각해봅시다. 우선 나로부터 감각 대상이나 인식 대상이나 사고 대상이 소멸해갑니다. 나는 꿈의 세계에서 노닐고 있지만, 숙면 상태에 빠지면 그 꿈도 함께 소멸합니다. 이렇게 해서 나의 감각, 인식, 사고의 대상 모두가 나에게서 떨어져나갑니다. 그러나 더 자세히 생각해보면 거기서 떨어져나가는 것은 나의 감각 대상, 인식 대상, 사고 대상일 뿐이며, 그 대상들이 모두 떨어져나가 없어져서 어떤 대상도 남지 않은 상황이라도 감각 능력, 인식 능력, 사고 능력 자체는 여전히 내 안에 남아 있습니다. 그런 능력은 결코 잠들지 않으며, 어떤 대상도 없는 채로 계속 각성해 있습니다. 그리고 숙면을 취해도 그 능력은 소멸하지 않기 때문에 사후에도 소멸하지 않습니다.[47] 야즈냐발키야는 이것이 아트만이라고 말합니다.

사색을 거듭함으로써 본래의 자기에 이르는 게 아니라 숙면을 취함으로써 본래의 자기에 이른다는 발상은 이성주의 철학에 길든 사람에게는 이상하게 느껴질 것입니다. 나 자신이 나의 감각 대상, 나의 인식 대상, 나의 사고 대상을 차례로 탈락시키고 숙면 상태에 빠졌을 때 나의 감각, 나의 인식, 나의 사고를 항상 배후에서 관장하는 아트만이 뚜렷이 나타난다는 말이기 때문입니다.[48]

아트만 개념을 여기까지 밀어붙인 야즈냐발키야의 사색은 가히 고고한 철학이라 할 만합니다. 다만 여전히 분명하지 않은 부분도 남습니다. 숙면 상태에 대한 논의를 보면 아트만 내부에 감각·인식·사고 능력 자체가 남아 있는 것처럼 말합니다. 그러나 감각·인식·사고의 대상을 모두 잃고 감각·인식·사고의 능력만 잔존한다는 것이 구체적으로 어떤 상황인지 분명하지 않습니다.[49]

단지 명확한 것은 죽음에 이르면서 나로부터 감각이나 인식이나 사고의 대상이 차례로 상실되어 모두 탈락한 후에도 결코 붕괴되지 않는 아트만은 마치 옷을 모두 벗은 맨몸처럼 남아 있다는 점입니다. 아트만은 이론상 어떤 것도 대상으로 하지 않고, 어떤 것에도 제약받지 않으며, 결코 소멸하지 않습니다.

3. 　　　　　　네가 그것이다

　돌이켜 생각해보면 쇼펜하우어가 아트만을 물자체로 파악한 것은 그야말로 혜안이었습니다. 칸트는 초월론적 통각이 물자체이며 시간과 공간의 제약을 벗어난 예지계에 자리한다고 했습니다. 쇼펜하우어의 견해대로 아트만 또한 물자체로 예지계에 자리한다고 생각하는 게 이치에 맞습니다.
　이제 아트만이 물자체이며 시간과 공간에서 자유롭다고 가정하면 철학적으로 무엇을 말할 수 있는지 상상력을 좀 더 발휘해서 고찰해봅시다.
　우선 아트만이 시간적 제약에서 자유롭기 때문에 내가 죽더라도 나를 그 배후에서 관장하는 아트만은 시간적 의미에서 소멸하지는 않는다는 결론이 도출됩니다. 우파니샤드에서는 종종 '아트만은 불멸'이라고 표현합니다. 나카무라 하지메는 "우파니샤드에 있어서 불사성이란 아트만의 자각이며, 결코 다음 생에 이 세상과 같은 형태로 생존을 영원히 계속한다는 의미는 아니다"라고 설명합니다.[50] 저도 나카무라의 설명에 찬성합니다. 내가 죽은 후에 시간적인 의미에서 아트만이 존속할지 소멸할지에 대해서는 아무것도 말할 수 없습니다. 따라서 죽었다고 해도 소멸한다고 할 수 없으며, 저는 이것이 '아트만은 불멸이다'라는 표현의 의미라고 생각합니다.[51]

다음으로 아트만이 공간적 제약에서 자유롭다는 것으로부터 도출되는 결론은 무엇일까요? 고우파니샤드에서 직접적으로 해답을 찾기는 어려우므로 여기서 하나의 추론을 해봤으면 합니다. 아트만이 공간적 제약으로부터 자유롭다면 아트만의 개수를 셀 수 없습니다. 왜냐하면 아트만이 두 개라고 가정하더라도, 만약 그 두 개의 속성이 똑같으면서 동시에 공간적으로 존재하는 장소에 따라 그 둘을 구별할 수 없다면, 한쪽의 아트만을 다른 쪽의 아트만과 구별할 단서가 전혀 없기 때문입니다.

이에 따르면, 이 세상에는 다수의 인간이 있고 다수의 인식 주체가 있을 텐데, 다수의 인식 주체를 배후에서 관장하는 아트만은 개수를 셀 수 없다는 이상한 결론에 도달합니다.

이를 일상적인 언어로 표현하기는 굉장히 어렵습니다. 당신의 인식과 사고를 배후에서 관장하는 아트만과 나의 인식과 사고를 배후에서 관장하는 아트만이 각각 독립된 실체로 두 개가 존재한다는 의미는 아닙니다. 그렇다고 두 아트만이 사실은 같은 하나의 아트만이라는 말도 정확하지 않습니다. 왜냐하면 우선 '두 개의 아트만이 있다'라는 가정이 애초에 잘못됐기 때문입니다.

이상의 논의는 라이프니츠의 '식별불가능자 동일성 원리Identity of Indiscernibles'와 깊은 관련이 있습니다. 라이프니츠는 두 가지가 완전히 똑같은 속성을 가진다면 그 두 가지는 동일하다고 봐야 한다고 주장했습니다. 이에 반해 칸트는 설사 똑같은 두 개가 있더라도 공간좌표에서 그 둘이 차지하는 위치는 다르므로 그 둘은 다른 것이라고 반박했습니다. 하지만 칸트의 반론은 현상세계에 존재하는 물체에는 들어맞지만, 예지계에 존재하는 초월론적 통각에는 들어맞지 않습니다.

칸트는《순수이성비판》에서 예지계에 자리하는 물자체와 공간에서의 현상을 구별한 다음 물방울을 예로 들어 다음과 같이 논합니다. "내가 물 한 방울의 모든 내적 규정에 관해 물자체로 알게 되었을 때, 만약 그 물방울의 전체 개념이 다른 물방울과 같다면 나는 그 물방울을 다른 물방울과 다른 것으로 간주할 수 없다. 그러나 물방울이 공간상의 현상이라면 그것은 단순히 지성 속(개념의 아래)이 아니라 감성적·외적 직관 속에(공간 안에) 자리를 차지한다."[52]

즉, 만약 두 물방울의 속성이 완전히 똑같다고 해도 그것들을 공간에서의 현상으로 생각한다면, 그 두 물방울은 다른 장소에 있기 때문에 다른 것이라고 봐야 합니다. 그런데 만약 두 물방울을 예지계에 자리하는 물자체로 생각한다면, 그 두 물방울이 존재하는 장소를 상정할 수 없으므로 두 물방울은 다른 것으로 생각할 수 없다고 칸트는 분명히 말합니다. 마찬가지로 초월적 통각은 물자체와 예지계에 자리하므로 그것을 하나, 둘로 셀 수 없습니다. 이와 관련해 칸트는《순수이성비판》에서 초월적 통각을 세려는 시도를 아예 하지 않습니다. 예를 들어, 칸트는 다른 사람의 존재를 어떻게 생각하는가 하는 논의에서 '나의 의식'을 다른 사람에게 유추적으로 적용시킴으로써 자타自他가 드러난다고 말합니다.[53] 하지만 칸트는 더 이상 파고들지 않았고, 타인의 초월론적 통각은 무엇인가 하는 자타 문제를 묻지 않은 채 끝냈습니다. 그 배경에는 영혼 불가지론이 깔려 있습니다.[54] 따라서 칸트의 사고를 부연한다면, 저는 초월론적 통각은 헤아릴 수 없는 속성을 가졌다고 추론합니다.

이를 아트만에 적용해봅시다. 나의 감각이나 인식, 사고를 그 배후로부터 관장하면서 모든 속성을 지니지 않고 공간으로부터도 자유로운 아트만은 칸트가 말하는 예지계에 자리하며, 개수를 셀 수도 없습니다. 라이프니츠와는 다른 의미로 아트만에 식별불가능자 동일성 원리를 적용할 수 있습니다.

아트만이 공간적 제약으로부터 자유롭다는 성질을 언어로 표현하기 위해 우파니샤드 철학자들은 다양한 시도를 했습니다. 《찬도기야 우파니샤드》에서 우달라카는 진리를 구걸하는 아들 스베타게투를 향해 말합니다. "이 미세한 것 ― 이 일체는, 이것을 그 본질로 하고 있다. 그것이 진리이다, 그것이 자기[아트만]이다, 너는 그런 것 같다Tat Tvam Asi, 오 스베타게투여!"[55] 우달라카의 말 "너는 그런 것 같다(네가 그것이다)"는 우파니샤드의 금언으로 여겨져 후대의 베단타 철학에서도 중요시되었습니다. 하지만 이 말을 이해하기란 지극히 어렵습니다. 현대 연구자의 해석을 살펴봅시다.

나카무라 하지메는 개개인이 각각 절대자라고, 어떤 의미에서는 근대적으로, 해석합니다.

"개별적인 개인 존재는, '그것'이라고밖에 말할 수 없는, 절대적인 무엇이다. '절대의 것'은 말이나 명칭, 개념을 통해 설명할 수 없기에 단지 '그것'이라고 지시하는 것 말고 다른 수가 없다. 그러니까 개개의 개인 존재는 '그것', 즉 절대자이다."[56]

나카무라는 인간 개인은 각자가 똑같이 절대적이라는 칸트 윤리학적 해석을 따릅니다.[57] 현대사회에서는 가장 이해하기 쉬운 사고방식입니다. 타카사키 지키도우 또한 나카무라와 마찬가지로,

"'네가 그것이다'의 '너'에 대해 '너는 개인 일반을 가리킨다고 해석해도 좋다'"라고 말합니다.[58]

이에 대해 유다 유타카는 생명론적으로 해석합니다. "생명력, 혹은 죽지 않는 생명이 살아 숨 쉬는 것의 핵심이다. 그리고, 그것이 너(스베타게투)의 본래적 본질이다 — 이것이 '너는 그것이다'라고 하는 우파니샤드 명제의 진의이다."[59]

유다는 이 사고방식을 바탕으로 우파니샤드를 번역할 때 '너는 그것이다'라고 번역하지 않고 '너는 그런 것 같다'라고 번역했습니다. 여기에서 유다는 조엘 P. 브레레톤의 해석을 차용합니다. 브레레톤은 논문 〈Tat Tvam Asi와 그 문맥〉에서 기존에 '그것'이라고 번역되어오던 부분은 '그렇게'라고 부사적으로 번역해야 한다고 말하면서, 우달라카는 스베타게투가 무엇과 동일한지를 말한 게 아니라 스베타게투의 존재 방법이 어떠한지를 말한 것이라고 주장했습니다. 즉, "미세한 본질에 의해 나무는 생장하고 살아 있다, 그러므로 스베타게투여, 너도 그런 존재 방식을 하고 있다"라는 의미라고 해석합니다.[60]

아트만을 둘러싼 논란은 이 책의 주제인 반출생주의와도 깊은 관련이 있기 때문에 조금 더 따져보았으면 합니다.

저는 '너는 그것이다'를 아트만의 동일성이나 존재의 방법을 말한 게 아니라, 아트만이 존재하는 장소를 지시했다고 생각합니다. 《찬도기야 우파니샤드》의 이 부분에 대한 저의 해석은 통상적이지 않으며, 제 자신의 사색이라고 봐도 무방합니다. 우달라카는 진리가 무엇이냐는 질문에 "진리란 아트만이다"라고 답했고, 또한 아들에게는 "다른 것도 아닌 너 자신이 아트만"이라고 대답했습니다. 이

때 우달라카는 아들을 가리키며 대답했을지도 모릅니다. "네가 아트만이다"라고.

만약 그렇다면 우달라카는 '너'라는 2인칭 지시를 통해 아트만이 존재하는 장소를 아들에게 알려주고 있습니다. 아트만의 말뜻은 '자기'인데, 그것이 존재하는 장소는 손가락으로 가리키는 곳에 있는 '너'입니다. 이를 강하게 표현하면 아트만이 있는 곳은 '너'라는 장소이지 그 밖의 어디도 아니라는 말입니다. 즉 아트만은 '너'라는 장소에만 존재하며, 극단적으로 말하면 그 말을 하고 있는 우달라카라는 장소에도 존재하지 않습니다. 눈앞의 사람을 가리키며 이렇게 말해야만 전달되는 아트만의 장소를 우달라카는 확정해서 가리키고 있습니다. 저는 이것이야말로 우달라카가 "네가 그것이다"라는 말로 전하고 싶었던 가장 중요한 내용이라고 생각합니다. 이 점에서 저는 나카무라 하지메나 다카사키 지키도우의 근대적 해석을 취하지 않습니다. 왜냐하면 아트만을 가리키는 문맥에서 우달라카가 내뱉은 '너'는 결코 각각의 개인 존재나 개인 일반을 가리키는 게 아니며, 눈앞에 있는 우달라카의 아들 스베타게투만을 향해 말했기 때문입니다. 등근원적等根源的으로 존재하는 여러 개인이라는 의미는 거기에 포함되지 않습니다. 그리고 손가락으로 가리키는 행동은 스베타게투를 경유해서 지금 여기서 이 글을 읽고 있는 '너'에게까지 닿아 있다고 봐야 합니다. 저는 이것이 도착한 곳을 '독재적 존재자獨在的 存在者'라고 명명했습니다.[61] 이는 《탄이초歎異抄》에서 신란(일본의 고승 — 옮긴이)의 "미타彌陀의 오겁사유五劫思惟를 잘 헤아리면 모두가 신란 한 사람을 위한 것이니"로 직결된다고 봐야 합니다.

이와 관련해 조금 나중에 나온 문헌 《카우시타키 우파니샤드》

Kaushitaki Upanishad》에는 다음과 같은 사고방식이 기술되어 있습니다. 즉 "너는 모든 살아 있는 것의 자기[아트만]이다. 너인 것, 나는 그것이다."⁶² 여기에서 너인 것의 아트만은 나인 것의 아트만과 같다고 선언하고 있습니다. 하지만 저는 이것이 《찬도기야 우파니샤드》에서 보여주었던 우달라카의 통찰에서 벗어났다고 평가합니다. 왜냐하면 《카우시타키 우파니샤드》는 너의 아트만과 나의 아트만이라는 두 존재를 조정한 후에 그 둘은 사실 동일하다고 말하기 때문입니다. 우달라카가 아들을 눈앞에 두고 "너는 그것이다"라는 말을 내뱉던 지시 역동성이 존재하지 않아서 아트만의 본질이 여기에서는 실종되었습니다. 아들을 앞에 둔 2인칭 확정 지시야말로 아트만의 소재를 보여주는 오의奧義였고, 우달라카는 이를 통해 솔 크립키의 《지명과 필연성》에서 논의된 명명의식命名儀式과 비슷한 차원을 개척한 것입니다.⁶³ 이 논제는 독아론獨我論이 어떻게 성립하는가 하는 현대철학 문제로 이어집니다. 저는 독재성에 대한 나가이 히토시의 논의를 비판적으로 검토하며, 독재적 존재자는 2인칭적 손가락질로 확정 지시된다고 제창했습니다. 이는 독재성에 관한 나가이의 '나'설 및 현실성론을 부분적으로 극복한 것으로, 제가 《찬도기야 우파니샤드》로부터 배운 오의 중 하나입니다.⁶⁴

아트만의 언어화 불가능성에 대해 우파니샤드 철학자들은 위와 같은 생각을 내놓았습니다. 그리고 연달아 부정否定함으로써 진리를 알아맞힌다는 독특한 접근법을 제창했습니다. 《브리하다라냐카 우파니샤드》에서 야즈나발키야는 다음과 같이 말합니다. "빨려 들어 가는 숨과 내쉬는 숨을 연결하는 숨에서. 이것은, '그렇지 않다 neti, 그렇지 않다'라고 말해지는 자기이다. 그건 파악할 수 없다. 왜냐하면 그것은 파악될 수 없기 때문이다."[65] 즉, 아트만은 직접적으로 파악할 수 없고, 항상 '그렇지 않다, 그렇지 않다'라는 부정의 방법으로만 파악할 수 있다는 말입니다. '그렇다'는 긍정형으로는 아트만에 바르게 다가갈 수 없으며, 오히려 '그렇지 않다, 그렇지 않다'라고 끊임없이 부정해가는 운동을 통해서만 아트만에게 바르게 다가갈 수 있습니다. 우파니샤드에서는 부정을 거듭하는 운동을 통해서만 아트만이라는 주제를 파악할 수 있음을 자주 보여줍니다.

그리고 이 '그렇지 않다, 그렇지 않다의 아트만'이라는 아이디어는 이후 중동·지중해 세계에 나타난 그노시스주의 텍스트에 영향을 줍니다. 오오누키 다카시에 의하면, 그노시스주의자들은 초절적超絶的 존재인 신을 표현하면서 거의 끝없이 반복되는 다종다양한 부정사를 이용합니다. 실제로 그들은 신을 표현할 때 '~가 아니다, ~가 아니다'라고 줄곧 부정을 되풀이하며 그 실체에 다가서려 합니다.[66] 이는 다시 기독교 신비주의의 부정신학否定神學으로 이어집니다. 부정신학에서도 '신은 ~이 아니다'라는 부정적인 길을 통하여 신에게 접근할 수 있다고 여겼습니다. 그리고 그 사상사적 첨단은 20세기 비트겐슈타인에까지 이어집니다.

비트겐슈타인은 《논리철학논고》에서 "독아론이 '말하려 하는' 바는 전적으로 옳다. 단지, 그것은 '언급될' 수 없고, 나타나는 것이다"라고 서술했습니다.[67] 일반적으로 독아론은 잘못된 철학설의 대표적 사례처럼 불립니다. 그러나 비트겐슈타인은 독아론이 의미하고자 하는 내용은 옳다고 단언합니다. 다만 그 의미 내용을 '독아론이란 ~이다'라는 긍정 명제 형태로 말할 수는 없습니다. 그 의미 내용은 긍정형 말로 표현될 수 없고, 다른 형태로 자연스럽게 나타난다는 말입니다. 즉, 독아론에 대해 긍정적으로 말하려는 시도는 좌절되며 부정적인 통로를 통해 저절로 나타납니다. 저는 '스스로를 말할 수 없지만, 말하지 못하게 함으로써 스스로를 가리킨다'는 독아론적 의미 표현 방식이, 아트만의 '그렇지 않다, 그렇지 않다'라는 부정신학적 접근 방법의 현대적 재현이라고 생각합니다.[68]

위의 아트만에 대한 형이상학적인 논의는 반출생주의와도 깊은 관련이 있습니다. 즉, 탄생 부정 철학은 '태어나지 않는 게 나았다'라고 주장하는데, 여기에는 '그때 태어나지 않는 게 나았던 사람은 구체적으로 도대체 누구인가'라는 질문이 숨어 있기 때문입니다. 지금까지 살펴보았듯이, 이 물음에 대한 대답으로 모든 인간은 태어나지 않는 게 나았다는 탄생 부정 사상이 있었습니다. 혹은 이런 나는 태어나지 않는 게 나았다고 하는 탄생 부정 사상도 있었습니다. 심지어는 2장에서 언급한 〈마가복음〉에서 예수가 유다를 지목해서 한 말, "그러나 인자人子를 팔아넘기는 그 사람에게는 화禍가 있을지어다. 그 사람은 태어나지 않는 것이 나았을 텐데"처럼 타인을 향한 탄생 부정 사상도 있었습니다. 이 장면에서 예수가 유다를 지목하면서 말한 '그 사람'이란 도대체 누구일까 하는 의문마저 떠오릅니다.

제가 탄생 부정을 반전시켜 탄생 긍정 철학을 개척하려 할 때도 역시 '태어나서 정말 다행이다'라는 대상은 도대체 '누구'인가 하는 질문이 가로막았습니다. 이에 대해 저는 아트만의 형이상학에서 2인칭으로 지시되는 '너', 즉 독재적 존재자야말로 '태어나서 정말 다행이다'의 주체여야 한다고 생각합니다. 지금 여기서, 이 책의, 이 문장의, 이 부분을 읽고 있는 '너'야말로, '태어나서 정말 다행이다'의 주체가 아니면 안 됩니다. 그 외의 누구도 그 주체가 될 수 없습니다. 하물며 어떤 사람이라도 한 개인으로서 '등근원적 주체' 같은 개념은 전혀 의미가 없습니다. 우달라카는 2천5백 년 시간을 넘어, 이 한 가지를 바로 여기에 전하고 있습니다. 그리고 이 전언은 '애초에 탄생한 것은 도대체 누구인가'라는 '탄생 주체'의 물음으로 연결됩니다. 저는 우파니샤드의 우달라카와 야즈나발키야의 사색으로부터 이와 같은 메시지를 받았습니다. 고대 인도의 반출생주의 문을 통해 들어간 세계에는 깊은 의미를 품은 '인칭적 세계의 철학'이 숨어 있었습니다.

한편, 이제까지 살펴본 우파니샤드의 생명철학을 전제하면서, 그것을 내부에서부터 해체하며 태어난 것이 고타마 붓다의 철학입니다. 우리는 '태어나지 않는 게 나았다'라는 탄생 부정 사상에 대한 하나의 응답을 원시불교에서 찾을 수 있습니다. 그것을 확인하기 위해 다음 장에서 붓다의 철학을 고찰하겠습니다.

5장

부처는 탄생을
어떻게 생각했을까

1. 모든 것은 고통이다

　고대 인도에서 가장 반출생주의에 가까운 사고방식을 설파한 사상은 원시불교입니다. 원시불교는 인간이 겪는 모든 일이 고통이라고 생각했습니다. 당시 인도 사회는 윤회를 믿었기 때문에 죽은 다음에 다시 태어나는 세계에서도 고통을 벗어날 수 없다고 생각했습니다. 나아가 출가한 사람은 죽은 후에 다시는 어디에서도 태어나지 않기를 바라며 수행했습니다. 다시는 태어나지 않기를 바라므로, 이는 반출생주의 사상입니다. 우파니샤드에서도 같은 사고방식을 찾아볼 수 있는데, 원시불교는 이를 더욱 독자적인 방향으로 발전시켰습니다. 우파니샤드 철학자들은 아트만을 알게 되면 불멸의 세계로 들어간다고 생각했는데, 그곳에서는 더 이상 죽지도 태어나지도 않습니다. 그러나 원시불교는 이와 다른 접근법을 선택했습니다. '그 무엇도 아트만이 아니다'라는 사실을 알고 집착[1]을 없애면 수행자는 죽은 후에 세상에서 완전히 사라져 어디에서도 다시 태어나지 않는다고 주장했습니다. 원시불교의 반출생주의를 구체적으로 살펴보기 위해 먼저 원시불전에 나타난 붓다의 철학 전반을 간단히 살펴보겠습니다.
　붓다의 이름은 팔리어로 '고타마 싯다르타'입니다. '붓다'는 각성한 사람을 뜻합니다. 관례에 따라 그를 고타마 붓다 또는 단순히 붓다라고 부르겠습니다. 연구자들은 대체로 붓다가 실존 인물이라고 인정합니다. 붓다가 살던 시대는 고우파니샤드가 성립한 시기와 같거나 그보다 약간 후대라고 합니다. 붓다가 직접 기록한 글은 전혀 남아 있지 않으며, 붓다 사후에 제자들이 붓다의 가르침을 이어받아 문자로 남겼습니다.[2] 그 대부분은 팔리어로 기록되었으며, 이를 원시불전이라고 합니다. 원시불전은 오랜 시간에 걸쳐 조금씩 형성되었습니다. 가장 오래된 층의 운문 형태 텍스트군을 시작으로, 그 후에 지층을 쌓아올리듯 여러 텍스트군이 만들어졌습니다.

이 장에서 제가 '붓다의 철학'이라고 부르는 것은, 정확히 말하면 현존하는 원시불전에서 붓다와 동시대 제자들이 말했다고 알려진 텍스트에 나타난 철학을 의미합니다.

붓다가 죽고 난 후, 교단은 상좌부上座部와 대중부大衆部로 분열되었습니다. 상좌부불교는 스리랑카를 거쳐 동남아시아로 퍼져나갔으며, 이를 남방불교라고 부릅니다.[3] 남방불교에는 붓다 시대 원시불교의 사고방식이 잘 보존되어 있습니다. 붓다가 죽은 지 3백 년쯤 지났을 때 인도에서 새로운 불교 운동, 즉 대승불교가 발생합니다. 이들이 창작한 새로운 불전, 즉 대승불전은 이후 실크로드를 거쳐 중국에 전해졌고 한자로 번역되어 일본에까지 전해졌습니다.[4] 일본에 전해진 불전 대부분은 대승불전입니다.[5]

이 장에서 제가 다룰 내용은 원시불전의 생명철학입니다. 왜 원시불전을 다룰 거냐면 붓다가 생존할 때 설파한 가르침에 가장 가까운 내용이 원시불전의 고층古層에 남아 있다고 생각하기 때문입니다.[6] 원시불전은 오랜 기간에 걸쳐 형성되었으며, 고층 부분에는 붓다와 동시대 제자들의 생생한 말이 넘쳐납니다. 이에 비해 나

1. 모든 것은 고통이다

중에 성립한 원시불전에는 붓다의 가르침이 보다 정돈되었으며, 더불어 문학적인 각색도 두드러집니다. 원시불전의 각 텍스트가 성립된 시기에 대해서는 연구가 진행되고 있습니다.[7] 일반적으로 고층의 원시불전이란 《숫타니파타 Sutta Nipāta》《담마빠다 Dhammapada, 法句經》《테라가타 Theragāthā, 長老偈》《테리가타 Therīgāthā》《상윳따 니까야 Saṃyutta Nikāya, 雜阿含經》(의 일부) 등을 가리킵니다.[8] 그 후에 정리된 《디가 니까야 Dīgha Nikāya, 長部經典》에 속하는 《대반열반경 大般涅槃經, Mahaaparinibbaana Sutta》《대념치경 大念處經, Mahāsatipaṭṭhāna sutta》 등도 적절히 언급하겠습니다.[9]

고층의 원시불전에 나타난 붓다의 사고방식을 요약하면 다음과 같습니다. 먼저, 이 세상을 살아가는 것은 고통입니다. 이 세상에서 죽으면 윤회하여 다른 세상에 태어나는데, 그곳에서의 삶 역시 고통입니다. 그리고 다시 윤회합니다. 이처럼 우리는 영원히 고통에서 벗어날 수 없습니다.

이 고통에서 벗어나기 위해서는 이 인간계에서 자신의 집착·욕망·애욕을 단멸 斷滅하고, 다시는 윤회하여 다른 세계로 태어나지 않아도 되는 경지에 이르러야 합니다. 이와 같은 평온함의 경지가 열반입니다. 열반의 경지에 이르려면 소유물을 내려놓고 출가해 타인에 대한 사랑을 버리고, '원인이 있어 생기는 모든 것은 다 변화하고 사라져간다' '어떤 것도 내가 아니다'라는 진리를 올바르게 통찰하고, 명상으로 마음을 가다듬어 집착이나 욕망에 사로잡히지 않는 바른 생활을 해야 합니다. 열반의 경지에 이르는 길은 멀지만, 하루하루 수행을 쌓으면 이 세상에서 열반의 경지에 이를 수 있습니다(해탈[10]). 일반적으로 살아 있을 때 열반의 경지에 이르는 것을 유

여열반有餘涅槃, 그 경지 그대로 죽음을 맞이하는 것을 무여열반無餘涅槃이라고 합니다.[11]

붓다에 따르면 삶은 고통입니다. 그러나 그 고통을 소멸시킬 방법이 존재합니다. 원시불전의 최고층인《숫타니파타》에서는 그것을 '두 가지 관찰'이라고 부릅니다. 즉, 첫 번째는 '이것이 괴로움이며 그 원인은 이것이다'라고 관찰하는 방법이고, 두 번째는 '이것이 괴로움의 소멸이며 그것을 달성하기 위한 방법은 이것이다'라고 관찰하는 방법입니다.[12] 이 생각은 '네 가지 높은 깨우침(진리)四諦'으로 정리됩니다.[13] 훗날《대념처경》에서는 이 생각을 더욱 체계적으로 정리해서 서술합니다. 이제부터 그 원형인 고층의 원시불전에 주목하여 '두 가지 관찰'의 내실을 확인해봅시다.

첫 번째 관찰법은 '이것이 괴로움이며 그 원인은 이것이다'입니다. 여기서 말하는 '괴로움(고통)'이란 욕망이 이루어지지 않을 때 빠져드는 상태를 말합니다.[14]《숫타니파타》는 고통을 몇 개의 차원으로 묘사합니다. 먼저 인간이 감수하는 늙음과 죽음의 고통을 인상적으로 말합니다. 늙음에 대해서는 "아 짧구나, 사람의 생명이여. 백 년도 못 채우고 죽음에 이르나니. 설령 그보다 오래 살더라도 또 노환 때문에 죽는구나"라고 탄식합니다.[15] 죽음에 대해서는 이렇게 말합니다. "젊은이도 나이 든 이도, 어리석은 사람도 현명한 사람도 모두 죽음에 굴복하고 만다. 누구라도 반드시 죽음에 이른다." "보라, 지켜보는 친척이 하염없는 슬픔에 울부짖는데도 사람은 도살장에 끌려가는 소처럼 한 명씩 끌려간다."[16]《상윳따 니까야》에는 "허공마저 가릴 듯한 광대한 바위산이 사방에서 짓누르며 다가오듯이" 늙으면 죽음이 모든 인간을 짓누른다는 표현을 볼 수 있습니다.[17]

아무리 즐거운 삶이었더라도 결국은 나이 들고 죽을 수밖에 없다는 염세주의적인 사고방식이 나타납니다. 원시불전의 인생관은 늙음도 죽음도 괴롭고 힘들다는 생각을 기준선으로 삼고 있습니다.[18]

늙거나 죽는 것과 같은 예라고 말할 수는 없겠지만, 인간의 몸을 오물처럼 바라보는 시선도 있습니다. 《테라가타》에서 인간의 신체를 묘사한 문장에 그런 시각이 잘 나타나 있습니다.

> 고여 있는 썩은 수렁처럼, 농익은 커다란 종기처럼, 끔찍한 상처처럼
> 갖가지 오물로 가득 차 더러운 배설물을 토해내며,
> 피고름이 그득하여 마치 똥더미에 박혀 (더러운) 물을 질질 흘리는 듯한
> 이 구역질 나는 몸뚱이는 끊임없이 썩은 내를 뿜어낸다.
> (…)
> 똥으로 칠갑한 뱀이라도 본 듯 이 몸을 멀리하는 사람은
> 환생의 뿌리(인 망집妄執)를 끊어내고 더러움 없는 자가 되어
> 안전한 평안(열반)에 이른다.[19]

열반의 경지에 이르려면 인간의 몸을 '똥으로 칠갑한 뱀'을 보듯 피해야 한다는 말입니다. 고통은 '늙음'이나 '병' 같은 육체의 붕괴로 생기는 아픔이나 비참한 감각에만 국한하지 않습니다. 원시불전에서는 이를 더욱 근본적으로 파악하여, 어떤 원인에서 초래되는 일을 겪는 경험 전체가 고통이라고 말합니다. 어떤 원인으로 인해 이 세상에 발생하는 모든 것은 시간이 지남에 따라 그 이상적인 상태를

잃게 되며, 그 무엇도 같은 상태로 머무르지 못합니다. 인간은 무언가 좋은 일이 있으면 거기에 집착하는데, 그 좋은 일 또한 반드시 사라지므로 그때 고통이 생깁니다.[20] 인간이 경험하는, 덧없이 변해가는 세계 전체의 이상적인 상태 자체가 고통입니다.[21]

인간에 대한 애정조차 고통의 원인이 됩니다. 붓다는 타인에 대해 애정을 갖지 말라고 가르칩니다. 현대인은 이 점을 가장 받아들이기 힘들 겁니다. 그러나 이 말이야말로 붓다의 가르침을 가장 근본적으로 보여줍니다. 《담마빠다》에 다음과 같은 문장이 있습니다.

사랑하는 사람과 만나지 마라. 사랑하지 않는 사람과도 만나지 마라. 사랑하는 사람을 만나지 않는 것은 고통스럽다. 또 사랑하지 않는 사람을 만나는 것도 고통스럽다.
그러므로 사랑하는 사람을 만들지 마라. 사랑하는 사람을 잃는 것은 화근이다. 사랑하는 사람도 미워하는 사람도 없는 사람들에게는 화근이 될 인연이 존재하지 않는다.[22]

《우다나바르가 *Udānavarga*, 出曜經》에도 다음과 같이 쓰여 있습니다.

어느 무엇도 결단코 사랑하지 않는 사람들은 근심에서 멀어져 즐겁다. 그러므로 근심이 없는 경지를 얻고자 한다면 생명 있는 자들의 세상에 사랑하는 것을 만들지 마라.[23]

사랑하는 사람을 만들지 마라는 가르침은 강렬합니다. 하지만 냉정하게 생각해보면 설령 사랑하는 짝이 생긴다 해도 그 사랑이 언

1. 모든 것은 고통이다

제 깨질지 모릅니다. 그렇게 되지 않았다고 해도 두 사람은 언젠가 반드시 사별하거나 이별합니다. 애정이 깊으면 깊을수록 이별의 아픔은 클 겁니다. 아무리 서로 사랑한다고 해도 두 사람이 동시에 죽음을 맞이하지 않는 한, 어느 한 사람이 먼저 죽을 테니 그때는 참을 수 없는 깊은 슬픔을 느끼게 됩니다. 이런 점을 생각하면 '고통을 피하기 위해 애초에 사랑하는 대상을 만들지 마라'는 말은 지극히 이치에 맞는 사고방식입니다. 여기서 말하는 애정은 사람과 사람 사이에 생기는 애착pema을 말합니다.[24] 사랑하는 사람을 만들지 않으려면 가족을 버리고 출가하는 것이 가장 좋은 방법입니다. 열반의 경지에 이르기 위해서 출가를 전제로 하는 이유 중 하나가 여기에 있습니다. 출가는 애정을 버리고 무소의 뿔처럼 홀로 가는 길이기도 합니다.[25] 그리고 '간절히 세상을 싫어하는 사람'이 되어야 합니다.[26]

 고통이 생기는 근본 원인은 '자아'라는 관념에 있습니다. 붓다는 세상 사람들이 자아라는 영원불변의 실체가 있다고 착각한다고 말합니다. "영원불변의 자아가 아닌데도 무언가를 그렇게 생각한다. 신들과 세상 사람들을 보아라. 그들은 형태가 있거나 이름을 지을 수 있는 것에 집착해, '이것이야말로 진실이다'라고 믿는다."[27] 무엇인가가 영원불변한 자아나 실체라고 착각하는 데서 사물에 대한 집착이 생기고, 그 집착이 원인이 되어 괴로움이 생긴다는 말입니다.

 모든 것은 물질·감각·식별·의사·인식이라는 다섯 가지 요소五蘊[28]에 의존하여 생기며, 그 요소가 없어지면 곧 사라집니다. 그것들은 영원히 지속되는 실체가 아닙니다. 이는 '나'에 대해서도 마찬가지입니다. 월폴라 라훌라의 《붓다가 설파한 것》(우리나라에서는 《부처의 가르침》이라는 제목으로 출간되었다. ─ 옮긴이)에서 내용을 빌리자면 "우리가 일반적으로 존재, 개인 혹은 '나'라고 간주하는 것은 오직 변화하는 육체적·정신적 에너지의 결합일 뿐"입니다.[29] 그러나 그 사실을 이해하지 못하고, 그것들이 마치 지속적으로 존재하는 실체인 나라고 착각하는 데서 집착이 일어나 괴로움이 생깁니다.[30] 인간에 대한 애정이 고통이 되는 궁극적인 이유 또한 우리가 사랑하거나 사랑받는 인간이 실체적 자아라는 착각에 빠지기 때문입니다.

이런 고통에 찌든 채 육체의 죽음을 맞이한 인간은 사후에 다른 세계로 윤회합니다. 그리고 새로 태어난 세계에서도 다시 고통의 삶을 이어가야 합니다. 그 세계에서 죽은 후에는 다시 다른 세계에 태어나 고통스러운 삶이 끝없이 계속됩니다. 윤회는 끝없는 악몽 같은 사생관死生觀을 낳습니다.

고대 인도 사회에서는 일반 대중 대다수가 윤회의 사고방식을 받아들였습니다. 이런 사실은 우파니샤드에도 언급됩니다. 원시불교에서는 지옥·축생·아귀·사람·하늘, 이 다섯 세계를 돌아가며 윤회한다고 생각했습니다.[31] 붓다가 정말로 윤회를 믿었는지는 알 수 없습니다. 하지만 원시불전을 읽어보면 붓다나 제자들은 윤회를 당연하다고 전제하며 가르침을 설파합니다. 《상윳따 니까야》에서 붓다는 남에게 주기를 아까워하고 인색한 사람들은 죽어서 "지옥, 축생의 태내胎內, 염라 세계에 태어난다"라고 말합니다.[32] 제자들도 윤회를 구체적으로 묘사하는데, 가령 이시다시 장로니는 자신이 과거에 죽고 나서 지옥에서 살다가 원숭이가 되고 염소가 되고 소가 되고 인간이 되어 열반의 경지에 이르렀다고 술회합니다.[33] 이시다시 장로니는 자신이 과거에 살았던 삶을 기억하지만, 그 기억의 자기동일성을 유지하는 것이 무엇인지는 돌이켜보지 않습니다. 곧이 곧대로 읽으면 자기동일성을 간직한 주체가 과거의 삶을 기억한다는 말처럼 보입니다. 앞에서 붓다가 한 말에서도 이 세상의 삶과 사후의 삶 사이에 자기동일성이 있는지 여부는 모호합니다.

이와 관련하여 원시불교의 표준 견해는 다섯 가지 요소(오온)가 윤회하는 것이며, 결코 자아라는 주체가 윤회하는 게 아니라고 봅니다. 즉, 자신의 경험을 찬찬히 관찰해보면, 지속되는 실체로서 자아는 어디에도 존재하지 않습니다. 거기에는 잠재력에 의해 구동되면서 오로지 생멸을 반복하며 전진하는 오온만 있을 뿐입니다. 그리고 이 오온의 전진은 죽음으로 나의 신체 기능이 정지한 후에도 멈추지 않고, 사후에 다른 세계로 나아가면서 윤회를 이어갑니다.[34] 모리 쇼지도 원시불교에서는 "'무아無我'이기 때문에 윤회한다고 되어 있다"고 지적했으며,[35] 원시불교는 "오온으로서의 생존이 생전에도 계속되었고, 사후에도 계속된다고 생각한다"라고 했습니다.[36] 인간이 죽을 때 오온은 그 죽음을 넘어 다음 세계로 윤회하지만, 자아 같은 실체가 죽음을 넘어 윤회하지는 않습니다. 윤회하는 개체의 자기동일성이 오온의 윤회를 통해 유지되는지 여부는 자기동일성 개념을 어떻게 이해하는가에 달려 있습니다. 오온의 자기동일성 일반에 대해서는 고대 그리스 철학의 영향을 받은 불교 고전《밀린다왕문경 Milinda Panha》에서 생생하게 논의되었으며, 비교철학적으로도 주목받고 있습니다.[37] 그리고 '애초에 무엇이 윤회하는가'라는 문제는 이후 불교에서 주요 논쟁 중 하나가 되었습니다.

2. 마음이 평안하고 고요한 경지

다음으로 '이것이 고통의 소멸이며 그것을 달성하기 위한 방법은 이것이다'라는 두 번째 관찰법에 대해 알아보겠습니다.

애초에 괴로움이 생기는 이유는 원인이 있기 때문입니다. 따라서 그 원인을 근본적으로 제거한다면 고통도 사라지고, 끝없이 이어지는 윤회의 고통에서도 벗어날 수 있을 겁니다. 죽은 후에는 더 이상 어딘가에서 태어나지 않아도 되고, 이로써 고통 역시 끝이 납니다. 《숫타니파타》에서는 이에 대해 "[고통의] 원인이 완전히 소멸된다면 고통이 생길 일이 없다"라고 언술했습니다.[38]

그 원인을 제거하려면 변해가는 모든 것에 대한 집착을 단멸하고, 인간에 대한 애착이나 애욕을 끊고, 지속해서 존재하는 자아가 있다는 착각을 완전히 지워버려야 합니다. 이를 가능케 하는 방법이 원시불교 실천의 근간을 이루는 '팔정도八正道'입니다. 팔정도는 바른 견해正見·바른 생각正思惟·바른 말正語·바른 행동正業·바른 생활正命·바른 노력正精進·바른 의식正念·바른 집중正定, 이렇게 여덟 가지를 말합니다.[39]

팔정도를 수행하려면 대전제로, 지속해서 존재하는 자아가 있다는 식의 착각을 지워버려야 합니다. 우리는 일상생활에서 자아라는 자기동일성을 가진 실체가 있는 것처럼 느끼는데, 그런 생각이 틀렸음을 이치로 이해하고 진심으로 납득해야 합니다. "영원히 변하지 않는 자아가 아님에도 무엇인가를 그렇게 생각하는"[40] 상태에서 탈출해야 합니다. 우파니샤드에서는 "내가 아트만을 알게 됨으로써 불멸의 세계로 들어간다"라고 말합니다. 그러나 붓다는 무언가를 아트만이라고 생각하는 자체가 착각이라고 봅니다. 아트만은 산스크리트어이며, 팔리어로는 앗탄[attan]이라고 합니다. attan에 부정을 의미하는 접두사인 an을 붙이면 아낫탄[anattan]이 되는데, anattan은 비아非我 혹은 무아를 의미합니다. 명상하면서 자기 자신을 관찰해보면, 거기에는 불멸의 자아(앗탄)가 아니라 끊임없이 변화하는 오온만 있을 뿐입니다. 자아가 아니기 때문에 비아라고 합니다.[41] 비아를 파악할 수 있다면 "나에게는 '내가 예전부터 존재했다'라는 생각도 없고, '내가 미래에 존재할 것이다'라는 생각도 없는" 경지에 이릅니다.[42]

 이 사고방식은 나중에 '원래 나라는 실체가 없다'라는 무아사상으로 이어졌습니다. 다만 앞 장에서 살펴본 바와 같이 아트만은 실체적으로 윤회하는 아트만과 부정신학적으로만 규정되는 '비—아非—我'인 아트만, 이렇게 두 가지로 파악되었습니다. 후자와 붓다가 말하는 비아(아낫탄)가 어떻게 다른지 구분하기는 어렵습니다.[43](이와 관련해서 앞 장에서 아트만을 독재적 존재자로 보는 사고방식을 언급했습니다. 붓다의 비아설에서 그것을 어떻게 보느냐가 관건일 텐데, 만약 독재적 존재자가 실체로 포착된다면 붓다는 착각이라고 치부할 것이며, 원시불교의 맥락을 벗어나서 본다고 해도 착각이 맞다고 생각합니다).

 그렇다면 올바른 생활방식은 어떤 것일까요? 열반을 추구하는 수행자는 가족과 소유물을 버리고 출가생활을 합니다. 스스로는 생산노동을 하지 않고, 식량은 후원자들에게서 얻으면서 오직 명상만 합니다. 《숫타니파타》에는 "보는 것을 탐해서는 안 된다, 맛을 탐닉해서는 안 된다, 세상 모든 것에 대해 고집해서는 안 된다, 생존을 탐해서는 안 된다, 음식이나 옷을 저장해서는 안 된다"[44] 등 붓다가 바른 생활에 대해 한 말이 나옵니다.

물론 붓다는 수행자가 보거나 먹거나 살려고 하거나 식량이나 의복을 얻는 것 자체를 금지하지는 않았습니다. 붓다가 금지한 것은 오감을 탐하거나 삶에 집착하거나 손에 넣은 물건을 저장하거나 모으는 행위였습니다. 우리가 쾌감을 느끼거나 살려고 하는 것은 당연한 일이고, 그것을 못하는 상태는 고행입니다. 붓다는 고행을 권하지는 않았습니다. 붓다는 쾌락에 빠지거나, 계속 살기 위해서라면 무엇이든 하려고 하는 마음을 끊어내라고 강조합니다. 음식이나 옷을 받는 것 자체는 괜찮지만, 나중에 쓰려고 저장하면 탐욕스러운 마음이 생겨나므로 붓다는 그런 마음을 경계합니다.

계속해서 붓다는 수행자의 마음가짐을 구체적으로 설파합니다. 그 내용은 "수행자는 비방해서는 안 된다, 마을 사람들과 친하게 지내서는 안 된다, 이익을 위해 사람들에게 말을 걸어서는 안 된다, 도도해서는 안 된다, 오만해서는 안 된다, 허언해서는 안 된다, 자신이 남보다 우월하다고 생각해서는 안 된다"[45] 등입니다. 붓다는 오만하고 이기적이며 적대적일 수 있는 자신을 통제하라고 말합니다.

붓다는 특히 싸움과 보복을 엄하게 경계합니다. 《담마빠다》와 《우다나바르가》에는 보복을 금지하는 말이 나옵니다. "실로 이 세상에서 원한을 원한으로 갚으려 한다면, 원한은 결코 사라지지 않는다. 원한을 놓아버려야 사라진다. 이는 변치 않는 진리다."[46] 이는 보복의 연쇄를 멈추라는 원시불전의 금언입니다. 이를 지키려면 "약한 존재건 강한 존재건 (모든 생명에) 자비로 대하라"[47]라는 말처럼 자비심을 바탕으로 한 내면의 인격 함양이 필요합니다.

이와 더불어 수행자는 매일 빠짐없이 명상해야 합니다. 명상 수행 방법에 대해서는 《대념처경》에 정리되어 있습니다. 현대인에게 인기 있는 위빳사나 명상 Vipassanā Bhāvanā은 원시불교 명상법에서 발전한 것입니다.

위와 같은 팔정도를 실천함으로써 우리는 인간 세계에서 크나큰 평안의 경지에 이를 수 있습니다. 그리고 실제로 많은 수행자가 열반의 경지에 이르렀습니다.[48] 열반의 모습이 어떻게 그려지는지 살펴봅시다.

열반은 팔리어로 '닙바나 nibbāna'라고 불리며, 모든 번뇌나 속박으로부터 해방된 평안을 뜻합니다. 일단 열반의 경지에 이르면 나는 두 번 다시 다른 세계에서 태어나지 않아도 됩니다. 내 삶은 이 세상에서 죽으면서 끝이 납니다.[49] '이제 두 번 다시 태어나지 않아도 된다'는 커다란 평안, 이것이 열반의 핵심입니다. 《숫타니파타》에서는 다음과 같이 묘사합니다.

"태어나는 것은 끝났다. 청정한 행동은 이미 완성되었다. 할 일을 다했다. 이제 다시는 이렇게 생존할 일은 없다"라고 잘라 말했다.[50]

《테라가타》에서는 다음과 같이 묘사합니다.

나의 모든 욕망은 끊어졌다. 미혹의 생존은 모두 부서졌다. 거듭된 미혹의 생존은 소멸했다. 이제 미혹의 생존을 다시 반복할 일은 없다.[51]

열반의 경지에서는 죽음의 공포가 없습니다. 수행자는 그저 자신의 수명이 다하는 것에 만족합니다.[52] 죽음의 공포가 없다고 해도 적극적으로 죽음을 바라지는 않습니다. 이 점은 불교 사상에서 중요하기 때문에 《테라가타》에서도 비슷한 내용이 나옵니다. 쌍낏짜 장로의 말입니다.

나는 죽음을 바라지 않는다. 나는 삶을 바라지 않는다. 일꾼이 품삯을 기다리듯 나는 죽음의 시간이 오기를 기다린다.
나는 죽음을 바라지 않는다. 나는 삶을 바라지 않는다. 조심하고 조심하면서 죽을 때가 오기를 기다린다.[53]

삶에 집착하지도 않고, 그렇다고 죽음에 집착하지도 않으며, 그저 담담하게 죽음이 찾아오기만을 기다린다는 말입니다. 열반이란, 더 이상 살고 싶지 않은 동시에 더 이상 죽고 싶지도 않은, 그런 경지입니다. 진정 삶에 대한 욕망과 집착을 단멸하는 것입니다. 저는 붓다 철학에서 하나의 도달점이 여기에 있다고 생각합니다.

그렇다면 열반의 경지에 이르렀을 때 내면의 상황은 어떠할까요? 여성 불제자들의 고백을 기록한 《테리가타》에서 상가 스님은 "이제 나의 마음은 들뜨지 않고 고요하다"라고 말합니다.[54] 또 시수빠짤라 스님은 "감관感官을 잘 삼가서 더할 나위 없이 즐겁고 행복한 평안에 이른다"라고 말합니다.[55] 그들이 묘사하는, 마음이 평안하고 고요한 상태를 '열반적정涅槃寂靜'이라고 합니다.

그들은 열반이 고요함으로 가득 찬 커다란 평안의 경지라고 이해했습니다. 나카무라 하지메에 따르면, 열반이란 '마치 바람이 타오르는 불을 끈 것처럼' 타오르는 번뇌를 끈 상태를 의미했습니다.[56] 그런데 쾌락이나 소유물에 대한 집착을 단멸하고, 사랑하는 마음을 내려놓고, 가족이나 아이와 헤어지고, 애욕을 버리고, 분노하는 마음을 버린 후에 얻는 열반의 평안과 고요라는 것이 어쩌면 억지로 감정을 억누른 마음 상태, 심리학에서 말하는 이른바 우울 상태에 가까운 게 아닐까요?

하지만 원시불전을 읽으면 그와는 전혀 다른 정경이 반복적으로 그려집니다. 즉, 커다란 평안함인 열반 상태를 가득 채우는 것은 '즐겁다'는 기분입니다. 수행자는 열반 상태를 즐거움으로 묘사하고, 그 경험을 즐겁다고 여겼습니다. 이 즐거움을 뜻하는 팔리어는 수카sukha인데, '감각 자극이 기분 좋다'라는 뜻과 '열반 상태의 평안'이라는 뜻이 있습니다. 후자의 즐거움은 '평안santi' '평안의 즐거움nibbuti' 등으로도 표현됩니다.[57]

원시불전 곳곳에서는 수행의 길, 그리고 그 도달점인 열반 상태가 즐겁다고 언급합니다. 《담마빠다》 15장, 《우다나바르가》 30장은 이 즐거움에 대한 묘사에 전체를 할애합니다.

특히 가장 매력적인 묘사는 붓다의 마지막 여행을 그린 《대반열반경》에서 찾아볼 수 있습니다. 이는 원시불전 《디가 니까야》에 수록된 경전으로, 여든 살 붓다가 마지막 여행을 떠나 마침내 죽음에 이르기까지의 모습을 담고 있습니다. 원문에는 후대가 손을 댄

부분이 보이는데, 여기에 그려진 붓다의 말에는 불제자들이 붓다의 열반을 어떻게 포착했는지 여실히 드러납니다.

붓다가 베살리를 방문했을 때 제자 아난다에게 다음과 같이 말합니다.

> 아난다여, 베살리는 즐겁구나. 우데나 영수靈樹의 땅은 즐겁구나. 고타마카 영수의 땅은 즐겁구나. 삿탐바카 영수의 땅은 즐겁구나. 바흐풋타 영수의 땅은 즐겁구나. 사란다다 영수의 땅은 즐겁구나. 차팔라 영수의 땅은 즐겁구나.[58]

붓다는 그 뒤에도 비슷한 말을 되풀이합니다.[59] 이 시점은 붓다가 죽기 석 달 전으로, 그때 붓다는 자신의 죽음을 예견하고 있었습니다. 열반의 경지에 이른 여든 살 붓다가 체력이 쇠약해져 죽음을 눈앞에 둔 상태에서 이렇게 '즐겁다'라는 말을 반복하는 것은 놀라운 일입니다. 붓다는 자신이 존재하는 땅의 광경을 즐겁다고 하고, 그 땅에 자생하는 식물과 건축물을 보는 게 즐겁다고 하며, 그들에게 둘러싸여 지내는 것이 즐겁다고 합니다. "무소의 뿔처럼 혼자서 가라"고[60] 독려하던 붓다의 마지막이 이처럼 즐거움을 완전히 긍정하는 경지로 묘사된 지점에서 저는 깊은 감동을 느낍니다.

위 인용문에서 '즐겁다'의 원어는 ramaṇīya입니다. 나카무라 하지메에 따르면, 이 말의 원래 의미는 '사랑해야 한다'이며, 한자로는 '大樂(큰 즐거움)' '甚可愛樂(진정 사랑하고 즐길 만함)'으로 번역되었습니다. 미즈노 코겐의 《팔리어사전パーリ語辞典》에서 rāmaṇeyyaka는 '즐거운, 유쾌한, 아름다운 풍경'이라는 의미입니다. 열반은 고요함으

로 가득 찬 커다란 평안입니다. 열반 상태에서 보는 세상은 사랑할 만하며 즐겁습니다. 세상에 대한 이런 완전한 긍정의 경지가 열반의 핵심적인 의미입니다.

팔정도를 완성하고 열반의 경지에 이른 수행자는 끝없이 살고 싶어 하는 집착의 에너지를 단멸하는 데 성공합니다. 그 후에는 육체가 저절로 소멸하는 과정을 겪기만 하면 됩니다. 그리고 수행자가 육체의 죽음을 맞이했을 때 수행자의 오온은 이제 어느 세계에도 태어나지 않고, 또 이 세계에도 남지 않습니다. 수행자(즉, 수행자였던 오온)는 모든 세상에서 증발하듯 사라집니다. 이것이 큰 평안인 열반의 종착점입니다.[61]

3. 태어나지 않는 게 나았을까

　　붓다의 철학을 반출생주의의 시각에서 고찰해봅시다. 인간이 이 세상에서 겪는 모든 것은 고통입니다. 비록 이 세상에서 죽음을 맞더라도 다른 세상에서 태어나 거기에서 다시 고통을 겪습니다. 이를 피하기 위해 수행자는 윤회의 원인인 집착이나 애욕을 단멸해서 더 이상 어디에서도 태어나지 않는 상태에 이르는 것을 목표로 합니다. 즉, 붓다의 철학 역시 '윤회를 벗어나 해탈함으로써 다시는 어디에서도 태어나지 않는다'라는 인도식 반출생주의로 결실을 맺습니다. 붓다의 반출생주의는 우파니샤드와 같은 계열이지만 삶의 고통을 강조하는 정도는 붓다가 더 큽니다. 쇼펜하우어의 '일체의 삶은 고통이다'라는 명제가 붓다의 세계관과 호응합니다.

　　더욱이 붓다는 열반의 경지에 이르려면 출가해서 수행해야 한다고 했습니다. 출가는 소유물을 버리고, 가족을 버리고, 수행자들과 함께 생활하면서 해탈하는 것을 목표로 합니다. 붓다 자신도 아내와 자식을 버리고 출가생활로 들어갔습니다. 출가한 사람에게는 엄격한 계율이 부과되어 이성과 접촉할 수 없을 뿐만 아니라 아이를 가지는 것도 금지되었습니다. 지금도 남방불교에서는 이 계율이 지켜집니다. 이 점에서 원시불교의 출가는 '출산 부정'이라고 할 수 있습니다. 출산 부정 계율은 출가해서 해탈하려는 사람에게만 부과될 뿐, 결코 모든 사람에게 부과되지는 않습니다. 일반인처럼 생활하면서 출가자를 돕는 재가인在家人은 결혼을 하고 아이를 가질 수도 있었습니다. 이 점에서도 원시불교는 우파니샤드와 다릅니다. 우파니샤드의 철학자들은 아트만을 깨닫는 것을 목표로 했습니다. 예를 들어, 우달라카는 혈육에게 아트만의 신수神髓를 전하려 했으며, 출산 부정 사고방식을 가졌다고 보이지는 않습니다(다만 야즈냐발키야는 가정을 꾸리다가 출가했기 때문에 일괄적으로 단언할 수는 없습니다).

독자적인 출가 시스템을 개발하고 실제로 제자들과 실천한 점이 붓다의 또 다른 큰 특징입니다.[62] 쇼펜하우어와 베네타는 반출생주의를 제창하면서도 그 목적을 실현하기 위한 실천을 구축하는 데까지 이르지는 못했습니다. 이에 비해 붓다는 '다시 태어나지 않는' 것을 목적으로 하는 출가 수행의 집단적 실천 체계를 구축했으며, 그 체계는 오늘날 남방불교로 이어지고 있습니다. 출가 수행 집단은 열반의 경지에 이르려고 하는 각각의 수행자가 무소의 뿔처럼 홀로 수행을 하면서 서로 돕고 격려하는 구조였습니다. 이런 점에서 붓다의 고대 인도식 시스템은 가장 철저한 반출생주의 실천이라고 할 수 있습니다.

고대 그리스의 '가장 좋은 것은 태어나지 않는 것, 그다음 좋은 것은 왔던 곳으로 빨리 돌아가는 것'이라는 반출생주의는 원시불전의 고층에서는 찾아볼 수 없습니다. 이와 관련해 검토해야 할 점은 원시불교에서 생로병사의 사고四苦를 어떻게 생각하느냐입니다. 사고는 태어남·늙음·병듦·죽음으로, 인간이 겪는 고통의 전형으로 여겨져왔습니다. 이 중에서 '태어남'을 고통이라고 한 것은 '태어나지 않는 게 낫다'라는 탄생 부정에 굉장히 가깝습니다. 그러나 이 점에 대해서는 주의가 필요합니다. 나카무라 하지메에 따르면, 고층의 원시불전에서는 대부분 '늙음·병듦·죽음의 고통'을 말하며, '태어남의 고통'은 들어 있지 않습니다. 확실히 《테라가타》에서는 "죽음과 병듦과 늙음의 세 가지가 마치 불덩이처럼 다가온다"라고 표현합니다.[63] 그리고 후대에 '태어남의 고통'이 추가되어 '생로병사의 사고'라고 불리게 되었습니다(불교에서 말하는 '생'은 살아가는 것이 아니라 태어나는 것입니다).[64] 나카무라 하지메는 "태어남의 고통을 더해 사고로 규정하고, 다시 팔고八苦로 정리한 것은 '후대의 교의학적 반성이 더해진' 후의 일이다"라고 지적합니다.[65]

다만 태어남의 고통을 언급한 텍스트가 고층에 없지는 않습니다. 예를 들면 《숫타니파타》에서는 "집착에 연연해 생존이 생긴다. 생존하는 자는 고통을 받는다. 태어난 자는 죽는다. 이것이 고통이 생기는 원인이다"라며 태어남과 고통을 연결합니다.[66] 《상윳따 니까야》에서는 짤라 스님이 악마의 질문을 받고, "나는 삶을 바라지 않는다" 왜냐하면 "태어나면 애욕을 향락하기 때문이다"라고 답합니다. 그리고 "태어난 자에게는 죽음이 있다. 태어나면 고통을 당한다. 포박, 살해, 모진 시련이 있다. 그러므로 태어나기를 바라지 마라"라고 단언합니다.[67] 또한 《상윳따 니까야》에서 붓다는 "'(미혹의 세계 속에) 태어난다'는 성질을 가진 사람들의 목표는 '태어남'으로부터 해탈하는 것이다"라고 설파하면서, 생로병사 네 가지에 대해 각각 동일한 발언을 합니다.[68] 이러한 내용이 성립한 연대에 대한 논란은 있지만, 고대부터 '태어남'을 고통으로 보는 관념이 분명하게 존재했던 듯합니다.

후대의 대표적인 원시불전 《대념처경》에는 정확히 '태어나지 않는 게 낫다'라는 말이 나옵니다.

또한 수행승들이여, 구하고자 해도 얻지 못하는 고통이란 도대체 무엇인가?
수행승들이여, 태어난다는 성질을 가진 생물에게 이런 욕구가 일어난다. '아, 우리에게 태어나는 성질이 없다면 좋을 텐데. 우리에게 태어난다는 것이 오지 않으면 좋으련만'이라고. 그러나 이 일은 원해도 일어날 수 없다. 또한 이는 구하고자 해도 얻지 못하는 고통이다.[69]

이 글 뒤로는 늙음·병듦·죽음에 대해 같은 내용이 반복됩니다. 인용문의 "아, 우리에게 태어난다는 성질이 없으면 좋을 텐데. 우리에게 태어난다는 것이 오지 않으면 좋으련만"을 어떻게 해석하느냐가 관건인데, '태어난다는 성질'에 대해 언급하므로 이는 사후에 어느 세계에서 태어나는 것에 대한 부정과 다른 세계에서 이 세계로 태어나는 것에 대한 부정을 모두 포함한다고 생각합니다. 이 중 후자는 고대 그리스의 탄생 부정과 완전히 똑같습니다. 원시불전에서도 '태어나지 않는 게 낫다'라는 생각이 고찰의 대상이었음을 확인할 수 있습니다. 하지만 흥미롭게도 이 경전에서는 '태어나지 않는 게 나았다'라고 하는 영탄 형식을 보여주지는 않습니다.

나는 이미 태어났으니 이제 와서 '태어나지 않는 게 나았다'라고 탄식해도 그런 일은 결코 일어날 수 없습니다. 따라서 '태어나지 않음'을 요구하는 것은 결코 일어날 수 없는 일을 요구하는 것이나 마찬가지입니다. 원시불전에서는 구하고자 해도 얻지 못하는 상황에서 고통이 발생한다고 인식합니다. 따라서 '태어나지 않음'에 대한 욕구는 우리가 살아가면서 실질적으로 해결해야 할 고통 가운데 하나입니다. 여기에서 붓다의 가르침이 가진 큰 특징이 드러납니다.

즉, 나는 이미 태어났으니 아무리 태어나지 않기를 원한다 해도 그것을 이룰 수 없습니다. 그것을 이루려고 하면 고통에 사로잡힐 뿐입니다. 그러므로 더 이상 그런 일을 바라지 말고 인생에서 고통이 일어나는 원인을 밝히고 그 원인을 소멸시키는 길을 찾는 게 올바릅니다.

붓다의 사색은 '우주 속에서 인간은 본래 어떻게 존재해야 하는가?'라는 실현 불가능하고 형이상학적인 질문을 향해 나아가는 게 아니라, '이미 태어난 인간이 이 세상에서 어떻게 살면 좋은가?'라는 실현 가능하고 실용적인 질문을 향해 나아갑니다. 붓다는 '우주에 끝은 있는가?' '열반의 경지에 이른 인간이 사후에 어떻게 되는가?' 같은 형이상학적 질문에 답하기를 거부했습니다. 붓다의 실용주의적 태도 때문입니다.

이상의 고찰을 토대로 붓다의 철학으로 보았을 때 탄생 부정 사상이 어떻게 자리매김할지 다시 한번 검토해보겠습니다. 붓다의 목표는 사후에 어떤 세계에서건 두 번 다시 태어나지 않는 것입니다. 이 인간 세계에서 열반의 경지에 이른다면 그 사람은 더 이상 어느 세계에서도 태어나지 않습니다. 이 점에서 붓다의 사고방식은 인도식 탄생 부정 사상입니다. 그러나 붓다는 거기에 머무르지 않습니다. 윤회하는 사람들이 열반의 경지에 이르는 곳은 붓다가 해탈을 완성한 이 인간 세계입니다. 아귀 등의 세계에서는 열반의 경지에 이를 수 없습니다.[70] 그렇다면 끝없이 이어지는 윤회 속에서 이 인간 세계에 태어났을 때 열반의 경지에 이를 가능성이 열리므로 인간 세계에 태어난 것은 엄청난 행운입니다. 논리적으로 생각하면 이 인간 세상에 태어난 것은 열반의 경지에 이를 가능성이 열렸다는 뜻이므로 좋은 일입니다. 즉, 인간 세계에 태어남으로써 다시는 태어나지 않는 열반의 경지에 이를 가능성이 열리기 때문에 '이 인간 세계에 태어난 것은 정말 다행'인 상황입니다. 이는 태어난 것에 대한 긍정, 즉 탄생 긍정 사상입니다.[71]

따라서 붓다의 사고방식은 탄생 부정인 동시에 탄생 긍정입니다. 물론 붓다 자신이 이렇게 말하지는 않았습니다. 붓다 철학을 반출생주의 시각에서 고찰해보면 그렇게 해석할 수밖에 없다는 뜻입니다. 태어나지 않는 것을 목표로 하면서도, 그 목표를 실현할 세계에 태어났음을 긍정한다는 입장을 취함으로써, 붓다의 철학은 굉장히 특이한 지위를 가지게 됩니다.

다만 붓다의 철학에 대한 이러한 해석은 어디까지나 오늘날의 철학적 맥락에서 이루어진 것입니다. 붓다 입장에서 생각하면 태어난 것이 좋은지 아닌지에 대한 질문은 그다지 큰 의미가 없을 겁니다. 그것이 좋건 좋지 않건 수행자가 해야 할 일에는 전혀 차이가 없으므로 그 의문에 집착하지 말라고 할 겁니다. 결론적으로 "태어나지 않는 게 나았을까?"라는 질문은 붓다에게 큰 의미를 갖지 않을 것입니다.[72]

이상이 붓다의 철학에 대한 저의 고찰입니다. 이제는 붓다의 철학에서 영감을 받아 제가 생각한 내용을 말하고 싶습니다. 사실 붓다의 철학에서 찾아낸 탄생 부정과 탄생 긍정의 양립 가능성은 저로서는 큰 발견이었습니다. 그 두 가지를 이율배반으로 보지 않는 시점視點은 중요한 지평을 열어갈 것입니다.

여기에서 다시 이 책에서 제기한 첫 질문으로 돌아가봅시다. 나는 태어나지 않는 게 나았을까요, 아니면 태어나길 잘한 걸까요? 반출생주의 논의에서는 이 두 가지가 이율배반 위치에 놓입니다. 한쪽이 맞으면 다른 한쪽은 틀리게 됩니다. 그리고 현대 분석철학에서는 태어난 경우와 태어나지 않은 경우를 비교해 어느 쪽이 더 좋은지를 고찰하는 방식을 취합니다. 그러나 이 질문에는 전혀 다른 답변이 존재합니다.

먼저, 태어나지 않은 경우를 생각해봅시다. 베네타 등이 주장하는 것처럼 태어나지 않았다면 나는 고통을 한 번도 겪지 않았을 겁니다. 베네타는 여기에서 '태어나지 않는 게 나았다'라고 결론짓지만, 실은 거기에서 도출할 수 있는 결론이 하나 더 있습니다. 그것은 만약 태어나지 않았다고 하면 고통을 경험할 일이 전혀 없을 테니 '태어나지 않았더라도 그것으로 다행이다'라는 결론입니다. '태어나지 않았다'라는 반사실적 상황을 다행이라고 긍정하면서, 관점을 선/악 비교에서 긍정/부정 비교로 옮기는 것입니다.

다음으로, 태어난 경우를 생각해봅시다. 나는 이미 태어난 상태이며, 지금까지 즐거움도 겪어왔고 고통도 경험했습니다. 그리고 나는 내 인생에서 '태어나서 정말 다행이다'라는 마음이 진정으로 우러나오는 삶을 살고 싶습니다. 인생이 끝나기 전에 그런 생각이 들 때가 있을 겁니다. 그 생각을 달성하는 것을 저는 '탄생 긍정'이라고 부릅니다.

그런데 만약 내가 인생에서 탄생 긍정을 달성했다고 해봅시다. 그때는 어떤 상황이 벌어질까요? 만약 '태어나지 않았다'라는 반사실적인 상황에 주목한다면 '태어나지 않았다'라는 상황을 '그래서 다행이다'로 긍정하게 됩니다. 또 '태어났다'는 현실적인 상황에 주목하면 '태어났다'는 상황을 '그래서 다행이다'로 긍정하게 됩니다. 즉, 내가 태어나지 않았다고 반사실적으로 가정하더라도 긍정이 되고, 내가 현실적으로 태어난 것에 대해서도 긍정이 되는 결론이 나옵니다. 이는 탄생에 대해, 그 일이 일어났건 일어나지 않았건 관계없이 긍정하게 됨을 의미합니다. 바로 탄생에 대한 완전 긍정입니다.

그리고 완전한 긍정에 도달할지 여부는 전적으로 내 인생에서 내가 태어난 것을 실제로 긍정할 수 있는지에 달렸습니다. 만약 그것을 달성할 수 있다면 나머지는 논리적 필연성에 따라 탄생에 대한 완전 긍정이 성립합니다.

지금까지 저는 베네타식의 '태어나지 않는 게 나았다'를 '탄생 부정'이라고 불러왔습니다. 그러나 보다 정확하게 말한다면 '비탄생·우량'이라는 형식을 띱니다. 왜냐하면, 베네타는 근본적으로 탄생과 비탄생에 대해 선악으로 비교하며, 그 결과로 탄생을 부정하기 때문입니다.[73] 반면, 반사실적 상황의 긍정인 '태어나지 않았지만 그래서 다행이다'는 '태어나지 않는다'를 긍정하므로, '비탄생·긍정' 형식이라고 할 수 있습니다. '태어나지 않는다'의 장점에 대해서는 '태어나지 않는 게 나았다'는 '비탄생·우량' 형식의 접근뿐만 아니라, '태어나지 않았다 하더라도 그것으로 다행이다'라는 '비탄생·긍정' 형식으로 접근할 수도 있다는 점을 주목해봅시다. '비탄생·긍정'은 'non birth affirmation'으로, '탄생 부정', 즉 'birth negation'과는 전혀 다릅니다. 비탄생·긍정이 반드시 탄생 부정으로 결론 나지는 않습니다. 그러므로 태어나지 않는 것의 장점을 비탄생·긍정으로 해석함으로써 태어나지 않는 것과 태어나는 것을 동시에 긍정하는 새로운 지평이 열립니다. 베네타의 논점은 태어나지 않는 것의 장점을 외면했습니다. 그러나 태어나지 않는 것의 장점을 비탄생·긍정으로 파악하고, 태어나는 것의 장점을 탄생 긍정으로 파악함으로써, 우리는 비탄생의 장점을 외면하지 않으면서 태어나지 않는 것도 태어나는 것도 함께 긍정할 수 있습니다. 이것이 베테나의 탄생 부정 철학에 대한 저의 반론 중 하나입니다.[74] 게다가 저는 베네타의 '태어나지 않는 게 나았다'의 논리적 증명 역시 틀렸다고 생각합니다. 그 부분에 대해서는 7장에서 고찰하겠습니다. 그때 위의 고찰은 약간 수정·개선됩니다.

　이상과 같은 발상을 통해 탄생 부정과 탄생 긍정의 문제에 새로운 빛을 비출 수 있습니다. 그런데 우리는 붓다의 철학을 그대로 받아들일 수 있을까요? 붓다는 당시 인도인이 믿었던 윤회사상을 바탕으로 자신만의 철학을 주장했습니다. 하지만 저는 사후의 윤회를 믿을 수 없고, 저와 마찬가지로 윤회를 믿을 수 없는 현대인이 많을 겁니다. 이처럼 사후세계를 믿지 않는 사고방식을 '단견斷見'이라 하는데, 붓다는 그런 생각을 명료하게 부정합니다. 만일 붓다의 철학에서 윤회사상을 뺀다면 붓다의 철학은 흔들릴 여지가 있습니다. 윤회가 존재하지 않는다면, 모든 인간이 죽으면 그것으로 끝이며 더 이상 어디에서도 태어나지 않습니다. 태어나는 일이 없다면 다시는 고통받을 일도 없으므로, 모든 인간은 태어나는 순간 사후에 열반이 확정되는 셈입니다. 이는 원시불전의 고층에서 보이던 붓다의 사고방식이 아닙니다.[75]

　그렇다고 윤회를 부정하면 붓다의 철학은 전혀 의미가 없게 되는가 하면 반드시 그렇지는 않다고 생각합니다. 앞서 인용한 대목을 다시 한번 인용하겠습니다.

나는 죽음을 바라지 않는다. 나는 삶을 바라지 않는다. 일꾼이 품삯을 기다리듯 나는 죽음의 시간이 오기를 기다린다.
나는 죽음을 바라지 않는다. 나는 삶을 바라지 않는다. 조심하고 조심하면서 죽을 때가 오기를 기다린다.[76]

이는 불제자가 묘사한 열반의 경지입니다. 열반을 달성한 수행자는 죽고 싶다는 생각도 하지 않으며, 계속 살고 싶다는 생각도 하지 않습니다. 담담하게 살면서 죽음의 시간이 오기를 기다립니다. 이때 고대 인도인이 생각했던 것처럼 윤회가 존재한다고 해봅시다. 그러면 이 수행자는 집착을 단멸했기 때문에 사후에 어딘가 다른 세계로 태어나는 일은 없습니다. 반대로 애초부터 윤회가 존재하지 않는다고 하면 어떨까요? 그때도 이 수행자는 사후에 다른 세계로 태어나는 일이 없습니다. 이 수행자는 죽고 싶다는 생각도 하지 않고, 계속 살고 싶다는 생각도 하지 않으면서, 육체의 죽음이 찾아왔을 때 이 세상에서 완전히 증발해갈 뿐입니다. 즉 윤회가 있건 없건 이 수행자의 심경에는 아무런 변화도 없습니다. 이 수행자가 도달한 경지는 윤회가 있느냐 없느냐에 전혀 좌우되지 않습니다. 저는 이야말로 윤회의 존재를 믿을 수 없는 현대인이 붓다의 철학에서 배울 수 있는 통찰이라고 생각합니다.[77]

이 통찰을 달리 표현하면 다음과 같이 말할 수도 있습니다. 아직 육체의 죽음이 임박하지 않았을 때 '나는 계속 살아 있어도 좋고,

지금 생이 끝나도 좋다'라는 마음속 깊은 생각, 그리고 육체의 죽음이 임박했을 때 '이로써 내 생은 끝나지만, 나는 이제 더 이상 살지 않아도 된다'라는 마음속 깊은 생각입니다. 후자에는 더 살고 싶은 욕망이 사라진 경우와 더 이상 살지 않아도 된다고 안도하는 경우가 있습니다.

이야말로 윤회를 전제하지 않으면서 커다란 평안의 경지에 이른 상황이라고 생각합니다. 이는 더 이상 원시불교라고 할 수 없지만, 윤회를 믿지 못하는 현대인의 구원 방식에 시사하는 바가 큽니다. 이를 죽음에 대한 논의에서 탄생 긍정을 말하는 방식 중 하나로 파악할 수 있지 않을까요?

4. 원시불교와 자살

이 장을 마치기 전에 다시 원시불전으로 돌아가 자살을 어떻게 이야기하는지 살펴봅시다. 《테라가타》에는 자살을 시도하는 수행자 이야기가 나옵니다. 사빠다사 장로는 25년간 수행을 했음에도 열반에 이르지 못하여, 어느 날 면도칼을 손에 쥡니다. "그래서 나는 면도칼을 들고 자리에 앉았다. 내 혈관을 끊기 위해 면도칼을 뽑았다. 그때 나에게 올바른 도리에 맞는 생각이 떠올랐다. 병이라는 생각이 들었다. 세상을 싫어하는 마음이 가라앉았다. 이어서 내 마음이 해탈되었다."[78] 이리하여 장로는 자살 직전에 열반의 경지에 이릅니다. 이 이야기에서는 자살 행위를 해탈하는 계기로 여기고 있습니다. 《테리가타》에도 열반을 얻지 못하고 목을 매려다가 해탈한 시하 스님의 말이 나옵니다.[79]

이 밖에도 원시불전에는 고디카, 왁깔리, 찬나 세 수행자가 자살하는 이야기가 나옵니다. 먼저 《상윳따 니까야》에 나온 고디카의 이야기를 살펴보겠습니다. 수행자 고디카는 벌써 여섯 차례나 해탈했고, 이제 자살해보면 어떨까 하고 생각합니다. 그 사실을 알게 된 악마가 붓다에게 고디카가 자살하려 한다고 알려줍니다. 그 말을 들은 붓다는 말합니다. "사려 깊은 사람들은 참으로 이렇게 한다. 생명을 '연장시키는 것'을 기대하지 않는다. 망집을 송두리째 도려내고 고디카는 평안으로 돌아간 것이다."[80] 악마는 죽은 고디카의 의식(식별력)을 찾았지만, 어디에서도 발견되지 않았습니다. 붓다는 말합니다. "다시 미혹에 빠진 생존으로 돌아가지 않고 망집을 송두리째 도려낸 고디카는 완전히 사라졌다."[81] 이처럼 붓다는 열반의 경지에 이른 자의 자살을 적어도 비난하지는 않았습니다.

좀 더 자세히 검토해보면, 먼저 고디카는 자신이 열반의 경지(유여열반)에 이르렀다고 믿었고, 심지어 자살했습니다. 왜 자살을 시도했는지는 알 수 없습니다. 그 이야기를 들은 붓다는 고디카가 죽음과 함께 열반에 이르러 세상에서 사라졌다(무여열반)고 선언했습니다. 확실하지 않은 점은 고디카가 스스로 유여열반이라고 판단했는데 붓다 역시 그렇게 생각했는지 여부입니다. 붓다는 고디카가 자살한 뒤 그것이 무여열반이었다고 선언한 것뿐입니다. 자살하기 전의 고디카가 정말 유여열반이었는지 의문이 남습니다. 해탈과 자살의 관계에 대해서는 어려운 점이 있고, 왁깔리와 찬나 경우를 포함해 전문적인 논의가 이어지고 있습니다.[82] 어쨌든 불교에서는 자살이 살생이므로 금지된다고 하지만, 고디카 경우를 보면 열반을 얻은 수행자에게는 반드시 그렇지는 않다고 보입니다.

또 열반의 경지에 이른 찬나는 중병의 아픔을 참지 못하고 자살을 시도합니다. 원래 원시불전에서는 열반을 얻었다고 해도 몸의 통증은 느낀다고 말하기 때문에, 찬나가 통증을 견디지 못했다고 해도 이상한 일은 아닙니다. 나와 류켄은 붓다가 이런 유형의 자살을 긍정했는지는 명확하지 않다고 말합니다.[83] 현대 종말기 의료 문제까지 이어지는 어려운 주제입니다.

심지어 붓다의 죽음을 자살 시각에서 바라볼 수도 있습니다.

《대반열반경》에는 여든 살의 붓다에게 악마가 "지금이야말로 존사가 돌아가셔야 할 때입니다"라고 말하는 장면이 나옵니다. 그 말을 들은 붓다는 "지금으로부터 석 달 후에 수행 완성자는 사망할 것이다"라고 답합니다. 그리고 스스로 수명의 소인素因을 버립니다. 경전에서는 이를 "껍데기 같은 자기의 성립 근원을 파괴했다"라고 표현합니다.[84] 이후 붓다는 말 그대로 수명이 다해 죽습니다. 이 에피소드를 곧이곧대로 읽는다면 붓다는 외적 원인으로 죽거나 수명이 다해서 죽은 게 아니라 자기 의지로 수명의 소인을 버린 결과로 죽었습니다. 물론 붓다는 직전에 병에 걸렸고, 수명이 다해감을 스스로 느끼고 있었습니다. 그러나 결정적인 계기는 스스로 수명의 소인을 파괴한 행위입니다. 이는 현대 종말기 의료에서 본인의 희망에 따른 완만한 치료 정지 행위, 혹은 자이나교에서 해탈 방법인 (그리고 쇼펜하우어가 말한) 아사에 의한 삶의 종말에 가깝습니다. 하지만 정확히 보면 붓다의 경우는 어느 쪽과도 다릅니다. 이 논의는 애초에 자살이 어떤 행위인가 하는 철학적 문제로 귀결합니다.

《테라가타》에서는 열반의 경지를 '나는 죽음을 바라지 않는다. 나는 삶을 바라지 않는다'라고 묘사했는데, 애초에 수행자의 자살은 이에 꼭 들어맞는 행위가 아닐까요? 육체에 견디기 힘든 통증이 있으면 어쩔 수 없이 자살하는 경우도 있겠지만, 고디카 경우는 이해하기 어렵습니다. 열반을 얻은 사람에게 자살을 권하지는 않지만, 자살했다고 해서 비난하거나 열반이 아니라고 부정되지는 않았던 듯합니다.

여기에서 고대 인도 여행을 일단 끝내고, 다음 장에서는 다시 유럽 철학으로 돌아가, 생의 철학자 니체의 사상을 살펴보겠습니다. 니체는 쇼펜하우어 철학을 계승하면서도 쇼펜하우어의 반출생주의를 180도 전환해 '삶의 긍정' 철학을 세웠습니다. 우리는 니체의 철학에서 무엇을 배울 수 있을까요?

6장

니체:
태어난 운명을 사랑할 수 있을까

1. 생을 긍정하는 철학자

이제까지 유럽과 고대 인도의 탄생 부정 철학을 살펴보았습니다. 유럽에서는 쇼펜하우어가 '우리는 존재하지 않는 게 나았다'라는 생각을 전개했습니다. 고대 인도에서는 원시불교가 삶은 고통이기 때문에 다시는 어느 세계에서도 태어나지 않도록 해탈하자는 사상과 실천을 구축했습니다.

이 장에서는 다시 유럽으로 돌아가 생을 부정하는 사고방식에 크게 이의를 제기한 프리드리히 니체의 철학을 살펴보겠습니다. 니체의 생각에는 '태어나지 않는 게 나았다'라는 사상을 해체하는 실마리가 숨어 있습니다. 아주 분명한 형태로 제시하지는 않지만, 특히 만년의 사색인 '영원회귀' '운명애' '생성의 무구'[1] 등에 주목할 필요가 있습니다.

니체는 고대 그리스 문헌학에서 출발하여, 젊은 나이에 대학을 나온 뒤 압도적인 속도로 사색을 거듭하다 엄청난 유고를 남기고 세상을 떠났습니다. 니체는 쇼펜하우어의 탄생 부정 철학에서 큰 영향을 받았으며, 그것을 반전시켜 삶을 격렬하게 긍정하는 철학을 주창했습니다. 니체는 불교에서도 영향을 받았는데, 처음에는 불교를 부정적으로 생각하다가 나중에는 긍정적으로 평가했습니다.[2]

니체는 당시 유럽에서 기독교가 가진 기만이 더 이상 감출 수 없을 정도로 드러났다고 생각했습니다. 니체는 이 사태를 직시하며 "신은 죽었다"라고 일갈했습니다. 그때까지 기독교 가치관은 유럽인의 삶에 의미를 부여해왔습니다. 기독교 가치관이 사라져버린다면 남는 것은 니힐리즘Nihilism, 허무주의뿐입니다. 허무주의란 세상의 존재에는 목적이 없고, 사는 것도 의미가 없다는 사상입니다. 이 세상과 삶에 의미를 부여해온 기독교가 실추된 뒤, 우리는 도대체 무엇에 의지하며 살아야 하는가? 이것이 니체가 제기한 질문입니다.[3] 니체가 던진 이 질문은 '기독교가 없는 시대에서 삶의 의미', 나아가 '종교 없는 시대에서 삶의 의미'로까지 확대됩니다.[4] 니체는 '삶의 의미 철학'의 선구자라 평가할 수 있습니다.[5]

허무주의에서 탈출하려면 기독교 가치관을 대신할 새로운 사상이 있어야 합니다. 만년의 니체는 그 사상을 찾기 위해 고군분투했습니다. 그리고 최종적으로 '이 세상에서 살아가는 것을 전부 긍정한다'라는 삶의 전긍정 사상에 도달했습니다. 죽은 후에 구원을 얻기보다는 지금 살고 있는 삶을 향해 '예스'라고 말하는 것입니다. 이 사상은 간행본뿐만 아니라 유고 단편들에도 나타납니다. 다만 유고는 연구자들 사이에서도 어떻게 취급할지 논란이 분분합니다. 왜냐하면 유고 중에는 니체가 책으로 펴내기 위해 쓴 글도 있지만, 쓰기는 했어도 생각이 바뀌어 파기하려 했던 글도 섞여 있을 수 있기 때문입니다. 심지어 니체의 여동생 엘리자베스는 유고 글 대부분을 자의적으로 편집해《권력에의 의지》라는 제목으로 간행했습니다. 그러나 니체가《권력에의 의지》를 간행할 생각이 없었다는 사실이 최근에 밝혀졌습니다.[6] 이 장에서는 집필 연대 등에 주의하면서 기본적으로 니체가 생전에 간행한 텍스트는 물론, 그 후의 유고 역시

1. 생을 긍정하는 철학자

동등한 중요성을 가졌다고 전제하고 고찰하겠습니다.[7] 지금까지 이 책에서는 '태어나지 않는 게 나았다'라는 탄생 부정 철학을 고찰해 왔습니다. 니체의 철학은 태어난 것, 살아 있는 것, 사물이 생성하는 과정을 '그것으로 다행이다!'라고 긍정합니다. 이제 '태어나지 않는 게 나았을까?'라는 질문에 니체가 어떻게 대답했는지 차분히 살펴봅시다. 저는 이 장에서 니체가 개척한 삶의 긍정 철학의 중심 사상을 탄생 부정과 탄생 긍정이라는 시점에서 부각해보고, '태어난 것'에 대한 철학적 고찰로 이어가고자 합니다. 선행 연구를 참조하면서, 나아가 생명철학을 확장할 수 있을지 유념하면서 보편적인 논점을 짚어보겠습니다.

2. 영원회귀

니체는 신이 없는 시대에 삶에 의미를 부여하기 위해 '동일한 것의 영원회귀die ewige Wiederkunft des Gleichen'라는 사고방식을 구상했습니다. 줄여서 '영원회귀'라고도 합니다. 영원회귀 개념은 《즐거운 학문Die fröhliche Wissenschaft》 《자라투스트라Also sprach Zarathustra》 《권력에의 의지》에서 수차례 언급됩니다. 이 책들에서 영원회귀에 대해 말하는 방식은 균일하지 않습니다.[8] 하지만 중심 메시지는 일관됩니다.

《즐거운 학문》에서는 영원회귀를 다음과 같이 묘사합니다. 길지만, 니체의 발상이 응축되어 있기 때문에 인용하겠습니다. 어느 날 밤, 마신魔神이 당신의 고독한 자취방에 몰래 숨어들어 이렇게 말합니다.

'네가 실제로 지금 살고 있고, 또 지금까지 살아온 이 삶을 너는 다시, 나아가 셀 수 없이 여러 번 살아야 할 것이다. 거기에는 새로운 것이라고는 단 하나도 없고, 모든 고통이, 모든 쾌락이, 모든 사상과 탄식이, 네 삶의 형언하기 어려울 정도로 하찮은 것이나 위대한 것 모두가 너에게 회귀해올 게 틀림없다. 심지어 전부 다 똑같은 순서로 말이다. — 이 거미도, 나무들 사이로 비쳐오는 이 달빛 역시. 또한 이 순간도, 나 자신도 마찬가지로. 존재라는 이름의 영원한 모래시계는 반복해서 뒤집힌다 — 아울러 너는 그저 한 줌 티끌에 불과하다.' (…) 여하튼 무조건 "너는 이것을 다시, 나아가서는 무수히 반복되기를 원하는가?"라는 물음이 한없이 무겁게 너의 행위를 짓누를 것이다.[9]

인용한 글의 전반부에서는 마신이 "만약 내가 내 인생 전체를 세부에 이르기까지 똑같은 순서로 무한히 반복해서 경험해야 한다면 어떨까?" 하고 묻습니다. 그리고 마지막에서는 만약 삶이 실제로 그렇게 되어 있다면, 내가 어떤 행위를 할 때마다 "나는 무한히 반복해서 같은 행위를 하게 될 텐데, 나는 정말 그렇게 하기를 원하는가?"라는 물음에 엄청난 중압감을 느끼게 될 거라고 지적합니다.

니체는 내 삶을 포함한 우주 전체가 시간의 흐름 끝에 빙글빙글 돌아서 지금과 똑같은 상태로 돌아온다고 생각했습니다. 우주는, 말하자면 시작점과 종점이 연결된 둥근 고리와 같은 시간을 따라서 돌고 있으며, 지금 여기서 일어나는 일은 똑같은 내용으로 앞으로 몇 번이나 반복해서 일어납니다.

이 개념은 유고작인 《생성의 무구》 8장에 집중적으로 서술되어 있습니다. 그 내용을 정리하면 다음과 같습니다. 우선 우주에 존재sein하는 모든 힘의 총량은 일정하고, 유한합니다. 그리고 그 힘들을 조합한 패턴은 수없이 많겠지만 역시 유한합니다. 이에 반해 시간은 무한합니다. 시간의 흐름에 끝이 없다면, 시간이 흘러가는 동안에는 끝없이 먼 미래에 우주에 존재할 수 있는 상태의 패턴이 소진되고 나면 과거에 존재했던 것과 똑같은 상태가 우주에 다시 출현할 수밖에 없습니다. 따라서 지금의 우주와 똑같은 상태가 미래에 다시 우주에 올 게 틀림없으며, 그 회귀는 영원히 반복됩니다.

이는 과거에 있어서도 마찬가지입니다. 지금과 같은 우주의 상태는 과거에도 존재했습니다. 니체는 "이로부터 지금 눈앞에 펼쳐진 상태가 두 번째도, 세 번째도 이미 '현존했으며', — 마찬가지로 그 상태는 이후로 두 번째도, 세 번째도 현존하며, — 이전으로 가건 이후로 가건 무수히 현존한다는 결과를 얻는다"[10]라고 말합니다. 지금 우주의 상태는 미래에도 앞으로 무수히 존재하며 과거를 돌아봐도 이미 무수히 존재했다는 의미입니다. 이 말은 우주 속에 우연히 같은 상태가 몇 번씩 반복되는 게 아니라, 우주 그 자체가 한 바퀴 돌고 나서 이전의 우주에 접속한다는 말입니다.

논리적으로 우주는 영원회귀를 할 수밖에 없다는 이 주장을 칼 뢰비트는 '우주론적 등식'이라고 부릅니다.[11] 니체가 우주의 객관적 사실에 관해 주장했기 때문입니다.

니체는 우주의 창조설을 부정합니다. 우주는 과거의 어딘가에서 창조된 것이 아닙니다. 우주는 무한한 옛날부터 계속 존재해왔고, 미래에도 계속 존재할 것입니다. 유고 《권력에의 의지》에서는 "세계는 생성되고 세계는 경과하지만, 그러나 세계는 결코 생성하기 시작한 적도 없고 경과한 적도 없다"라고 표현합니다.[12] 즉, 세계 내부에서는 여러 가지 생성이 있지만, 세계 자체가 어디선가 생성된 것이 아닙니다. 이로부터 영원회귀하는 우주에서는 내 삶이 똑같은 내용으로 영원히 반복되며, 이 세상에서 나의 탄생 또한 영원히 반복된다는 결론에 이릅니다. 이 세상에서 나의 탄생은 과거로 되돌아가도 영원히 반복되고, 미래로 나아가도 영원히 반복됩니다. 물론 나의 시점을 기준으로 하면 나는 나의 탄생을 한 번밖에 경험할 수 없지만, 우주의 시점을 기준으로 보면 나는 이 우주에 몇 번이나 탄생하는 숙명을 지녔습니다. 영원회귀라는 우주론적 등식을 통해 나의 탄생은 더 이상 일회성이 아니게 됩니다. 이 논점은 나중에 다시 언급하겠습니다.

이상의 우주론적 등식에는 주의해야 할 점이 있습니다. 이 등식의 설명은 유고에만 나옵니다. 버나드 레진스터는 이 점을 가볍게 넘기지 않고, 우주가 영원회귀한다고 생각하는 우주론적 등식을 니체가 의도적으로 간행 저작에는 넣지 않았을 가능성이 있음을 시사합니다.[13] 왜냐하면 과학적으로 명확하지 않은 내용을 굳이 사용하지 않더라도 니체가 주장하고 싶은 핵심은 충분히 전달되기 때문입니다. 다시 말해 설령 우주의 영원회귀를 증명할 수 없더라도, 지금 여기서 경험하는 모든 것이 영원회귀해서 수차례 반복된다고 상정하는 것만으로 니체가 말하고자 하는 바를 전달할 수 있기 때문입니다. 물론 레진스터의 의견에 설득력이 있지만, 그렇다고 니체가 우주론적 등식을 포기했다는 말은 아닙니다. 니체가 쓴 다른 글들을 보면, 우주가 영원회귀한다는 사실을 확실히 증명하기는 어렵지만 니체는 실제로 어느 정도 확신을 가지고 상정한 듯합니다. 단순히 지적인 가정일 뿐이었다면 니체가 영원회귀 사상에 보였던 열정을 이해할 수 없기 때문입니다.[14]

그런데 만약 우주가 정말로 영원회귀한다면, 지금 이 순간이 똑같은 내용으로 우주에서 여러 차례 반복됩니다. 그렇다면 나는 이 순간이 여러 차례 반복된다고 해도 괜찮을 만한 생활방식을 선택해야 합니다. 뢰비트는 이를 "사람은 매 순간을 반복하며, 다시 반복할 의욕을 회복'할 수 있도록' 살아야 한다"라고 정리하면서 '인간학적 등식'이라는 호칭을 부여했습니다.[15]

《권력에의 의지》에 나오는 다음 문장은 니체가 영원회귀의 인간학적 등식을 '긍정'이라는 관점에서 설명한 아름다운 텍스트입니다. '영원회귀' 대신 '영원'이라는 말이 쓰이고 있지만 의미는 똑같습니다.

> 만약 우리가 단 하나의 순간에 대해서만이라도 당연하게 단언한다면, 우리는 이로써 우리 자신뿐만 아니라 모든 생존에 대해 그렇게 단언한 것이다. 왜냐하면 우리 자신 안에도, 사물 속에도, 어느 하나로서도 그것만으로 고립되어 있지 않기 때문이다. 그러므로 우리의 영혼이 단 한 번만이라도 현絃처럼 행복에 겨워 울릴 수 있다면, 그 한 번이 일어나기 위한 조건으로 전全 영원이 필요했다. ─ 또한 전 영원은 우리가 그렇게 단언하는 이 단 하나의 순간에 인가되고, 구원되고, 시인되고, 긍정되고 있었다.[16]

나의 삶은 고립되어 있지 않습니다. 내 삶은 모든 것과 공간적으로도 시간적으로도 연결되어 있습니다. 공간적으로 살펴보면, 만약 내가 지금 이 순간에 대해 '예스'라고 말할 수 있다면, 이는 나의 존재에 대해서 뿐만 아니라 나 외의 모든 존재에 대해서도 똑같이 '예스'라고 말한 것입니다. 시간적으로 보면, 만약 내가 지금 이 순간 행복에 겨워했다면 이 순간으로 흘러들어온 모든 것, 다시 말해 이 순간을 준비한 모든 과거의 일들과 이 순간으로부터 계속해서 일어날 모든 미래의 일들에 대해 '예스'라고 말한 것입니다. 내가 지금 이 순간에 대해 '예스'라고 함으로써 과거·현재·미래에 걸쳐진 모든 것이 전체적으로 긍정되고 구원된다는 말입니다.

우주가 영원회귀한다면, 우주 전체를 긍정하기 위해서는 눈앞의 이 순간 느껴지는 벅찬 행복을 진심으로 긍정하고, 똑같은 일이 몇 번이나 반복해서 일어난다고 해도 상관없다고 생각하기만 하면 됩니다. 여기에서 우주의 영원회귀가 내 삶에 의미를 부여할 뿐만 아니라 내가 이 순간의 삶을 긍정함으로써 우주의 영원회귀 자체가 긍정되고 구원되는 구조가 형성됩니다. 또한 우주와 내가 서로를 승인함으로써 쌍방이 구원될 수 있다는 세계관을 보여줍니다(우파니샤드의 아트만과 브라흐만의 관계를 떠올릴 수 있습니다).[17]

이 영원회귀 사상은 《자라투스트라》 4부의 '취가醉歌'에서 더욱 결정화된 형태로 표현됩니다.

그대들은 한때 쾌락에 대해 그렇게 말한 적이 있느냐? 오, 내 친구들아, 그렇게 말했다면 당신들은 '일체의' 고통에 대해서도 그렇게 말한 것이 된다. 일체의 사물은 사슬로, 실로, 사랑으로 서로 연결되어 있다.[18]

그리고 일체의 고통에 대해 예스라고 긍정하는 것은 '일체가 돌아오기를 원했다'가 되고, '그런 세계를 그대들이 사랑했다'가 된다고 말합니다.

― 그대들 영원한 자들이여, 그러한 세상을 영원히, 항상 사랑하는 것이 좋다. 그리고 고통에 대해서도 그대들은 말하라, 지나가

라, 그러나 돌아와라! 라고. '왜냐하면 일체의 쾌락은 — 영원을 원하기 때문이다!'[19]

내가 단 하나라도 쾌락을 긍정했다면, 그것은 모든 고통을 긍정한 것입니다. 왜냐하면 모든 것은 사슬로, 실로, 사랑으로 연결되어 있기 때문입니다.[20] 니체는 세상에서 쾌락만을 추출해서 긍정할 수는 없다고 생각합니다. 세상에서 얻은 쾌락에는 반드시 그 쾌락을 준비한 곳의 고통이 땅속줄기처럼 이어져 있어서, 쾌락을 끌어올리면 이어져 있는 고통까지도 함께 끌어올려지기 때문입니다. 인간의 쾌락과 고통을 따로따로 떼어내 서로 가치를 비교할 수 있다고 생각한 베네타와는 전혀 다른 사고입니다.

그리고 니체는 만약 내가 멋진 순간을 경험하고, '아, 이 순간들이 몇 번이라도 다시 왔으면 좋겠다'라고 생각했다면,[21] 나는 그 순간과 연결되고 그 순간을 준비한 모든 사건에 대해서 몇 번이라도 다시 왔으면 좋겠다고 바라게 되며, 그 모든 사건을 사랑하게 된다고 말합니다. 물론 그 사건들 중에는 여러 가지 고통도 포함되며, 나는 그 고통들 또한 몇 번이라도 다시 오기를 바라게 됩니다. 영원회귀 사상에서 삶을 긍정한다는 것은 삶을 구성하는 멋진 순간만을 긍정하는 게 아니라 삶을 구성하는 모든 끔찍한 고통의 시간 또한 긍정하는 것입니다. 니이나 다카시는 이를 "쾌락 안에 있으면서 모든 고통을 원하지 않았다면 그 개인은 아직 쾌락을 본래 상태 그대로 누리지 못하는 것"이라고 해석합니다.[22] 하지만 그것이 인간에게 가능한 일일까요?

조금 전《자라투스트라》의 인용 부분보다 앞쪽에서, 자라투스트라는 그 문제를 말합니다. 자라투스트라는 우주가 영원회귀함으로써 인간 또한 영원회귀한다는 사실을 알게 됩니다. 그리고 자신이 경멸하고 질색하던 '보잘것없는 인간' 또한 영원히 회귀할 것임을 깨닫고 구역질합니다. "가장 형편없는 인간 또한 영원히 회귀한다는 것! — 이것이 지금 존재한 모든 것들에 대한 나의 혐오였다! — 아, 욕지기가 나는구나! 우웩!"[23]

그러나 자라투스트라는 이 구역질을 극복합니다. 왜냐하면 영원회귀를 긍정한다는 것은 고통을 부정하고 쾌락만을 긍정하는 게 아니라 고통도 쾌락도 포함한 전체를 힘 있게 긍정하는 것임을 깨달았기 때문입니다.[24] 니체는 가공의 존재인 자라투스트라가 이 구역질을 극복하게 했고, 우리 또한 고통을 포함한 우주 전체의 영원회귀를 받아들일 수 있음을 보여주려 했습니다.

이 영원회귀 긍정 사상은 쇼펜하우어나 베네타에서 보이던, 아무리 쾌락을 경험했다고 해도 단지 한 조각의 고통이 생기는 것만으로 태어난 가치가 모두 상실된다는 사고방식과 정면으로 대립합니다. 왜냐하면 니체는 《자라투스트라》에서 비록 내 인생에 수많은 고통이 있더라도, 단 한 번만이라도 '내 생은 이래서 다행이다'라고 진심으로 생각한다면 그 수많은 고통을 포함한 인생 전체를 긍정하는 것이라고 주장하기 때문입니다. 여기에 탄생 부정 철학의 물음에 대한 니체의 답변 중 하나가 나타납니다.[25]

'일체가 다시 오기를 원했다'라는 문장에서 '원한다'라는 말에도 주목해봅시다. 즉, 영원회귀 사상이란 지금 여기에서의 행위가 앞으로 몇 번이라도 반복되기를 원하는 생활방식을 말하며, 나아가 지금 여기를 준비한 과거의 모든 고통 역시 앞으로 몇 번이라도 반복되기를 원하는 것입니다. 영원회귀의 근본에는 단순히 긍정하는 게 아니라 진정 원하는 정도까지 가지 않으면 안 된다는 사상이 담겨 있습니다. 그리고 그 사상은 세계를 사랑하는 것으로 이어집니다. 영원회귀 사상이란 쾌락과 고통을 담고 있는 우주의 흐름 전체를 '긍정하는' 것이고, 그 모든 것들이 몇 번이고 다시 오기를 '원하는' 것이며, 그렇게 해서 다시 돌아온 세계를 '사랑하는' 것입니다. 여기에서 세상을 사랑한다는 말은 무슨 의미일까요?

3. 운명애

운명애運命愛, Amor Fati는 영원회귀와 함께 니체 사상의 종착점입니다. 그러나 니체는 그 내용에 대해 자세히 말하지 않았기 때문에 상세한 부분까지 명확하게 해석하기 어렵습니다. 운명애를 한마디로 말하면, '인생이 이렇다'라는 필연성을 사랑하는 것입니다. 비록 삶이 비참을 포함하더라도 그 필연성을 전체적으로 사랑하는 것입니다. 니체의 말을 살펴봅시다. 먼저, 《즐거운 학문》에서 두 곳을 인용합니다.

내가 점점 더 배우고 싶은 것은 매사에 필연적인 것을 아름다운 것으로 보는 것이다. ― 그리하여 나는 모든 일을 아름답게 만드는 사람 중 한 명이 된다. 운명애, 그것이 이제는, 나의 사랑이어라.[26]

날씨가 좋건 나쁘건, 친구를 잃건, 병이 나건, 비방을 받건, 편지 답장이 오지 않건, 다리를 삐끗하건, 가게 안이 눈에 들어오건, 반론을 받건, 책을 펴건, 꿈을 꾸건, 사기를 당하건 만사가 다 그렇다. 즉, 어느 것이라도 즉시 또는 직후에 바로, '없어서는 안 될' 것으로 입증되며, ― 일체는 틀림없이 '우리에게' 깊은 의미와 효용으로 가득 차 있다.[27]

두 개의 짧은 문장을 이어서 실었는데, 두 번째 문장에는 '운명애'라는 말이 쓰이지 않았지만, 내용을 보면 운명애를 가리킨다고 생각합니다.

첫 문장에서는 "필연적인 것을 아름다운 것으로 보는 것"이 '운명애'라고 합니다. 다시 말해, 인생에 어떤 일이 일어나더라도 그 일은 필연적으로 그렇게 되었으며 다른 곳에서는 그런 일이 일어날 수 없다는 의미의 필연성을 아름다움으로 보는 것이 운명애입니다. 이와 관련해 니체는 《이 사람을 보라》에서 자신은 "'필연적인 것'에 상처받지 않으며 운명애야말로 자신의 내부 깊이 자리한 본성"이라고 썼습니다.[28]

두 번째 문장에서는 비록 내 인생에 어떤 일이 일어나더라도 그것들 하나하나가 내 인생에서 결코 '없어서는 안 되는' 것이며, 틀림없이 깊은 의미와 효용을 가지고 있다고 말합니다. 멋진 일이건 힘든 일이건 그 모든 것이 인생의 둘도 없는 조각이며, 그 하나하나가 의미를 지닌다는 말입니다. 니체는 필연성을 아름답다고 생각하고, 사랑이란 인생의 모든 조각을 어느 하나도 빠뜨려서는 안 되는 것으로 여기는 태도라고 생각합니다.[29]

운명애의 정식定式은 《이 사람을 보라》의 다음 문장에 분명하게 표현됩니다.

인간의 위대함을 표현하기 위한 나의 정식은 운명애이다. 즉, 어떤 일에 의해서도 지금 그것이 있는 것과 다른 방식으로 있기를 절대로 바라지 않는 것이다. 과거에도, 미래에도, 영겁에 걸쳐 절대로 말이다. 필연적인 것을 인내하는 것은 물론, 숨기지도 않으며 — 이상주의라는 것은 모두 필연적인 것을 숨기는 거짓말이다 —, 그야말로 필연적인 것을 '사랑하는' 것 ···.[30]

즉 운명애란, 세계에 일어나는 일이나 인생에 일어나는 일이 "지금 그것이 있는 것과 다른 방식으로 있기를 절대로 바라지 않는 것"을 말합니다.[31] 저는 니체가 비록 '그랬으면 좋았을 텐데'라고 몽상하기는 하지만, 실제로 자신의 현실을 가리키며 '내 인생은 이렇지 않았으면 좋았을 텐데'라고 마음속 깊이 진심으로 생각하지 않는 것을 운명애라고 정의했다고 생각합니다. 그것은 과거에도 미래에도 똑같습니다. 과거로 향하는 쪽은 설명할 필요가 없습니다. 미래로 향하는 쪽은, 비록 내 인생에 어떤 일이 일어나더라도 나는 앞으로 일어날 모든 일을 전체적으로 '그것으로 다행'이라고 받아들이고 긍정하겠다는 결의가 있음을 말합니다. 이런 태도는 자신의 현실에 대해 '이렇게 살 바엔 태어나지 않는 게 나았다'라고 영탄하는 탄생 부정 사상과 대척점에 있습니다.

니체는 이런 긍정을 '사랑'이라고 부릅니다. 왜냐하면 '설령 긍정하는 대상이 아무리 추잡한 것이라도, 아무리 결함이 가득한 것이라도, 아무리 받아들이기 어려운 것이라도, 나는 그 대상을 무조건 긍정하고 계속 수용한다'라는 결의가 긍정 행위의 핵심에 자리하기 때문입니다. 마치 어떤 장애를 가진 아이가 태어나더라도 그 아이를 사랑하고 키우겠다고 결심하는 부모의 행위가 본래적인 의미의 '사랑'이라고 불리는 것과 마찬가지입니다. 운명애란 단순히 운명이라는 필연성을 긍정하는 데 그치지 않고, 그 필연성의 내용이 무엇이건 그것을 긍정하고 수용하겠다는 결의를 내포한 개념입니다. 니체가 '사랑'이라는 단어를 사용한 이유도 이런 차원을 염두에 두었기 때문일 겁니다.

이상을 정리하면, 고통스럽고 힘든 일을 포함하는 인생의 모든 조각은 단 하나뿐이며 그 하나하나가 필연적인 의미를 지녔습니다. 따라서 설령 어떤 고통스러운 일이 일어나더라도, 절대로 '내 인생은 이렇지 않았으면 좋았을 텐데'라는 식으로 자신의 둘도 없는 인생을 부정하지 않겠다는 결의가 바로 운명을 사랑하는 것(운명애)입니다. 운명애란 인생에서 나타나는 사건을 속수무책으로 떠맡는 수동적인 태도를 말하는 게 아닙니다.

그런데 니체에게 운명애와 영원회귀는 어떻게 연결되고, 또 그 차이는 무엇일까요? 그것을 알기 위해 먼저 《권력에의 의지》에 수록된 다음 문장을 살펴봅시다.

> 내가 살아 숨 쉬는 듯한 그러한 '실험철학Experimental-Philosophie' (…) 그것은 영원의 원운동을 원하는, — 즉, 완전히 동일한 사물을, 결합의 완전히 동일한 논리와 비논리를. 철학자가 도달할 수 있는 최고의 상태, 즉 생존에 디오니소스적으로 맞선다는 것 —, 이 일에 주어진 나의 정식이 '운명애'이다.
> 이를 위해 필요한 것은, 지금까지 '부정되어온' 생존의 측면을, '필연적'으로서뿐만 아니라 바람직하다고 파악하는 ….[32]

우선 이 문장에서 놀라운 점은 니체가 자신의 철학을 '내가 살아 숨 쉬는 실험철학'이라고 부른다는 것입니다. 니체는 현대철학에서 사용되는 실험철학(철학과 심리학의 경계에 성립하는 철학)과는 전혀 다른 의미로 이 말을 사용합니다. 다시 말해, 니체는 자신의 인생을 하나의 실험으로 파악하고, 그 실험으로서의 인생을 실제로 살아가는 것을 철학으로 간주합니다. 니체는 《즐거운 학문》에서도 "인생은 — 의무도 숙명도 사기도 아닌 — 인식자의 한 실험이어도 좋다고 받아들이는 사상"이라고 썼습니다.[33] 니체에게 철학은 아카데믹한 지적 모험이라기보다는 자신의 인생이란 도대체 무엇인지, 그 인생을 어떻게 살아가면 좋을지를 실험적으로 탐구해가는 작업이었습니다. 그 탐구 속에서 '운명애'라는 개념이 발견되었습니다. 이와 같은 철학적 시각은 소크라테스가 말한 '음미된 인생'과 흐름을 같이합니다.[34] 야스퍼스는 이 대목에서 실존주의 철학자로서 니체의 반짝임을 봅니다. 야스퍼스는 이를 "스스로 사유하는 동시에 본질적인 자기 자신이 되기를 지향하는 궁극적 반성"이라 일컬으면서, 니체에게 "사유와 삶은 하나이다"라고 결론지었습니다.[35] 다만 야스퍼스는 니체가 말하는 실험철학에 깊이 발을 들여놓지 않았습니다. 왜냐하면 실험철학에는 '철저하게 개별적이고 구체적인 자신의 삶 자체'를 도마 위에 올려서 철학하고, 거기에서 발견한 통찰을 자신의 한 번뿐인 인생에서 실제 실험하고 확인한다는 뜻이 담겨 있기 때문입니다.[36] 《자라투스트라》에서 "모든 쓰인 것 중에서, 나는 인간이 자신의 피로 쓴 것만을 사랑한다. 피로 써라"라는 문장이 그런 의미일 것입니다.[37] 이 문장은 보통 피나는 노력으로 쓰라거나 자신의 아픔을 쓰라고 해석하지만, 저는 니체가 그 이상의 것을 말하려 했다고 생각합니다. 여기서 니체가 말하려는 바는 자신의 실제 삶을 재료로 삼아 인생에서 실험하고, 피를 흘리며 사색하며 살아가는 철학적 태도입니다. 이는 실로 실험과학에 버금가는 새로운 지적 방법론이며, 제가 시도해온 '생명학'[38]과도 궤를 같이합니다. 생명학은 자기고백적 방법론을 취하는데, 니체 역시 위대한 철학은 '창시자의 자기고백'이며 '일종의 수기'라고 썼습니다.[39] 근대의 실험과학은 과학자 자신의 삶에 대해 실험하는 것의 중요성과, 그 실험을 뒷받침하는 자기 고백의 철학적 통로를 간과했습니다. 야스퍼스는 꽃피우지 못한 니체의 이 방법론을 충분히 포착하지 못했습니다.[40]

그런데 앞에서 인용한 문장의 내용을 읽어보면, 니체는 '영원의 원운동을 원한다'라는 영원회귀 사상, 그리고 삶의 부정적인 측면을 '필연적으로서뿐만 아니라 바람직하다고 파악한다'라는 운명애 사상을 일직선으로 연결해서 서술합니다. 이 부분에서 니체는 영원회귀와 운명애를 그다지 구별하지 않습니다.

히라키 코지로는 운명애를 니체의 확고한 궁극의 입장이라고 평가한 후, "영원회귀 사상은 이 세계가 무엇인지를 밝히기 위한 사상인데 여기서 또 하나 생각해야 할 점이 있다. 그것은 영원회귀를 파악하는 우리 주체의 존재 방식이다. 이러한 세계의 파악은 이를 파악하는 주체 측의 존재 방식과 분리할 수 없다. 존재 방식이란 영원회귀의 세계를 살아가려고 하는 방식을 말하는데, 니체는 이를 '운명애'라고 불렀다. 그러므로 영원회귀 사상과 운명애 사상은 본래 완전히 동일한 것이다"[41]라고 말합니다. 이처럼 히라키는, 니체가 영원회귀를 살고자 하는 주체의 존재 방식을 가리켜 '운명애'라고 정의했다고 주장합니다.

4. 존재하는 그대로의 사람이 되기를 바란다

영원회귀와 운명애는 그 근원을 공유하면서도 형성 과정에서는 서로 다른 사상이라고 생각합니다. 이 논점을 더욱 파고들기 위해 니체의 다음 문장을 살펴봅시다. 니체는 《즐거운 학문》에서 타인을 도덕적으로 논평하는 인간들로부터 거리를 두자고 말하면서 다음과 같이 씁니다.

하지만 우리는, '우리가 존재하는 그대로의 사람이 되기를 바란다.' — 새로운 사람, 한 번뿐인 사람, 유일한 사람, 자신의 입법자, 자신의 창조자 말이다.[42]

저는 "하지만 우리는, 우리가 존재하는 그대로의 사람이 되기를 바란다Wir aber wollen die werden, die wir sind"라는 이 표현이 니체가 도달한 중요한 지점 중 하나라고 봅니다. 이 문장에서는 '존재하는 그대로의 사람(필연성, 존재)'과 '되는 것(생성)'과 '바라는(의지)'이 일렬로 결합해 있습니다. 여기에는 '영원회귀' '운명애' '생성' '권력에의 의지' 등 니체의 근본 개념이 응축되어 있습니다. 이 문장은 도대체 무엇을 의미할까요?

일반적으로 생각하면 '존재한다'를 '존재하지 않는다'로 바꿔

'우리가 존재하지 않는 상태의 사람(즉, 우리에게 없는 속성을 가진 사람)이 되기를 바란다'라는 문장으로 표현하는 편이 이해하기 쉬울 겁니다. 예를 들어, 대학입시를 보는 고교생이라면, 자신이 아직 존재하지 않는 상태의 사람, 즉 '대학생'이 되기를 바랍니다. 이렇게 표현하면 이해하기 쉽습니다. 그런데 니체의 글은 그렇게 되어 있지 않습니다.

칸트라면 '우리가 존재해야 할 상태인 사람이 되기를 바란다'라고 말할 겁니다. '존재해야 할 상태인 사람'은 자율적인 도덕적 주체입니다. 우리는 아직 '존재해야 할' 인간이 되지 못했기 때문에, 그것을 목표로 노력하라는 말입니다. 그런데 니체의 문장에는 '해야 할'이란 말이 빠져 있습니다. 오히려 니체는 이 인용문 직전에 도덕적으로 '해야 할' 일에 대해 논평하는 사람들을 비판합니다.

니체는 《이 사람을 보라》의 부제로 이와 거의 비슷한 문장인 '사람은 어떻게, 존재하는 그대로의 사람이 되는 걸까'[43]를 사용했습니다. 이로 보아 니체가 이 표현을 좋아했음을 알 수 있습니다. 와타나베 지로는 이 말이 고대 그리스 시인 핀다로스의 시구 "네가 있는 그대로의 사람이 되어라(=너 자신이 되어라)"에서 유래했다고 풀이하면서 "니체의 근본 문제는 자기 자신으로의 생성에 있었다고 봐도 좋다"고 분석했습니다.[44] 그러나 와타나베는 '자기 자신으로의 생성'이 도대체 무엇인지는 고찰하지 않았습니다.

저는 '우리가 존재하는 그대로의 사람이 되기를 바란다'를 세 가지로 해석할 수 있다고 생각합니다.

첫째는 '우리가 존재하는 그대로의 사람'이라는 부분을 '자신의 가장 소중한 본질'로 해석하는 방식입니다. 즉, 자신의 가장 소중한 본질을 자신의 인생에서 실현할 수 있기를 바란다, 또는 인생에서 자신의 가장 중요한 본질을 잃지 않도록 유의하고 끊임없이 그곳으로 되돌아가기를 바란다고 해석하는 방식입니다.

사실 니체 자신도 이렇게 해석한 부분이 있습니다. 예를 들어, 《생성의 무구》에는 다음의 문장이 있습니다. "언제나 너 자신 그대로의 사람이 되어라 ― 너 자신의 선생님이나 형성자로! 너는 어떤 저작자도 아니다, 너는 너 자신을 위해서만 쓰는 것이다!"[45] 여기서 말하는 선생님이나 형성자란 자신을 이끌고 길러주는 존재, 자신이 본래 존재해야 할 존재, 자신의 가장 소중한 본질을 구현한 존재일 것입니다.[46]

두 번째는 영원회귀에 중점을 둔 해석입니다. 니체는 끝없는 시간이 흐른 후에 지금과 똑같은 상태가 다시 이 우주로 회귀한다고 생각했습니다. 그리고 이 사실을 긍정하고 원하는 것의 중요성을 말했습니다. 이 사고방식에 따라 해석한다면, '우리가 존재하는 그대로의 사람'이란 지금 우리의 상태, 현재 세계의 상태를 뜻합니다. 그리고 '되다'는 끝없는 시간이 흐른 후에 우주가 다시 현재로 회귀해 현재 상태로 '된다'는 말입니다. 즉 '우리가 존재하는 그대로의 사람이 되기를 바란다'는 현재 '존재하는 그대로의 사람'으로 영원회귀를 거쳐 우리가 다시 '되는' 것을 내가 지금 여기서 '바란다'는 의미입니다. 유아사 히로시는 〈니체 철학과 과거의 문제〉라는 논문에서 《이 사람을 보라》의 부제를 '사람은 어떻게 지금 존재하는 그대로의 사람이 되는가'로 번역하면서 그 의미를 고찰했습니다. 유아사는 이 문장을 '본래 존재하는 그대로의 사람'(우리가 첫 번째로 했던 해석)이라고 해석하는 것은 "성숙한 니체의 사상에는 어울리지 않는다"며 반대합니다.[47] 게다가 유아사는 '지금 존재하는 그대로의 사람'은 시간의 경과에 따라 다음의 '지금 존재하는 그대로의 사람'으로 '되기'를 반복하면서, 긍정적인 극복을 통해 과거의 작용이 어느 하나라도 빠지지 않는 것이 영원회귀의 의미라고 시사합니다.[48] 유아사의 고찰이 명확하지는 않지만, 이 문장을 영원회귀와 연결짓는 논의의 하나로 소개하고 싶었습니다.

셋째는 '운명'에 중점을 둔 해석입니다. 이렇게 해석하기 위해 먼저 '가 된다'를 '이다'로 치환하여 '존재하는 그대로의 사람이기를 바란다'라는 문장으로 바꿔봅시다. 이렇게 바꾼 문장은 이해하기 쉽습니다. 즉, 실제로 내가 이러하거나, 실제로 세계가 이러한 상태야말로 내가 원하는 의미이며, 이 상태가 지금과 똑같은 형태로 계속되기를 바란다는 의미입니다. 이는 자기 자신이나 세계를 향해 '이대로 좋다'고 긍정하는 것이며, '자기 긍정'과 '현상 긍정'을 표현한 문장입니다.[49]

그렇다면 '존재하는 그대로의 사람이다'와 '존재하는 그대로의 사람이 된다'는 어떻게 다를까요? 그 열쇠는 '된다'에 있습니다. 이 문장에서 '된다'는 자기 자신을 지금 상태와 다른 것으로 변용시킨다는 말입니다. '된다'는 것은 생명의 근원적인 모습입니다. 생명은 자신의 현재 상태를 내부로부터 변용시켜 새로운 국면으로 끊임없이 나아가는 다이나믹한 운동입니다. 우리들 역시 생명이며, 자기 변용을 본질로 삼고 있습니다.

니체 역시 '되는' 것을 생명의 본질로 보았습니다. 무엇으로 되는지는 모르지만, 어쨌든 무언가로 되는 것이 생명의 근원적인 모습이라고 생각했습니다. 니체는 되는 것 즉, 생성의 특징은 구체적인 목표나 달성해야 할 가치를 지니지 않았다는 데 있다면서,[50] 이를 '생성의 무구'라고 명명했습니다. 생성은 무구하기 때문에 선악을 초월한 피안에 있습니다. 세계가 '되어 가는' 것은 좋다거나 나쁘다고 판단할 수 없습니다. 그런 가치판단을 넘어 세계는 단지 '되어 갈' 뿐입니다. 야스퍼스는 생성의 무구란 "'선하다'와 '악하다' 혹은 '좋다'와 '열악하다'로 분열된 모든 도덕을 초극超克"하는 것이라고 정의했습니다.[51] '무구'란 말 그대로 '죄'가 없는 것으로, 더러움이 없으며 순결하고 처녀이며 동정임을 말합니다. 무구는 티끌만큼도 더럽혀지지 않은 상태입니다.[52] 무구한 어린아이가 살아 있는 곤충을 짓밟는다 해도 그것은 결코 더럽혀진 행위가 아니며, 그저 장난일 뿐이므로 선하지도 악하지도 않습니다.[53] 생성이란, 그 어린아이의 장난과 같은 것입니다. 헤라클레이토스는 생성하는 영원한 세계를 '유희하는 어린이'로 여겼고, 니체는 그런 생각을 배웠습니다.[54] 니체는 "생성의 무구야말로 우리에게 '최대의 기력과 최대의 자유'를 부여한다!"라고 말합니다.[55] 니체는 생성의 무구라는 사고방식에서는 어떤 사람도 자신의 행위에 책임을 지지 않는다고 했습니다.[56] 무구에 대해서는 7장에서 다시 고찰하기로 하고, 여기에서는 생성에 주목해서 좀 더 살펴보겠습니다.

    생성의 사고방식은 운명애 사상과 정면으로 충돌합니다. 왜냐하면 생성의 힘에 의해 세계가 지금 상태에서 다른 상태로 '되어' 가는 것은 세계가 '지금 이와 같다'라는 운명, 세계가 '지금 이와 같다'라는 필연성을 부정하고 그와는 다른 새로운 상태로 변하기 때문이며, 또한 세계의 현재 상태를 부정하는 것에 지나지 않기 때문입니다. 그리고 이 부정의 운동은 새로운 상태로 이행한 후에도 다시 반복되므로, 부정이 끊임없이 이어집니다.[57] 이는 니체가 말하는 운명애 사상, 즉 세계가 '지금 이와 같다'라는 운명과 필연성을 있는 그대로 긍정하고 사랑하는 것과 근본적으로 어울리지 않습니다.

즉, 한편으로는 어디를 향해 '되고' 있는지는 모르지만, 어쨌든 어딘가를 향해 '되어' 가려고 하는 생명의 근원적인 현상 부정 운동이 있고, 한편으로는 나와 세계는 지금 이러하다고 하는 필연성을 있는 그대로 긍정하고 사랑하고자 하는 운명애의 결의가 있습니다. 이 두 가지는 이율배반으로 양립할 수 없어 보입니다. 하지만 니체에게는 이 두 가지가 모두 반드시 필요했습니다.

저는 니체가 이 두 가지를 양립시킬 비장의 카드가 바로 '존재하는 그대로의 사람이 되기를 바란다'라는 사상이라고 생각합니다. 즉, 생명의 근원인 생성과 이 세상을 살 때의 최종 경지인 운명애가 서로 모순을 낳으면서도 양립하기를 원한다는 사상입니다. '존재하는 그대로의 사람'이 '되는 것'이므로 '되는 것'의 계기는 현상 부정이겠지만, 그 운동의 결과로 현재와 다른 상태가 되지는 않기 때문에, 지금 '존재하는 그대로의 사람'을 부정하는 일은 생기지 않습니다. 따라서 무엇을 원하더라도 존재에 대한 사랑인 운명애를 부정하지 않습니다. 물론 해당 문장에서 직접적으로 의지를 드러내는 내용은 '되는 것'이며, 결코 '있는 것'이 아닙니다. 그러므로 무엇에 의지를 보이는가 하는 맥락에서 보면, '존재하는 그대로의 사람'에 대한 사랑인 운명애를 부정하지 않은 상태에서 존재보다 생성이 위에 놓인다고 하는, 언뜻 보면 아슬아슬한 결론이 가능해집니다. 이것이 '존재하는 그대로의 사람이 되기를 바란다'라는 문장에서 볼 수 있는 하나의 풍경입니다.[58]

운명애는 '이와 같다'라는 필연성을 사랑하는 것이었는데, '있다'와 '되다'에 대한 지금까지의 논의를 거쳐 보면 운명애에는 또 하나의 양상, 즉 '이와 같이 된다'라는 필연성을 사랑하는 측면이 있는 듯합니다. 다시 말하면, 운명애에는 '이와 같다'라는 존재의 필연성을 향한 사랑의 양상과, '이와 같이 된다'라는 '생성'의 필연성에 대한 사랑의 양상, 두 측면이 있습니다. 전자는 '이와 같다'라는 현상의 필연성을 긍정하는 사랑이고, 후자는 '이와 같다'라는 현상을 부정하고 그것이 바뀌기를 의도하는 사랑입니다. 선행 연구를 살펴보면, 이 점에 관해 뢰비트는 오로지 '존재의 긍정에 대한 영원한 긍정'이라는 방향으로 운명애를 말하고, 생성의 측면에는 그다지 중점을 두지 않았습니다.[59] 이에 비해 야스퍼스는, 운명애에서 존재와 생성의 양면을 보고, "운명애란 필연성 그 자체를 긍정하는 것이며, 이 필연성은 자기 세계와 함께하는 단독자의 운명에서의 생성과 존재의 통일이다"라고 말합니다.[60] 그리고 생성 측면에 대해서는 "운명애와 외견상 맞지 않는 것들이 거듭 나타난다. 즉, 아직 존재하지 않는 것을 현실화하는 긴박한 능동성과, 발생하는 것을 사랑으로 받아들이는 것 두 가지이다'라고 지적합니다.[61]

여기에서 운명애에는 '이와 같이 존재한다'라는 필연성을 사랑하는 양상과 '이와 같이 된다'라는 필연성을 사랑하는 양상 두 가지가 있으며, 이 두 양상 사이에 날 선 긴장이 존재합니다. 전자는 현상의 필연성을 긍정하는 사랑인 데 비해, 후자는 현상을 부정하고 변용하려는 것에 대한 사랑이기 때문에 긴장이 생겨납니다. 해당 문장을 바꾸어 말하면, '존재하는 그대로의 사람임을 사랑한다'와 '존재하는 그대로의 사람이 되는 것을 사랑한다' 사이의 긴장입니다.

이상의 논의를 종합하면, 사랑의 맥락에서 말하면 존재와 생성은 모두 동등하게 사랑받고, 의지의 맥락에서 말하면 존재보다 생성이 위에 놓인다고 정리할 수 있습니다. 또한 의지 쪽에서 보면 존재에 대한 사랑이 부정되지 않고, 사랑 쪽에서 보면 생성에 대한 의지가 부정되지 않는 관계가 됩니다. 이 두 가지가 모순을 내포하면서도 훌륭하게 양립합니다.

물론 니체 자신이 이렇게 설명하지는 않았습니다. 그러나 해당 글의 배경에 긴장 관계가 있다고 상정하면, 왜 니체가 이런 표현을 할 수밖에 없었는지에 대해 한 줄기 빛이 비칩니다. '되고 싶다'이지만 그로 인해 '있는 그대로'를 부정해서는 안 된다는 어려운 문제를 해결할 비장의 카드로 '존재하는 그대로의 사람이 된다'라는 표현이 나왔다고 생각합니다.

앞에서 '존재하는 그대로의 사람이 되기를 바란다'라는 문장에 대해 세 가지 고찰을 했습니다. 즉 ①나는 나의 가장 소중한 본질을 실현하려고 한다, ②나는 영원회귀에 의해서 모든 것이 다시 회귀하기를 원한다, ③나는 생성과 운명애가 서로 모순되면서도 양립할 수 있기를 원한다, 이 세 가지입니다. 이런 해석은 이 문장의 풍부한 가능성을 각각 다른 각도에서 조명합니다.

생성과 존재 문제는 7장에서 베네타의 '존재와 비존재의 선악 비교' 명제를 비판할 때 중요한 논점이 되므로 여기에서 좀 더 고찰해보겠습니다. 일반적으로 생성은 세상에 무엇이 태어나고, 사라지고, 그 후에 또 다른 무엇이 태어나는 끝없는 변화이며, 또한 세상에 존재하는 것이 시간에 따라 자기 모습을 변용해가는 것을 의미합니다. 나아가 지금까지 없었던 것이 세상에 존재하기 시작한다는 의미이며, 이는 탄생 개념에 가깝습니다. 이에 반해 존재는 이처럼 끝없이 변해가는 세상의 방식에 결코 영향받지 않고, 변함없이 계속 남아 있는 것을 본질로 합니다. 예를 들어, 플라톤은 《티마이오스》에서 "항상 '존재하는' 것, 생성하지 않는 것이란 무엇인가. 그리고 항상 생성하고, 결코 '존재한다'라고 규정되지 않는 것은 무엇인가"라고 질문합니다.[62] 니체도 "존재하는 것은 '생성'하지 않는다. 생성하는 것은 '존재'하지 않는다"라면서 플라톤을 계승합니다.[63] 이와 같이 존재는 항상 '있다'라는 것이며, 생성은 항상 변하기 때문에 '있다'라고 말할 수 없습니다. 하이데거는 존재와 생성의 구별이 서양 사상사를 지배해왔다고 분석하며, 존재가 고정화나 영원화를 본질로 하는 것에 비해 생성은 달라지고, 따라서 다시 파괴하는 것이라고 해석했습니다.[64] 소크라테스 이전 그리스 철학자로는 파르메니데스가 존재를 대표하고, 헤라클레이토스가 생성을 대표합니다.[65]

하이데거는 니체가 존재와 생성을 어떻게 생각했는지에 대해, 니체는 헤라클레이토스 편에 서서 존재보다 생성에 더 높은 가치를 부여했으며,[66] 고정화하여 계속 존재하려는 존재보다 끊임없이 변하고 파괴하면서 만들어가는 생성을 더 근본적으로 생각했다고 고찰했습니다.

그런데 니체의 사색은 스스로를 배신하듯 더 먼 곳까지 가버립니다. 《권력에의 의지》에서 니체는 "생성에 존재의 성격을 '각인'하는 것이 최고의 권력에의 의지이며 모든 것이 회귀한다는 것은 생성의 세계가 존재의 세계로 향하는 극한적 근접"이라고 썼습니다.[67] 이 문장을 보면 존재 쪽이 더 높은 위치에 있는 것처럼 보입니다. 하이데거는 이 서술에 착안해, 애초에 존재보다 생성의 가치가 높다는 전제로 출발한 니체가 결과적으로는 생성을 존재의 지배하에 두었다고 해석합니다. 하이데거는 항상 변화하면서 고정화를 거절하는 생성이 존재를 자신의 영토 안에 가두기 위해 존재를 고정화하는 함정에 빠지면서, 오히려 생성이 고정화의 화신인 존재의 영내에 포섭되어버렸기 때문에 그런 역전이 일어났다고 생각합니다.[68] 이를 '생성자를 존재자로 개주收鑄한다'라고 표현하기도 합니다.[69]

하이데거에 따르면, '존재자란 무엇인가'라는 의문을 탐구하는 것이 유럽의 형이상학이며, 이는 플라톤의 이데아론에서 비롯되었습니다. 얼핏 보면 니체는 생성의 우위를 강조함으로써 형이상학의 전체 역사를 극복하고자 했던 철학자처럼 보이지만, 사실 생성을 존재의 지배하에 둠으로써 유럽 형이상학 역사의 반역자가 아니라 완성자가 되었다는 것이 하이데거의 견해입니다. 나이토 요시오도 하이데거의 고찰을 옹호하면서, 니체의 시도는 "형이상학의 부정이라는 형태로 말해지는 하나의 형이상학이다"라고 정의했습니다.[70] 물론 하이데거 자신은 니체까지 포함된 유럽 형이상학의 틀을 화려하게 벗어나고자 모색했습니다.

니체에 대한 하이데거의 해석은 매혹적이지만, 그 고찰이 타당한지는 분명하지 않습니다. 전체적으로 하이데거 자신의 철학관이 반영되었을 가능성이 있습니다. 이미 말했듯이 저는 '존재하는 그대로의 사람이 되기를 바란다'는 문장에 나타난 '존재'에서 '되고자' 하는 '생성'을 향한 의지 및 그 둘에 대한 사랑이 니체가 도달한 지점이라고 생각합니다. 거기에서는 생성이 존재보다 근본적입니다. 하이데거가 인용한 문장과 '존재하는 그대로의 사람이 되기를 바란다'라는 문장은 모두 1880년대 초에 쓰였습니다. 《자라투스트라》 1부도 같은 시기에 쓰였습니다. 하이데거가 인용한 문장은 유고인 《권력에의 의지》에 나오고, 제가 주목한 문장은 《즐거운 학문》에 나오는데, 니체 자신이 최종으로 확인한 문장은 후자입니다. 이를 고려한다면 역시 '존재하는 그대로의 사람이 되기를 바란다' 쪽이 그 시기 니체가 잠정적으로 내린 결론이었다고 말할 수 있지 않을까요? 따라서 저는 생성과 존재의 관계에 대해서 어디까지나 생성이 근본적이며, 그 위에서 존재와의 긴장 관계를 형성한다고 생각합니다.[71]

그런데 애초에 존재와 생성의 문제는 왜 생기는 걸까요? 만약 세상의 사물을 '존재한다'라는 식으로만 생각하면 그 사물은 '존재한다'라는 형태밖에 취할 수 없으며, 그 사물이 다른 것으로 변화하는 사건을 파악할 수 없습니다. '존재한다'를 고정화나 영속성으로 특징짓는다는 말은 이런 의미입니다. 한편, 만약 세계에서 사물을 '된다'라는 식으로만 생각하면 그 사물은 항상 '계속된다'라는 형태밖에 취할 수 없으며, 애초에 세상에는 무엇도 '존재하지 않는' 상태가 됩니다. 왜냐하면 스나하라 요이치의 말처럼, 생성은 본래 "'존재한다'라는 술어를 붙일 수 있는 자기동일성, 고정성의 성격을 가지지 않"기 때문입니다.[72] 그렇다면 지금 눈앞에 생성하는 모든 것은 원래 있는지 없는지 알 수 없다는 결론이 나옵니다. 붓다의 생각은 후자에 가까우며, 모든 것은 고정된 실체가 없으므로, 있다고도 없다고도 말할 수 없습니다. 하지만 이 깨달음은 우리의 일상적인 인식과 일치하지 않습니다.

이 세상에 나타나는 것은 모두 존재와 생성 양면이 있다는 생각은 쉽게 받아들일 수 있습니다. 하지만 그 두 가지가 어떻게 관련되는지 해명하기는 어렵습니다. 이는 세계의 생명철학이 지금까지 계속 싸워온 문제입니다. 이 논점은 니체의 틀을 넘어서, 일반적으로 '무언가가 존재한다'라는 것의 긍정이란 도대체 무엇인가, '무언가가 된다'라는 것의 긍정이란 도대체 무엇인가에 대한 질문으로 이어집니다. 무엇의 존재를 긍정하는 사상을 채택할 경우, 그 무엇의 내용이 악하더라도 여전히 그 존재를 긍정할 수 있는가 하는 난제가 생깁니다. 이에 대해서는 무언가가 존재하는 것 자체는 긍정하지만, 그 무언가의 내용물이 악한 것까지 긍정할 수는 없기에 그 악이 해소되도록 내용물을 바꿔나가면 된다는 입장이 있습니다. 또 다른 생각으로는, 비록 내용이 악하더라도 그 악이 존재함으로써 비로소 실현되는 선이 있고, 그 선이 실현된 후에는 애초의 악 또한 선을 구성하는 일부로서 긍정적으로 통합된다는 입장이 있습니다. 후자의 입장이 바로 영원회귀 속에 자리 잡은 개개의 악이 커다란 긍정의 일부분으로 거듭난다는 니체의 구상입니다. 이는 또한 왜 선한 신이 세상에 악을 낳았는가라는 질문에 대한 변신론辯神論의 답이기도 합니다. 일반적으로 긍정의 철학은 변신론적 과제를 내포할 수밖에 없습니다.

'무엇이 되는 것'을 긍정하는 데에도 비슷한 질문이 나올 수 있습니다. 예를 들면, 인생이나 세계가 악한 상태가 되는 것도 긍정할 수 있는가 하는 어려운 문제가 생깁니다. 무언가가 선한 상태에서 악한 상태로 되는 것 또한 '그것으로 좋다'며 크게 긍정하는 것이 생성 긍정의 철학일까요? 더 나아가 이들 질문은 '나는 무언가로 존재한다'라는 것의 긍정과 '내가 그 무언가가 된다'라는 것의 긍정이 어떻게 연결되는가 하는 질문을 낳습니다. 이는 니체의 철학이 내포하는 본질적인 논점으로, 탄생 부정 사상을 생각할 때 피할 수 없는 질문입니다. 저는 이 논점의 한 형태를 7장에서 고찰할 예정인데, 그 전에 남은 몇몇 중요한 과제를 간단하게 살펴봤으면 합니다.

5.   니체와 탄생 긍정

　　니체의 철학은 생의 긍정 철학으로 불립니다. 이 세상을 사는 데 큰 '예스'를 준다는 의미에서는 정말 그렇습니다. 그렇다면 니체는 탄생 부정에 대해서 어떻게 생각했을까요? 이것은 어려운 문제입니다. 왜냐하면 니체는 '내가 태어난다'라는 의미의 탄생에 대해서는 깊이 논의하지 않기 때문입니다. 하지만 영원회귀나 운명애의 문맥에서는 내가 이 세상에서 '산다'는 것을 강하게 긍정하고 있으므로, 그 연장선상에서 생각하면 내가 이 세상에 '태어났다'는 것에 대해서도 니체는 긍정적일 거라고 상정해도 좋을 듯합니다.

　　그렇다고 니체가 탄생 부정을 전혀 언급하지 않은 것은 아닙니다. 니체는 스무 살 때 〈메가라의 테오그니스에 대하여 On Theognis of Megara〉라는 논문을 썼습니다.[73] 테오그니스는 이 책 2장에서 소개한 것처럼 '더할 나위 없이 좋은 것은 태어나지 않는 것, 그다음으로 좋은 것은 온 곳으로 빨리 돌아가는 것'이라고 영탄했던 고대 그리스 시인입니다. 그 탄생 부정이라는 주제를 니체는 《비극의 탄생》에서 다뤘습니다. 니체는 그리스 예술에 나타난 아폴론적인 것과 디오니소스적인 것을 구별하면서, 명석하고 절도 있고 균형 잡힌 아폴론적인 것의 깊은 곳에는 "모든 자연을 두루 환희로 채우는 힘찬 봄의 방문"[74]이며 "온갖 가족 생활과 신성한 제도를 유린"[75]하는 극단적인 성적 방종이며 "감미로운 관능 속에 취한 듯 꿈꾸는"[76] 듯한 디오니소스적인 것이 숨어 있다고 주장했습니다.

그리고 감미로운 디오니소스적 세계는 동시에 저주받은 우울한 세계이기도 했습니다. 미다스 왕이 디오니소스의 시종이자 현자인 실레노스에게 "인간에게 최고 최선이 무엇이냐"라고 물었을 때, 실레노스는 "너에게 최선은 도저히 이루어질 수 없는 것, 즉 태어나지 않은 것, 존재하지 않은 것, 무인 것이다. 하지만 너에게 차선은 ― 곧 죽는 것이다"[77]라고 답했다고 니체는 적었습니다.

여기에 테오그니스 등이 즐겨 거론한 고대 그리스 탄생 부정 사상이 나타납니다. 니체는 이런 식으로 탄생 부정 모티프를 언급했는데, 그 이유는 탄생 부정을 거부하기 위해서였습니다. 예를 들면 《권력에의 의지》에서 니체는 "존재보다 비존재가 낫지 않을까라는 질문은 그 자신이 이미 하나의 병, 하나의 쇠퇴를 나타내는 것, 하나의 특이 체질이다"라고 말하면서 고대 그리스의 탄생 부정을 정면으로 거부합니다[78] (다만 니체가 자살을 대체로 긍정적으로 생각했다는 점에는 주의를 기울일 필요가 있습니다).[79]

이 맥락에서 니힐리즘도 파악할 수 있습니다. 레진스터는 '존재하지 않는 편이 낫다'라는 실레노스의 견해에 대해 니체가 붙인 새로운 술어가 니힐리즘이었다고 밝혔습니다.[80] 니체는 '태어나지 않는 게 나았다'라는 고대 그리스의 탄생 부정을 허무주의로 규정하고, 그것을 극복하는 길을 찾고자 했던 것입니다.

니체가 탄생 부정을 각하하는 문장을 하나 더 들어봅시다. 니체는 '일어나는生起 것 중에서 비난할 만한 것은 하나도 없다고 말합니다. "'왜냐하면 일어나지 않았더라면 좋았을 거라고 바라는 행위를 용납할 수 없기 때문이다.' 어느 것이든 모든 것과 결합되어 있기 때문에 무언가를 배제하고 싶다고 바라는 것은 모든 것을 배제하는 것과 같습니다."[81] 부정해야 할 '일어남'은 하나도 없으며, 모든 발생(일어남)은 긍정할 수 있다는 주장입니다. 이 '일어남'에는 '나의 탄생'도 포함됩니다. 이 점은 앞에서 다루었던, 지금 이 순간을 긍정하는 것만으로 모든 고통도 긍정하게 된다는 니체의 견해와 맥이 닿아 있습니다.

이상이 탄생 부정에 관한 니체의 입장입니다. 니체의 철학은 '탄생 긍정 철학'으로 볼 수 있습니다. 탄생 긍정은 '나는 태어나서 정말 다행이다'라고 마음속 깊이 생각하는 것입니다. 저는 탄생 긍정에 '반反—반출생주의 해석'과 '가능 세계 해석' 두 가지가 있다고 생각합니다. 상세한 내용은 7장 및 다른 논문에 맡기기로 하고,[82] 여기에서는 후자의 '가능 세계 해석'을 간단하게 살펴보겠습니다.

'나는 태어나서 정말 다행이다'라는 말은 무슨 뜻일까요? 그에 대한 하나의 답이 탄생 긍정의 가능 세계 해석입니다. 이 해석은 가령 내가 지금보다 두 배의 재산과 두 배의 수명을 갖는 가능 세계를 상정했다고 하더라도, 나는 그 가능 세계에 태어나면 좋았을 것이라고 진심으로 마음속 깊이 바라지는 않는다는 의미입니다. 비록 그런 미끼가 눈앞에 놓였다고 해도 나는 지금의 상태 그대로가 좋다, 이 인생을 살아가기만 하면 된다고 진심으로 바란다면, 나는 현재 상태의 세계에 '태어나서 정말 다행'이라고 마음속 깊이 생각하는 것이고, 이는 탄생 긍정의 한 형태입니다. 이를 다른 각도에서 생각할 수도 있습니다. 즉, 내가 지금 떠안은 심각한 문제, 예를 들면 손발에 장애가 있다거나 파트너가 없다거나 하는 문제가 어느 가능 세계에서는 해결되었다고 가정해봅시다. 그때 설령 그러한 가능 세계를 상정한다고 해도, 그 가능 세계에 태어나기를 진심으로 바라지는 않는 것이 탄생 긍정의 한 형태입니다.[83] 이처럼 탄생 긍정이란 단순히 살면서 즐거운 일이나 기쁜 일이 생겨서 '태어나서 정말 다행이다'라고 생각하는 것과는 전혀 다른 차원에서 성립하는 개념입니다. 이런 점에서 '탄생 긍정 철학'은 삶과 죽음에 대한 철학을 모두 다시 만들어보려는 시도입니다.

이 탄생 긍정의 가능 세계 해석은 니체의 운명애 정식과 같습니다. 《이 사람을 보라》에서 니체는 "어떤 일에 의해서든 실제로 그것이 있는 것과 다른 방식이기를 결코 바라지 않는 것, 과거에도 미래에도 영겁에 걸쳐 절대로"라고 기술했습니다. 비록 어떤 가능 세계가 상정되더라도, 결코 이 현실 세계가 그 가능 세계의 내용으로 치환되기를 바라지 않는다는 말입니다. 이 말을 탄생 긍정에 대한 가능 세계 해석의 눈으로 보면, 설령 어떤 가능 세계가 상정되더라도, 나는 결코 내가 '실제로 태어난' 현실 세계가 가능 세계로 치환되기를 바라지 않는다는 것입니다. 니체의 말법을 따라 해보자면, '무슨 일이든 관계없이 실제로 그것이 있는 것과 다른 방식인 인생으로 태어나고 싶다는 생각을 결코 하지 않는 것'입니다. 즉, 탄생 긍정의 가능 세계 해석은 니체가 운명애에 대해 말한 문장에서 존재에 관한 부분을 탄생으로 대체한 것입니다. 니체는 운명애를 탄생의 맥락에서 말하지는 않았지만, 가능 세계 개념을 사이에 끼움으로써 운명애는 탄생 긍정과 곧바로 연결됩니다. 설령 니체가 운명애에 대해서 '무슨 일이 건 관계없이 실제로 그것이 있는 것과는 다른 방식인 인생으로 태어나고 싶다는 생각을 결코 하지 않는 것'이라고 말하더라도 니체의 철학 전체 틀과 큰 모순이 생기지는 않습니다. 이런 의미에서 저는 니체를 실질적인 탄생 긍정의 철학자라고 불러도 무방하다고 생각합니다. 니체는 삶을 긍정하고 생성을 긍정하며 그 귀결로 탄생 또한 긍정하는 방향을 제시했습니다. 니체는 쇼펜하우어의 탄생 부정 철학으로부터 큰 영향을 받으면서도 실로 정반대의 결론에 이르렀습니다.

그러나 여전히 니체가 탄생 긍정에 대해 직접적으로 말하지 않는다는 점을 다시 한번 인식해야 합니다. 직접적으로 말하지 않은 이유 중 하나는 반출생주의에서 포착되는 탄생 개념이 영원회귀 사상과 잘 맞지 않기 때문입니다. 즉, 내가 이 세계에 태어나는 것은 한 번뿐인 사건이지만, 영원회귀 사상에서는 그 한 번뿐인 나의 탄생이라는 사건이, 과거로 향하건 미래로 향하건 영원히 반복되기 때문입니다. 여기서는 한 번뿐인 사건이 영원히 반복되는 일이 모순 없이 성립합니다. 이렇게 영원회귀 세계에서는 내 탄생의 일회성과 대체 불가성이 필연적으로 끝없이 희미해집니다. 영원회귀 세계에서 나의 탄생은 한없이 반복될 수많은 생성과 소멸 중 기껏해야 하나의 생성이라는 지위로 밀려납니다. 이미 일어난 한 번뿐인 나의 탄생, 그리고 앞으로 일어날 한 번뿐인 나의 죽음, 그 유일한 절대적인 사건의 본질이 무엇인가 하는 문제를 영원회귀 틀 안에서 설정하기는 어렵습니다.[84] 피에르 클로소프스키도 같은 지적을 하면서, 영원회귀란 "사건에서 그 '한 번뿐인 결정적으로'라는 성격을 빼앗기 위한 '술책'이다"라고 정의했습니다.[85] 그러나 반대로 한 번뿐인 사건이 영원히 반복되더라도, 그 일회성은 전혀 상실되지 않을 뿐만 아니라 오히려 빛나기 시작한다는 점이야말로 영원회귀의 핵심적인 의의라는 입장도 있습니다. 오히려 이런 입장이 지극히 니체에 가깝습니다. 이 입장에서 보면 영원회귀의 본질은 무한한 회귀가 사건마다 일회성과 대체 불가성을 이끈다는 데 있습니다. 여기에서 일회성이 영원한 회귀에 의해서만 더욱 뚜렷해진다는 세계관을 도출할 수 있습니다. 니체는 그 사유를 신의 부재 상태에서 시행하고 있습니다. 전인미답의 철학 영역이 펼쳐진 현장입니다.

탄생이 표면적으로 논의되지 않는 점은 운명애에서도 마찬가지이며, 거기에서는 내가 탄생한 것 자체는 의문을 가질 필요가 없다고 취급됩니다. 왜냐하면 탄생은 부정할 수 없는 필연성이자, 구체적인 운명적 사건이 그 위에서 춤추는, 운명의 기반이기 때문입니다. 니체의 운명애에 대한 사색에서의 불가사의는 탄생 자체를 고찰하지 않으면서 탄생 긍정의 가능 세계 해석 같은 내용을 제창했다는 데 있습니다.

영원회귀와 운명애에 대해 좀 더 고찰해봅시다. 이미 말했듯이, 우주가 영원회귀한다고 상정한다면 이 순간을 구성하는 세계의 현상이 몇 번이라도 회귀할 뿐만 아니라, 이 순간을 준비했던 과거 세계의 현상 역시 몇 번이라도 회귀합니다.

니체는 이 순간이 수차례 회귀하더라도 그 순간을 향해 '예스'라고 말할 수 있도록 살아가라고 설파했습니다. 그렇다면 이 순간을 준비했던 과거 사건들이 같은 순서로 수차례 이 우주로 회귀하는 것에 대해서도 '예스'라고 말할 수 있어야 합니다. 두 번 다시 경험하고 싶지 않고 눈을 돌리고 싶은 비참한 과거의 사건들에 대해서도 "그 일들이여, 몇 번이라도 이 우주로 돌아오라" 하고 말하지 않으면 안 됩니다. 예를 들어 이 책을 출판하는 데 기반이 된 지금 일본의 번

영, 그리고 그 번영을 준비했던 고도 경제성장, 그리고 그 고도 경제성장을 준비했던 전후의 불타는 들판, 그리고 그 불타는 들판을 만들어낸 도쿄 대공습이나 히로시마와 나가사키 원폭 투하로 벌어진 무참한 수많은 죽음, 그리고 그것을 준비했던 일본군의 중국 침략과 대량 살육, 그 사건들 모두에 대해 나는 "몇 번이라도 이 우주로 돌아오라"라고 긍정하고 욕심내지 않으면 안 된다는 말입니다.[86]

즉, 영원회귀 사상은 과거에 일어난 비참이나 악, 고통, 가해에 대해 그와 완전히 같은 사건이 미래에 다시 몇 번이라도 일어나길 바라는 것입니다.[87] 저는 이런 사상을 받아들일 수 없습니다. 비록 과거에 일어난 비참한 사건을 지금 시점에서 되돌아보고 긍정하더라도, 그 사건이 미래에 반복되는 것을 인정하기는 어렵습니다. 하물며 그런 일이 미래에 반복되기를 '바란다'는 태도는 용인하기 어렵습니다. 그러나 영원회귀 사상에서는 과거에 일어난 비참한 일이 그대로 미래에 반복되는 것을 '바란다'고 대답할 수밖에 없습니다. 만약 그것을 원하지 않는다면 영원회귀의 사상이 아닙니다.

제가 영원회귀 사상을 받아들인다면, '나는 지금 이 순간이 몇 번이라도 우주에 회귀한다고 해도 그것이 다행이라고 생각할 수 있도록 살아야 한다'라는 사상으로 희석되었을 때일 뿐입니다. 그 조건에서 저는 지금 이 순간을 진심으로 긍정할 수 있는 삶의 방식을 지향하면서, 동시에 지금 이 순간을 준비한 과거의 비참한 사건에 대해 되돌아보고 긍정할 수 있습니다. 또한 그런 일이 미래에 다시 같은 내용으로 반복되는 것에 대해서는 완전히 거부하는 태도를 관철할 수 있습니다. 예를 들어 과거의 도쿄 대공습이나 원폭 투하에 대해서는, 그 사건들이 저의 탄생과 현재의 우리 사회를 준비했기 때문에 지금 되돌아보고 그 일들이 일어난 것을 긍정할 수도 있겠지만, 미래에 도쿄 대공습이나 원폭 투하가 결코 다시 일어나서는 안 된다고 확신합니다.[88] 하지만 이런 생각은 더 이상 영원회귀 사상이 아닙니다.

오히려 이는 니체의 또 다른 주요 개념인 운명애와 비슷해집니다. 운명애란 사물이 이러한 상태인 필연성 및 이렇게 되는 필연성을 사랑하는 것입니다. 운명애는 과거에 대해서는 이미 일어난 일을, 현재에 대해서는 지금 일어나고 있는 일을 받아들여 사랑한다는 뜻이지만, 미래에 대해서는 사랑하는 대상이 분명하지 않습니다. 만약 내가 뭔가 구체적인 내용을 가진 미래, 가령 전쟁이 일어나지 않는 평화로운 미래를 원한다면 이를 운명애의 태도라고 말할 수 없는 걸까요? 직관적으로 말하면, 미래에 대해서 주체적으로 역사를 창조할 수는 없으므로 지금 일어나는 일과 이미 일어난 일을 받아들여 사랑하는 것이 운명애의 태도입니다. 하지만 상식적으로 생각하면 미래를 주체적으로 창조하는 것을 '운명에 대한 사랑'이라고 부르지는 않을 겁니다. 미래를 사랑한다는 것은 아직 운명이나 필연성이 성립하지 않은 '미지의 가능성'을 사랑하는 것처럼 여겨지기 때문입니다. 그렇지만 저는 반대로, 앞에서 말한 것처럼, 미래의 필연성에 대한 사랑은 비록 내 인생에 어떤 일이 일어나더라도 나는 앞으로 일어날 모든 일을 '이것으로 다행이다'라고 받아들이고 긍정하려는 결의라고 생각합니다.

여기에서 이리후지 모토요시의 독창적인 운명론 철학을 참고해보겠습니다. 이리후지는 시간의 흐름에 따라 미래가 현재로 '될' 때 그 '됨'의 상대적인 측면과 절대적인 측면을 구별합니다. '됨'의 상대적인 측면은 구체적으로 미래에서 현재로 현실화하는 내용과 관련되는데, 이렇게 될 가능성도 있고 저렇게 될 가능성도 있지만 현실은 이렇게 되었다는 측면을 가리킵니다. 이에 비해 '됨'의 절대적인 측면은 구체적으로 미래에서 현재로 현실화하는 내용과는 무관하게 '설령 어떤 내용이 현재로 현실화하건 관계없이 반드시 무언가가 미래에서 현재로 현실화하며, 그렇게 되지 않는 일은 없다'라는 측면을 말합니다. 이는 무언가가 미래에서 현재로 현실화할 때 필연적으로 성립하는 성질이기 때문에, 이리후지는 그것을 '절대적'이라고 부릅니다.[89] 이 논의는 현재 사건이 과거 사건이 '될' 때도 해당합니다.

이런 관점에서 보면, 운명애는 현재 일어나고 있는 사건이 과거의 사건이 되는 필연성과, 무언가가 미래에서 현재로 현실화하는 필연성, 두 가지 필연성을 사랑하는 것입니다.

우선 전자의 필연성에 대해서는, 현재 일어나고 있는 구체적인 내용을 가진 일이 반드시 그 내용 그대로 과거의 일이 된다는 상대적인 필연성과, 현재 구체적으로 일어나고 있는 내용과는 관계없이 현재 일어나는 일은 반드시 과거의 일이 되며 그렇지 않은 경우가 없다는 절대적인 필연성으로 분리할 수 있습니다. 그리고 운명애는 이 두 종류의 필연성을 함께 사랑하는 것을 말합니다.

다음으로 후자의 필연성에 대해서는, 구체적인 내용을 가진 몇 가지 가능성 중 어느 하나의 구체적인 내용이 미래에서 현재로 현실화한다는 상대적인 필연성과 설령 어떤 내용이 현재로 현실화하건 무언가가 반드시 미래에서 현재로 현실화하기 때문에 그렇지 않은 경우는 없다는 절대적인 필연성으로 분리할 수 있습니다. 그리고 운명애는 후자인 절대적인 필연성은 사랑하지만, 전자인 상대적인 필연성을 반드시 사랑하지는 않습니다. 왜 상대적인 필연성을 반드시 사랑하지는 않는가 하면, 미래에 있을 몇 가지 구체적인 선택지 중에서 어떻게든 일어나지 않았으면 하는 구체적인 선택지(예를 들어 전쟁 등)가 있었다면, 나는 그것을 포함한 가능성 전체를 사랑할 수는 없기 때문입니다. 일단 전쟁이 벌어지면 나중에 그 상황을 되돌아보고 사랑할 수 있을지는 몰라도, 앞으로 전쟁이 일어날지도 모를 때 그 선택지를 포함한 가능성 전체를 반드시 사랑할 수는 없다는 비대칭성이 여기에 존재합니다.

이렇게 생각하면 운명애란 과거와 미래는 물론 모든 시제에 걸쳐 절대적 필연성을 사랑하는 것입니다. 한편, 상대적인 필연성에 대해서는, 과거의 상대적인 필연성은 사랑하지만 미래의 상대적인 필연성을 반드시 사랑하지는 않습니다. 즉, 미래의 구체적인 선택지 중 어느 것을 현재에 현실화시킬지를 내가 주체적으로 개입할 수 있으며 이런 행위가 미래의 절대적인 필연성에 대한 사랑과 모순되지 않습니다. 여기에 필연성을 사랑하면서도 주체적으로 미래에 개입하는 것을 용인하는 운명애 개념이 분명하게 성립합니다.[90] 이상이 제가 운명애에서 필연성을 파악하는 방법입니다.[91]

이와 같은 사고방식은 니체가 생각했던 운명애에서 필연성의 이미지와는 근본적으로 다를 겁니다. 왜냐하면 니체는 운명애와 영원회귀 사상을 한 묶음으로 생각했을 테니, 영원회귀 사상의 근간인 '설령 과거에 일어난 비참한 사건일지라도 그런 사건이 장래에 계속 일어나기를 바라는 것'을 포기할 가능성이 없기 때문입니다.

다시 한번 강조하지만, 우리가 이미 일어난 비참한 일들을 지금 되돌아보고 긍정할 수는 있어도, 그런 일들이 미래에 다시 한번 같은 내용으로 반복되는 것까지 긍정하거나 바라서는 안 된다고 생각합니다. 그렇다면 이 영원회귀의 사상을 버리고 대신 운명애만 채용하면 어떨까요? 즉, 세상이나 인생에 대해 '실제로 지금 있는 상태와 다른 형태이기를 절대 바라지 않는' 것을 '운명애'라고 부르고, 운명애를 '영원회귀' 사상에서 분리해서 취사선택할 수는 있습니다. 이렇게 재단한 운명애는 영원회귀 사상 없이도 그 자체로 매력적인 빛을 발하며 우리 마음에 강하게 호소합니다.

그러나 이와 같은 운명애의 환골탈태 역시 같은 이유로 니체 철학을 배신합니다. 왜냐하면 운명애는 영원회귀라는 전제가 있어야 성립하기 때문이며, 영원회귀를 빼앗겨 희석된 운명애는 니체의 구상과 전혀 달라져버리기 때문입니다.

하지만 저는 여전히 니체의 운명애에서 가능성을 찾고 싶습니다. 그것은 운명애에 내포한 탄생 긍정의 가능성입니다. 즉, '실제로 지금 존재하는 상태와 다른 형태였으면 좋겠다는 생각을 절대 하지 않는다'라는 운명애의 명제를 탄생 긍정으로 해석하여, 탄생 부정을 극복하는 길로 연결할 가능성입니다. 이는 '태어난' 운명과 필연성을 사랑할 수 있느냐는 물음이며, 한 걸음 더 나아가 '태어나지 않는 게 나았다'라고 생각할 수밖에 없는 삶이더라도 그 삶을 사랑할 수 있느냐는 물음입니다. 만약 그렇게 할 수 있다면 그것이야말로 탄생 긍정의 의미라고 생각합니다. 이는 레진스터가 니체로부터 '생의 긍정the affirmation of life'이라는 이름으로 끌어내려 한 것을, '탄생 긍정birth affirmation' 방향으로 전개하는 일입니다. 니체 역시 이 길을 지지했을 겁니다. 왜냐하면 이 일은 니체를 넘어 더 멀리 나아가는 것이기 때문입니다.

　니체는 《서광》(우리나라에서는 《아침놀》이라는 제목으로 출간되었다. ―옮긴이)에서 멀리 대담하게 날아가려는 새들도 언젠가 지쳐서 더 이상 날지 못하고 암초에 내려앉을 때가 온다고 말합니다. 위대한 선구자들 모두 그러했습니다. "나도 너도 그렇게 될 거야! 하지만 그게 나나 너에게 무슨 상관이 있겠어! '다른 새들이 더 멀리 날아갈 거야!'"[92] 용기를 북돋아주는 이 말은 니체가 후대 사색자에게 건네는 격려처럼 들립니다. 우리는 이 말을 진정으로 받아들이고 니체가 도달하지 못한 지평으로 날아가야 합니다.

7장

탄생을 긍정하기, 생명을 철학하기

1. 탄생해악론에 대한 재고

 니체 철학을 고찰하는 과정에서, 전통적인 존재와 생성 문제가 드러났습니다. 즉 '무언가로 있는' 것과 '무엇이 되는' 것이 뚜렷이 구별된다는 점입니다. 존재와 생성이 다르다는 관점에서 베네타의 논의를 보면 무엇을 알 수 있을까요?
 베네타의 탄생해악론을 간단히 정리하면 다음과 같습니다. 먼저 어떤 사람이 존재하는 경우를 생각해봅시다. 이때 존재하는 사람은 고통을 느낄 때와 쾌락을 느낄 때가 있습니다. 다음으로 어떤 사람이 존재하지 않는 경우를 생각해봅시다. 이때는 그 사람이 존재하지 않기 때문에 고통을 느끼지 않고, 쾌락도 느끼지 않습니다. 만약 어떤 사람이 존재하면서 고통이나 쾌락을 느끼는 경우와 어떤 사람이 존재하지 않아서 고통도 쾌락도 느끼지 않는 경우를 비교한다면, 어떤 사람이 존재하면서 고통이나 쾌락을 느끼는 경우보다 어떤 사람이 존재하지 않기 때문에 고통도 쾌락도 느끼지 못하는 경우가 '더 좋은' 것이 됩니다(그 이유는 2장에서 설명했습니다). 즉, 사람이 존재하는 경우와 존재하지 않는 경우를 비교하면, 사람이 존재하는 것보다 존재하지 않는 편이 '더 좋다'이며, 반대로 사람이 존재하지 않는 것보다 존재하는 편이 '더 나쁘다'라는 말이 됩니다. 여기까지가 베네타가 펼친 논의의 전반前半입니다. 이는 존재의 선악에 대한 논의이므로, 저는 '탄생해악론의 존재 명제'라고 부르고 싶습니다.

베네타는 여기에서 한 걸음 더 나아갑니다. 사람이 존재하지 않는 것보다 존재하는 것이 '더 나쁘다'이므로 사람이 태어나는 것은 항상 해악이라는 결론이 나옵니다. 즉 사람이 태어나는 것보다 태어나지 않는 것이 더 좋다는 말이 됩니다. 이것이 베네타가 펼친 논의의 후반(後半)입니다. 이는 탄생의 선악에 대한 논의이므로, 저는 '탄생해악론의 생성 명제'라고 불렀으면 합니다. 비존재가 존재로 생성되는 것의 선악을 따지고 있기 때문입니다.

2. 선에서 악이 생겨나는 것은 악인가

이를 바탕으로 베네타의 논의를 다시 정리하면 다음과 같습니다.

- 탄생해악론의 존재 명제
  사람이 존재하지 않는 것보다 사람이 존재하는 것이 '더 나쁘다'.
  사람이 존재하는 것보다 사람이 존재하지 않는 것이 '더 좋다'.

- 탄생해악론의 생성 명제
  사람이 태어나지 않는 것보다 사람이 태어나는 것이 '더 나쁘다'.
  사람이 태어나는 것보다 사람이 태어나지 않는 것이 '더 좋다'.

베네타는 '탄생해악론의 존재 명제'가 옳다면 거기에서 '탄생해악론의 생성 명제'가 옳다는 결론이 도출된다고 말합니다. 다만 베네타는 왜 그런 도출이 옳은지 논증하지는 않았습니다. 저는 탄생해악론의 존재 명제에서 반드시 탄생해악론의 생성 명제가 도출된다고 생각하지 않습니다.[1] 베네타의 오류는 원래 도출할 수 없는 것을 도출할 수 있다고 직관하고 논의를 진행한 데 있습니다. 아래에서 그 부분을 고찰해보겠습니다.[2]

그 고찰을 진행하기 전에 용어법에 대해 설명합니다. 일본어에는 비교급의 '더 좋은'과 '더 나쁜'을 간결하게 나타내는 단어가 없어서 여기에서는 '선'이라는 단어를 '더 좋은 것', '악'이라는 단어를 '더 나쁜 것'을 나타낼 때 사용하겠습니다. 베네타는 사람이 존재할 때와 사람이 존재하지 않을 때를 비교하는 장면에서 항상 어느 쪽이 '더 좋은가' 혹은 '더 나쁜가'라며 상대적인 선악에 대해 논의합니다. 그러므로 앞으로 고찰에서 잠정적으로 '더 좋은 것'을 '선', '더 나쁜 것'을 '악'이라고 표기해도 큰 문제는 없다고 생각합니다.[3] 다만 여기에서 고찰할 때 말고는 이렇게 단어를 대체해서 표기하지는 않습니다. 또한 여기에서도 문맥에 따라 '더 좋다' '더 나쁘다'라고 표기한 곳도 있습니다.

그런데 베네타는 '사람이 존재하지 않는 선의 상태(더 좋은 상태)'로부터 '사람이 존재하는 악의 상태(더 나쁜 상태)'가 생성하는 것은 악(생성하지 않는 것과 비교해서 더 나쁘다)이라고 주장합니다.[4] 이는 '선으로부터 악이 생성하는 것은 악이다(더 좋은 상태로부터 더 나쁜 상태가 생성하는 것은, 그것이 생성하지 않는 것에 비해 더 나쁘다)'라는 한층 더 일반화된 명제의 한 변형입니다.

베네타의 논의를 검토하기 전에 이 일반 명제, 즉 '선으로부터 악이 생성하는 것은 악'이라는 명제와 그 반대인 '악으로부터 선이 생성하는 것은 선'이라는 명제에 대해 간단히 고찰해보겠습니다. 이 과정을 통해 베네타의 논의가 지닌 함정을 쉽게 확인할 수 있기 때문입니다.

예를 들면, 사람은 행복에 가득 찬 선의 상태(더 좋은 상태)를 굳이 포기하고서라도 스스로 절망적인 악의 상황(더 나쁜 상태)으로 나아가는 길을 선택하기도 합니다. 그 사람에게는 절망적인 상황으로 침체하는 과정 자체가 매혹적으로 다가왔기 때문입니다. 행복에서 절망으로의 전이를 어리석다고는 할 수 있지만, 그 사람에게는 반드시 악(더 나쁘다)이라고 말할 수는 없습니다. 문학작품에서 자주 그려지는 그대로 말입니다. 또한 미학의 영역이겠지만, 아름다운 상태에서 추악한 상태로의 전이를 퇴락이라고 말하는 게 당연할 것 같아도, 이 세상에는 아름다운 것이 추악하게 되어가는 '미'도 존재합니다. 이처럼 전이된 상태의 존재 가치와, 전이된 상태의 존재로 생성한다는 것의 가치가 반드시 일치하지는 않습니다.

이상을 염두에 두고 '악의 상태에서 선의 상태가 생성되는 것은 선인가(더 나쁜 상태에서 더 좋은 상태가 생성되는 것은 더 좋은 것일까)'라는 물음과 '선의 상태에서 악의 상태가 생성되는 것은 악인가(더 좋은 상태에서 더 나쁜 상태가 생성되는 것은 더 나쁜 것일까)'라는 물음에 대해 먼저 생각해보겠습니다.

첫째, 악의 상태에서 선의 상태가 생성되는 경우를 생각해봅시다. 예를 들어, 돈이 없어 최소한의 문화적 생활도 못하던 내가 어느 날 복권이 당첨되어 부자가 됐다고 가정해봅시다. 이 경우 가난한 나는 악의 상태이고, 부자인 나는 선의 상태라고 조정措定하겠습니다. 이때 복권 당첨은 악의 상태에서 선의 상태로 전이되는 것이어서 '좋은 것'처럼 보입니다. 그러나 반드시 그렇지만은 않습니다.

쉽게 상상할 수 있듯이, 복권이 당첨돼 커다란 부를 손에 넣었다가 불행해지는 경우도 많습니다. 그전에는 가난했기 때문에 물욕이 별로 없었지만, 갑자기 많은 돈을 쓰게 되면서 자신 안에 잠자던 물욕이 깨어나 원하는 것을 계속 사지 않으면 만족할 수 없는 인간으로 변해버립니다. 그때 나는 '아, 내가 처음부터 부자였으면 좋았을 텐데. 가난한 상태에서 부자 상태로 생성하는 것은 전혀 좋지 않아'라고 생각할 겁니다.

돈을 자유롭게 사용할 수 없는 악의 상태로부터 돈을 자유롭게 쓸 수 있는 선의 상태로 생성되었는데, 나는 그 생성에 수반되는 물욕에 휘둘려 생성 자체를 전혀 좋은 일로 받아들이지 못합니다.

물론 이 경우에 부자가 되어 물욕에 휘둘린다면 애초에 선의 상태가 아니라고 반론할 수도 있습니다. 그렇지만 처음 조정했던 선의 상태는 문제없이 달성되었다고 봐야 합니다. 이 부분에서 초점은 선의 상태가 달성되었음에도, 그 선의 상태로의 생성을 '좋은 것'으로 여기지 않는다는 점입니다. 이에 대해 애초의 조정 자체가 느슨했으며, 처음부터 물욕의 출현에 대해 상상했어야 한다는 반론을 제기할 수 있습니다. 그렇지만 만약 처음부터 '물욕이 출현하지 않고 부자가 된다'라고 선의 상태를 조정했다 하더라도, 실제로 그 상태로 생성해보면 애초 조정하지 않았던 다른 요인이 출현해 그 생성을 좋은 일이라고 생각하지 않게 만들 가능성이 있습니다.[5] 이 연쇄는 무한히 계속될 수 있기 때문에 그 연쇄 항목 모두를 없애지 않는 한 반론은 흐지부지되고 맙니다.

즉, 돈을 많이 가진 상태를 정적으로 분리해서 보면(=존재) 선이 었는데, 가난한 상태에서 돈을 많이 가진 상태가 되는 동적인 프로세스(=생성)를 전체적으로 본다면 꼭 선이라고 할 수 없는 경우가 존재합니다. 따라서 악의 상태로부터 선의 상태가 생성되는 경우를 반드시 선이라고 할 수는 없습니다.[6]

둘째, 선의 상태에서 악의 상태가 생성되는 경우를 생각해봅시다. 가령 내가 노년기에 이르러 과업이 완성되고 삶의 절정 상태이며 더할 나위 없는 성취에 행복해하고 있다고 가정해보겠습니다. 이는 선의 상태입니다. 나는 마치 높은 산 정상에 올라 주위를 내려다보는 듯한 상태입니다. 그리고 이 산 정상이 최고이며, 이제 나에게 남은 일은 오직 산 정상에서 내려가는 것뿐입니다. 산을 다 내려가서 다다른 곳에는 육체도 정신도 썩어 무너진 황량한 삶의 풍경이 펼쳐집니다. 이것은 악의 상태입니다. 인생 노년의 산꼭대기에서 밑바닥으로 내려가는 일은 선의 상태에서 악의 상태로 전이되는 것이므로 나쁜 일처럼 보입니다. 그러나 꼭 그렇지만은 않습니다.

　노년의 절정기에 느끼는 더없는 성취와 행복을 양식으로 삼아 인생의 마지막 가파른 내리막길을 '이걸로 됐다'라고 생각하며 내려가는 이들에게는 비록 그 앞에 썩어 무너진 악의 상태가 예정되었더라도 반드시 악이라고 할 수 없습니다. 왜냐하면 나는 절정기에서 가장 멋진 시간을 맛보았고, '이걸로 됐다'라고 깊이 체험했기 때문입니다. 그 체험은 내가 앞으로 만나게 될 모든 필연적인 인생의 종막을, '이걸로 됐다'라는 태도로 받아들입니다. 분명 가파른 내리막길은 썩어 무너진 악의 상태이지만, '이걸로 됐다'는 생각을 품은 나에게는 악의 상태로 생성하는 것 또한 '이걸로 됐다'이며, 결코 악의 상태는 아닙니다.

　정리하면, 이 경우에는 노년의 절정기인 선의 상태로부터 썩어 무너진 악의 상태로 생성되는데, 내가 인생의 절정기에 체험한 '이걸로 됐다'라는 생각에 따라 악의 상태로의 생성 자체를 '나쁜 일'이라고 보지 않습니다.

　물론 노년의 절정기에서 완만하게 내려와 건강한 노후를 보낸다면 더 좋은 일이고, 그에 비하면 썩어 무너진 악의 상태가 되는 것은 더 나쁜 일이라는 반론이 제기될 수 있습니다. 그러나 그것은 전이된 상태의 선악을 비교하는 것일 뿐, 물어야 할 논점을 빗나갑니다. 여기서 물어야 하는 바는 인생의 절정기에서 내려가는 상태의 선악입니다. 그때 노년의 절정기에서 건강한 상태로 내려가는 것을 진정으로 전혀 나쁘지 않다고 생각할 수 있으며, 썩어 무너진 상태로 내려가는 것 또한 진심으로 전혀 나쁘지 않다고 생각할 수 있습니다.

다시 말해 썩어 무너진 상태를 정적으로 분리해서 볼 때(=존재) 그것이 악이었다고 해도, 노년의 절정기로부터 썩어 무너진 상태가 되는 동적인 프로세스(=생성)를 전체적으로 본다면 반드시 악이 되지 않는 경우가 존재합니다. 이처럼 선의 상태로부터 악의 상태가 생성되는 경우를 반드시 악이라고 할 수는 없습니다.

이와 관련해 저는 《자라투스트라》 첫머리에서 자라투스트라가 스스로의 의지로 산을 내려가 '몰락'하기로 선택한 장면이 떠오릅니다.[7] 또한 붓다가 열반을 이룬 후에 그 열반을 일단 해제하고 사람들의 고통 세계로 내려와 법을 설파했다는 일화가 연상됩니다. 자라투스트라에게 하찮은 자들의 세계는 악이며, 붓다에게도 괴로움으로 가득 찬 세계는 이탈해야 할 곳이므로 악이라고 불러도 무방합니다. 그러나 그들이 악의 세계로 내려가는 것, 즉 악의 세계로 '생성'하는 것은 결코 악이 아닙니다.

이상과 같이 악에서 선이 생성하는 상태가 반드시 선은 아니며, 선에서 악이 생성하는 상태 또한 반드시 악은 아닙니다. 존재에 대한 선악의 가치판단과 생성에 대한 선악의 가치판단은 전혀 다른 차원에서 생각해야 하며, 그 두 판단을 직결해서는 안 됩니다.

위에서 언급한 두 가지 사례는 이미 어떤 상태로 존재하는 사람이 다른 상태의 존재로 생성하는 경우였습니다. 그렇다면 베네타의 탄생해악론에서 말하는 비존재로부터 존재로 생성하는 상태에 대해 똑같은 사고실험을 해본다면 어떨까요?

먼저, 베네타는 어떤 사람이 존재하지 않는 것이 존재하는 것보다 낫다고 주장합니다. 그리고 '어떤 사람이 존재하지 않는다는 선의 상태'에서 '어떤 사람이 존재한다는 악의 상태'가 생성하는 것은 그 사람에게 악이라고 결론짓습니다. 여기서 조심해야 할 점은 탄생해악론에서는 어떤 존재가 다른 존재로 생성하는 상태의 선악을 따지는 게 아니라, 비존재로부터 존재가 생성하는 상태의 선악을 따진다는 것입니다. 따라서 앞의 두 가지 논의를 당장 여기에 적용할 수는 없습니다.

여기서 저의 논점을 명확히 해두고 싶습니다. 제가 논의하는 지점은 '나'라는 주체가 존재하지 않는 상태에서 '나'라는 주체가 존재하는 상태로 생성하는 경우가 선인가 악인가 하는 문제입니다. 이는 이 책의 주제인 '나는 태어나지 않는 게 나았다'에 대한 대답이기도 합니다. 베네타는 '어떤 사람'이라는 식으로 일반화해 고찰했지만, 저는 '나'라고 한정해서 고찰합니다.[8] 베네타가 말하는 '어떤 사람'은 '나'를 포함하기 때문에, 만약 탄생해악론이 '나'의 경우에서 성립하지 않으면 베네타의 탄생해악론이 전체적으로 붕괴함을 의미합니다.

베네타의 탄생해악론을 '나'의 경우에 적용하면, 내가 존재하지 않는 것은 내가 존재하는 것보다 낫기 때문에, 나의 비존재라는 선으로부터 나의 존재라는 악이 생성하는 것, 즉 내가 태어나는 것은 악이라는 결론에 이릅니다.

여기에서 가장 중요한 점은 다음과 같습니다. 즉, 내가 태어날 경우, 내가 태어나는 사건에 의해 비로소 '태어난 것의 선악을 판단하는 주체'가 이 세상에 존재하게 된다는 점입니다. 나라는 주체가 우주 바깥 어딘가에 존재하고, 거기에서 봤을 때 '내가 태어나지 않을 경우의 선악'과 '내가 태어날 경우의 선악'을 판단하는 방식은 성립하지 않습니다. 이 부분이 결정적이며, 베네타는 탄생해악론에서 이 논점을 놓치고 있습니다. 이 점을 파고들어 봅시다.

베네타는 내가 존재할 경우의 선악에 대해서는 쾌락과 고통이 있느냐 없느냐를 기준으로 논의하고, 내가 존재하지 않을 경우의 선악에 대해서는 '만약 내가 사실과 반대로 존재하지 않았다면 어떻게 되겠는가'라는 반사실 조건법으로 논의합니다.[9] 저는 후자에서 베네타가 반사실 조건법을 취한 데 큰 허점이 있다고 생각하지만, 그에 대해서는 다른 논문에서 비판하기로 하고, 여기에서는 백 보 양보해 그의 논의가 옳다고 가정해보겠습니다.[10] 그러면 내가 존재하지 않는 것은 선이고, 내가 존재하는 것은 악이라는 결론이 도출됩니다. 나는 이미 존재하기 때문에 존재하는 내 상태에 대해 선악을 판단할 수 있으며, 내가 존재하지 않는 상태에 대해서도 내 비존재를 반사실적으로 상상해보면서 선악을 판단할 수 있습니다. 어떤 판단도 지금 여기에 존재하는 나에 의해 수행할 수 있습니다.

그렇지만 내가 이 세상에 태어나는 생성 자체의 선악에 대해서, 지금 여기에 존재하는 내가 판단하기는 불가능합니다. 베네타가 최종적으로 묻는 것은 내가 태어난 것(생성)과 내가 태어나지 않은 것(비생성) 두 가지를 비교했을 때, 어느 쪽이 '더 좋은가'라는 문제입니다. 이 둘을 비교하기 위해서는 내가 태어난 것의 선악을 판단하고, 다음으로 내가 태어나지 않은 것의 선악을 판단한 뒤 그 둘을 비교해야 하는데, 이는 불가능합니다. 왜냐하면 후자의 내가 태어나지 않은 상태를 올바르게 조정하기란 논리적으로 불가능하기 때문입니다.

미묘한 점이니 정밀하게 생각해보겠습니다. 내가 존재하지 않는 것이 어떤 상태인지에 대해 지금 여기 존재하는 내가 반사실적으로 상상해볼 수는 있습니다. 가령 '만약 내가 존재하지 않았다면 나는 이런 끔찍한 고통을 견디지 않아도 됐을 것'이라고 반사실적 상상을 해볼 수 있습니다. 그리고 어쩌면 그 반사실적인 상태에 대해 선악을 판단할 수도 있습니다. 그런데 내가 태어나지 않은 것이 어떤 상태인지를 지금 여기 존재하는 내가 반사실적으로 상상해볼 수는 없습니다. 왜냐하면 '만약 내가 태어나지 않았다면'이라는 반사실적 상상을 제대로 완수하려면 지금 여기서 그 상상을 수행하려는 내 존재 역시 지워야 하기 때문입니다. 만약 내가 태어나지 않았다면 나는 지금 여기에 있을 리 없고, 이 질문을 생각하는 것조차 불가능합니다. 내가 태어난 것의 부정을 올바르게 수행하려면, 내가 지금 여기에 존재하면서 이 질문을 생각하는 상태에까지 파급되므로 지금 여기의 나를 부정하지 않을 수 없습니다. 내가 태어난 것에 대한 반사실적 상상은, 그 문제를 판단해야 할 주체인 지금 이곳의 내 존재를 이 세상에서 말소할 것을 요구합니다. 그리고 만약 그 부정이 올바르게 이뤄졌다면 나는 더 이상 그 상태를 상상할 수 없습니다.

'내가 존재하지 않는 것'은 일어날 수 없는 일입니다. 이는 반사실적인 상태이기 때문에 지금 여기에 존재하는 내가 이 상태에서 벗어나 있다고 가상으로 조정하고, 그 상태에 대해 판단할 수 있습니다. 예를 들어, '내가 존재하지 않는다면 내가 어떤 경험도 하지 않는데, 그건 좋은 것인가 나쁜 것인가?'라는 질문에 대해 지금 나는 여기에 존재하면서 유의미하게 생각할 수 있습니다.[11] 그런데 '내가 태어나지 않은 것'은 지금 여기에 있는 내가 따로 벗어나 있다고 가상적으로 조정할 수 없습니다. 왜냐하면 '내가 태어나지 않은 경우'라고 조정하는 즉시 나는 지금 여기의 내 존재 자체를 부정해야 하며, 그 조정을 유의미하게 실행할 수 없기 때문입니다.[12] 정적인 존재의 차원과 달리 동적인 생성의 차원에서 나의 생성 부정은, 그것을 부정하려는 지금 여기 나의 생성마저 부정하기에 이릅니다. 이 점에서 존재와 생성의 결정적 차이를 봐야 합니다.

이를 다른 각도에서 생각해봅시다. 내가 존재하지 않는 우주는 반사실적으로 조정할 수 있습니다. 그런데 내가 태어나지 않은 우주는 조정할 수 없을뿐더러 애초에 말이 안 됩니다. 물론 '내가 태어나지 않은 우주'라는 문장을 쓸 수는 있지만, 그것이 구체적으로 무슨 의미인지 해석할 수 없으며, 그것이 구체적으로 어떤 상태인지 상상해서 선악을 판단할 수도 없습니다. 왜냐하면 그런 상태를 상상하기 위해서는 지금 여기서 그것을 상상하려 하는 나의 부재 상태를 만들어내야 하는데, 그게 불가능하기 때문입니다. 즉, 내가 존재하지 않는 상태에 대한 반사실적 상상의 경우, 지금 여기서 그것을 상상하고 있는 나에게까지 부정의 힘이 미치지 않고, 지금 여기의 나는 바깥쪽 안전지대에서 명제를 방관적으로 고찰할 수 있습니다. 하지만, 내가 태어나지 않은 상태에 대한 반사실적 상상의 경우, 지금 여기서 그것을 상상하고 있는 나에게까지 부정의 힘이 미쳐, 나까지 소거하지 않으면 안 됩니다. 나의 존재를 반사실화할 수는 있지만, 나의 생성을 반사실화할 수는 없습니다. 나는 내 존재의 부정에서 바깥쪽에 설 수 있지만, 내 생성의 부정에서 바깥쪽에 설 수는 없습니다. '생성'이 '생성'인 이유가 바로 여기에 있습니다. 생성은 힘입니다. 우주가 과거에 두 개의 병행 우주로 분기하여 내가 존재하는 우주와 내가 존재하지 않은 채 현재에 이르는 우주로 나뉘었다고 가정해봅시다. 이때 나는 내가 존재하는 우주에 대해 상상할 수 있고, 내가 존재하지 않은 채 지금에 이른 우주에 대해 반사실적으로 상상할 수 있습니다. 하지만 내가 태어나지 않은 우주 같은 것을 상상할 수는 없습니다. 언뜻 생각하면 '내가 태어나지 않은 우주'는 '내가 존재하지 않은 채 지금에 이른 우주'와 같지만, 사실은 전혀 다릅니다. 나는 후자를 상상할 수 있지만 전자를 상상할 수는 없습니다. 전자는 후자와 결코 동일하지 않을뿐더러 애초에 상상조차 불가능한 무언가입니다. 상상하는 것조차 불가능하니 그 상태에 대한 가치 판단이 불가능하며, 그 상태에 대한 선악 판단이 애초에 가능할 리 없습니다. 나의 비존재와 나의 비생성은 본질적으로 다르며, 전자는 조정 가능하지만, 후자는 조정 불가능하다는 명제를 '나의 비존재/비생성 문제'라고 불렀으면 합니다. 이는 새로 발견된 명제일 가능성이 있습니다.[13]

　다시 말하면, '내가 태어나지 않은 것의 선악에 대한 판단을 내가 할 수 없기 때문에, 내가 태어나는 것이 내가 태어나지 않은 것보다 더 나은지 더 나쁜지에 대해서는 어떠한 결론도 도출할 수 없습니다. 이것이 바로 니체가 말하는 '선악의 피안' '생성의 무구'입니다. 즉, 내가 태어나는 것은 내가 태어나지 않은 것에 비해 '더 낫다'도 없고 '더 나쁘다'도 없습니다. 내가 태어나는 것은 선악의 평가 축을 초월한 '선악의 피안'이며, 무엇으로도 더럽힐 수 없는 '무구한 생성'입니다.

이로써 '내가 태어나는 것은 항상 해악이다'라고 확실하게 결론지을 수 있다는 탄생해악론이 논리적인 근거가 없음을 확인했습니다. 왜냐하면 나의 탄생에 관해서, 탄생해악론의 존재 명제로부터 탄생해악론의 생성 명제를 일의적一義的으로 이끌어낼 수 없기 때문입니다. 그리고 베네타가 '어떤 사람이 태어나는 것'의 선악에 대해 논의할 때, 그 '어떤 사람'에는 '나' 또한 분명히 포함되기 때문에, '어떤 사람'이 태어나는 것에 대한 베네타의 탄생해악론 역시 논리적인 근거가 없다는 결론에 이릅니다. 이와 같은 저의 고찰은 베네타의 문제적 발의가 없었다면 수행되지 않았을 것입니다. 베네타의 탄생해악론은 그 문제에 좌절하는 자들의 철학적 사색을 도발하고 발전시킨 진정한 철학적 질문입니다.

여기서 고찰한 제 논의를, 존재와 생성의 차이를 이런 식으로 생각해보면 어떨까 하는 개념 재정의 취지로 받아들여도 좋습니다. 물론, 제가 말한 존재와 생성의 차이를 전혀 인정하지 않을 수도 있습니다. 이 고찰 자체가 명백하게 이제 막 시작하는 단계이기 때문에, 앞으로 논의를 계속해가고 싶습니다.

3. 아이를 낳는 문제를 어떻게 생각해야 할까

　그렇다면 우리가 아이를 세상에 탄생시키는 것의 선악에 대해서는 어떨까요? 베네타의 탄생해악론에는 논리적 근거가 없으니, 그가 주장하는 태아 사망주의나 인류의 단계적 멸종론은 논리적 완결성을 갖추지 못합니다.

　그런데 지구 환경 위기의 시대에 인류는 다음 세대에 양호한 환경을 지속적으로 남겨두어야 한다는 생각이 20세기 후반부터 지지 기반을 넓혀왔습니다. 이 '미래세대 책임론'이 성립하기 위해서는 기본적으로 장래에 양호한 환경의 혜택을 받는 인간이 존재해야 합니다. 인류의 존속이야말로 앞으로의 윤리적 규범이 되어야 한다고 강력하게 제창한 사람이 한스 요나스입니다. 이는 인류 단계적 멸종론과 정반대 주장입니다.

　요나스는 마르틴 하이데거와 루돌프 불트만을 사사한 유대인 철학자입니다. 독일에서 영국으로 망명했고, 2차 세계대전 후에는 미국에서 한나 아렌트와 교류하면서 독창적인 철학을 세웠습니다. 사실 요나스야말로 제가 구축하려는 생명철학의 직접적 창시자입니다. 그는 1966년 저서 《생명이라는 현상*Das Prinzip Leben*》(우리나라에서는 《생명의 원리》라는 제목으로 출간되었다. — 옮긴이)에서 생물 진화와 인간의 자유를 통합적으로 파악하는 생명철학을 전개했고,

1997년 저서 《책임이라는 원리Das Prinzip Verantwortung》(우리나라에서는 《책임의 원리》라는 제목으로 출간되었다. ―옮긴이)에서 미래세대에 대한 책임을 축으로 한 환경철학을 전개했습니다. 또 인체 실험이나 뇌사에 대한 생명윤리학을 개척한 사람이기도 합니다. 더욱 흥미롭게도 요나스는 생애를 걸쳐 그노시스 사상을 연구했으며, 요나스의 연구는 그 분야의 고전으로 인정받습니다.

요나스의 철학에 대해서는 다음에 여러 방식으로 고찰할 예정입니다. 여기에서는 아이를 낳는 것에 관한 요나스의 생각을 간결하게 소개하겠습니다. 요나스는 먼저 지구의 40억 년 생물진화 역사를 생각합니다. 생물의 탄생은 원시 단세포 생물로부터 시작했습니다. 요나스는 세포막을 통한 물질대사를 통해 세포가 스스로를 유지하는 방식에서 이미 '자유'가 싹텄다고 생각합니다. 생물이 진화함에 따라 다양한 생물종이 등장하고, 자유는 고도로 풍부해집니다. 그리고 마지막에 인류가 등장합니다. 인류에 이르러 자유는 최고조에 이르렀습니다. 인류와 다른 생물종은 지구상에서 자유를 다양하게 전개하려는 공동 프로젝트의 동지들입니다.[14]

요나스는 생물진화의 결과로 인류가 스스로 의무를 담당할 수 있는 존재가 되었다고 생각합니다. 그 의무가 무엇인가 하면, 살아 있는 생명들이 상처를 입고 도움을 청할 때, 그 소리에 응답하여 그들을 보호해야 하는 의무입니다. 보호 대상은 인간은 물론이고 동물이나 식물도 포함합니다. 인류는 이러한 의무를 담당할 수 있는 데까지 진화를 이뤘으며, 이 특질은 결코 잃어버려서는 안 될 장점입니다. 지구상에서 이런 존재가 사라지면 안 됩니다. 그렇기 때문에 요나스는 인류가 존속하지 못하는 일은 없어야 한다고 생각합니다.

'의무'를 짊어질 수 있는 존재로까지 진화한 인류는, 인류가 소멸하지 못하게 막을 '의무'를 지닙니다. 이는 명법命法, Imperativ으로 파악해야 합니다.[15] 요나스는 '인류는 생존해야 한다'라는 명법을, 칸트를 이용해 "네 행위가 가져오는 인과적 결과가 지구상에서 진정으로 인간의 이름에 걸맞은 생명이 영속하는 것과 일치하도록 행위하라"라고 표현합니다.[16] 이는 명령이므로 이론異論은 허용되지 않습니다. 요나스는 미래세대의 멸종 가능성을 염두에 둔 뒤, 현세대가 존재하기 때문에 우리에게 미래세대의 비존재를 선택할 권리는 없다고 단언합니다.[17] 요나스에게 미래세대를 존재시킬 의무는 공리公理, Axiom인 것입니다.[18] 다만 이 의무는 전체 인류에게 부과되며, 개별 인간에게 출산의 의무가 부과되지는 않습니다.

요나스는 살아 있는 생명들이 상처받고 도움을 청할 때 그 목소리에 응답해 그들을 보호하려는 의무감이 인간에게 내재한다고 말합니다. 요나스는 하나의 사례를 소개합니다. 여기 어른이 보는 앞에서 울고 있는 신생아가 있습니다. 신생아는 어른에게 자신을 보호하라고 명령하지 않습니다. 신생아는 그저 거기서 울고 있을 뿐이지만, 어른은 신생아를 보았을 때 그 아이에게 손을 내밀어 보호해야 한다는 책임감을 느낍니다. 여기에는 어른보다 힘에서 열세인 연약한 신생아가 어른의 마음속에 책임을 발생시키는 동인動因이 된다는 역전의 구도가 있습니다. 즉, 신생아가 단지 그곳에 존재한다는 사실만으로 어른은 두말할 필요 없이 그 신생아의 생존을 책임져야 할 의무가 발생합니다.

요나스는 "유아가 숨을 들이쉬고 내뱉을 때마다 가리키고 있는, 유아의 내재적인 존재 당위Seinsollen가 그렇게 태어난다"라고 말합니다.[19] 유아의 '호흡atemzug'을 언급하면서 요나스는 《구약성서》에서 신이 인간에게 불어넣은 숨을 염두에 두었을 겁니다. 존재 당위란 존재의 내부에 자리 잡은 당위입니다. 요나스의 결론은 다음과 같습니다. "아이가 굶어 죽는 일, 그러한 사태가 발생하는 것을 용납하는 것은 인간이 지닌 모든 책임 중에서도 첫 번째, 가장 기본적인 책임을 짓밟는 짓이다."[20] 인류 전체가 짊어져야 할 가장 중대한 책임은 아이를 굶어 죽지 않도록 하는 것이라는 이 주장은 요나스의 환경윤리학에서 가장 마음을 움직이는 말입니다.

이처럼 요나스는 인류가 아이를 낳고 생존을 이어가는 것을 명법으로 보았고, 그 명법은 어떤 이유로도 뒤집혀서는 안 된다고 생각했습니다. 그 근거는 생물진화 결과로 획득한 의무를 담당할 수 있는 존재가 우주에 존속하는 고귀함을 유지하기 위해, 건강이 취약한 신생아로부터 발출되는 부름입니다.[21]

요나스의 메시지는 오해의 여지가 없을 정도로 명료하지만, 그 논리 구성에는 큰 문제가 있습니다. '명법' '공리'라고 말해버리면, 근거를 요구하는 논의가 거기서 끝나기 때문입니다. 요시모토 시노구와 저는 요나스가 '미래세대를 출산할 의무'에 대해 어떻게 생각하는지에 주목하여 〈미래세대를 출산할 의무가 있는가?〉[22]라는 공저 논문에서 그 문제를 고찰했습니다. 요나스를 분석하는 일은 요시모토가 담당했습니다. 사실 이전까지 우리는 베네타의 저서가 존재한다는 사실을 알지 못했습니다. 베네타의 논의를 알고 난 후, 우리는 베네타와 요나스를 대비시켜 출생에 대해 고찰하는 작업을 시작했습니다. 그 연구 성과의 하나는 요시모토가 논문 〈인류의 멸종은 도덕에 적합한가?: 데이비드 베네타의 '탄생해악론'과 한스 요나스의 윤리사상〉으로 2014년에 발표했습니다.[23] 여기에 연구 성과가 더해져 책으로 간행되었습니다.[24]

인류가 계속 아이를 낳아야 한다는 요나스의 인류 존속 명법론을 그대로 받아들이면 인류는 앞으로 결코 멸망해서는 안 됩니다. 어떤 상황에 놓이건 영원히 존재해야 합니다. 물론 요나스는 현대의 파괴적인 문명기술 시대에 인류가 멸망할지도 모른다는 위기감에서 인류 존속 명법론을 제창했습니다. 그렇다 보니 요나스는 인류는 망해서는 안 된다고 '강제하는' 것의 문제점을 크게 의식하지 않았습니다.[25] 저는 요나스의 사고방식이 가진 약점 중 하나가 먼 훗날 인류 생물진화의 종착점이 다가왔을 때 인류의 바람직한 멸종의 길을 제시하지 못하는 데 있다고 생각합니다. 저는 인간 개인이 죽을 때 '태어나서 정말 다행이다'라고 생각하면서 죽을 수 있으면 행복하듯이, 인류 또한 멸종에 직면했을 때 역사를 집합적으로 되돌아보면서 '인류가 태어나서 정말 다행이다'라면서 멸망을 맞이했으면 좋겠다고 생각합니다. 이는 베네타의 말처럼 인류는 태어나지 않는 게 나았기 때문에 무로 돌아가는 편이 낫다는 의미가 아니라, 인류는 태어나기를 잘했다고 인정한 다음, 그 장점을 충분히 이해하면서 조용히 긍정적으로 멸망해간다는 의미입니다. 그 경우, 태어난 것의 장점을 되새기는 주체는, 궁극적으로는 인류 최후의 한 사람으로 집약될지도 모르겠습니다.

저는 개인의 탄생 긍정을 주장하면서도, 결코 죽는 것을 부정하지 않습니다. 태어난 것을 긍정하면서, 앞으로 죽는 것 또한 긍정하는 길을 찾고 싶습니다. 그와 같은 일이 인류 차원에서도 일어났으면 좋겠다고 생각합니다.

사실 요나스도 개인의 죽음에 대해서는 비슷하게 생각했습니다. 요나스는 1993년 여든아홉 살 나이로 세상을 떠났는데, 그전 해에 〈죽어야 할 운명의 무거운 짐과 은혜〉라는 감동적인 논문을 간행했습니다. 요나스는 문명기술에 의지해 영원히 살고자 하는 인류의 욕망을 지적한 다음, 그렇게 해서는 행복해질 수 없다고 말합니다. 물론 죽어야 한다는 것은 인간에게는 무거운 짐입니다. 그러나 동시에 죽음은 인간으로부터 더 살고 싶다는 자극적인 욕망도 앗아가는데, 그것이 바로 죽음으로부터 주어지는 은혜라고 요나스는 결론 짓습니다.[26] 개인이 죽음을 이렇게 긍정적으로 받아들인다면 저는 인류 또한 멸종을 긍정적으로 받아들일 가능성이 분명히 있지 않을까 하고 요나스에게 묻고 싶었습니다. 저는 요나스의 생명윤리 논문을 1980년대에 읽었고, 깊은 영향을 받았습니다. 저는 1991년에 미국 웨슬리언대학에서 객원연구원으로 지낸 적이 있습니다. 그때 요나스를 찾아가 이야기를 나눠보았으면 좋았을 텐데 아쉬울 뿐입니다.[27]

여기서 다시 개인이 아이를 낳는 상황으로 돌아가 아이를 낳는 것의 옳고 그름을 생각해봅시다. 반출생주의자가 자녀 출산을 부정할 때 자주 꺼내드는 논리는 태어날 아이 본인으로부터 출산 동의를 받지 못했다는 점입니다. 확실히 우리는 정신을 차리고 보니 태어나 있었고, 누구에게도 "너를 낳아도 좋으냐?"라는 물음을 들은 적이 없습니다. 태어난 것을 후회하는 사람들은 특히 이 지점에서 큰 부조리를 느낍니다.

태어날 아이로부터 미리 동의를 얻기는 애초에 불가능하지만, 태어난 아기에게 우유를 주거나 목욕을 시키는 것 역시 전혀 본인에게 동의를 얻지 않았습니다. 자발적인 의견을 표현하는 나이에 이르기 전까지 어른들은 명확한 동의 없이 아이를 강제적으로 키웁니다. 동의 없이 다른 사람을 이 세상에 존재시키거나 생육했는데, 그 사람이 어른이 되고 나서 '나는 그러한 일을 당하고 싶지 않았다'라고 후회하는 경우는 얼마든지 있습니다. 따라서 '애당초 아이를 낳지 않는 게 낫다'라는 생각이 성립할 수 있습니다. 이 점은 인정했으면 합니다. 그러나 문제는 이것이 모든 인간에게 출산을 단념시키거나 금지할 이유가 되느냐는 점입니다.

어떤 사람이 자신을 돌아보며 '나는 부모에게 사랑받고 자랐고, 가족과의 생활이 기본적으로 매우 즐거웠다. 이 가족에게 태어나길 잘했다'라고 생각하고, 그래서 자신도 어른이 되면 가족을 형성하고 아이들을 키우고 그 아이들이 자신과 같은 행복을 느꼈으면 좋겠다고 바랐습니다. 이런 생각으로 아이를 낳으려는 사람에게, 아이는 자신이 태어난 것을 후회할 여지가 있다고 주장하며 출산을 만류하거나 금지하는 것이 정당한 일일까요? 이에 대해, 출산의 자유는 헌법의 행복추구권으로 보장되므로 출산을 금지할 수 없다거나, 우리에게는 세대를 이어갈 의무가 있으므로 출산을 금지할 수 없다는 요나스와 같은 의견을 제시할 수 있습니다. 하지만 이런 반론에는 왜 그것이 옳은지를 분명히 뒷받침할 만큼 탄탄한 근거가 없습니다. 이는 아직 누구도 제대로 풀지 못한 어려운 문제입니다.

이 문제에 대해 리브카 와인버그의 최근 연구를 참고해봅시다. 그녀는 2016년 저서 《인생의 리스크》에서 사람이 아이를 낳을 때의 철학과 윤리에 대해 폭넓은 논의를 전개했습니다.[28] 와인버그는 태어날 아이가 출산에 동의해주지 못하지만, 그럼에도 우리는 일방적으로 아이를 낳는 것을 허용할 수 있다고 주장합니다. 그러나 강제적으로 생명을 낳는 행위는 이 사회의 '자율 가치'와 잘 맞지 않습니다. 출산에 있어서는 부모와 아이 사이에 이해관계가 엇갈립니다. 예를 들어 부모는 언제 아이를 낳을까 하는 출산 타이밍에 관심을 기울이는 반면, 아이에게는 안전한 출산 조건이 중요합니다.[29]

이러한 이해상충 관계 아래에서 어떤 원리로 출산을 생각하는가가 문제인데, 와인버그는 존 롤스의 '배분적 정의' 구상을 차용합니다. 즉, 만약 우리가 앞으로 아이를 낳을 어른인지, 아니면 태어날 아이인지 알 수 없도록 무지의 베일을 쓰고서, 어떤 원리를 합리적으로 채택할지 생각해보자는 말입니다.[30]

그 결과 '출산 허용성 원리Principles of Procreative Permissibility'가 도출됩니다. 이 원리는 '동기 부여 제한'과 '출산 균형' 두 가지 원리로 이루어집니다(존 롤스의 '정의의 두 원칙'에 대한 오마주입니다). 와인버그는 이 두 가지 원리를 충족할 때만 출산이 허용된다고 주장합니다.

① 동기 부여 제한
아이가 태어나면 그 아이를 사랑하고 키우고 싶다는 소망과 의지에 따라 출산이 동기 부여 돼야 합니다.[31]

② 출산 균형
어떤 위험한 환경에서 출산하기를 원한다면, 당신이 부모로서 아이에게 부과할 위험이, 당신이 태어날 아이라고 가정했을 때, 자신의 출생 조건으로 받아들이기에 비합리적이지 않은 정도일 때만 출산이 허용됩니다(이때 아이로서 당신은 계속 살아간다고 전제

합니다).³²

이 중 '출산 균형'을 이해하기 어려운데, 와인버그는 고령 출산으로 아이에게 다운증후군 위험이 있는 경우 등을 염두에 두었습니다. 요컨대 만약 자신이 태어날 아이 본인이라고 가정했을 때 부모로부터 자신이 강요당할 위험이 합리적으로 받아들일 수 있는 범위일 때 출산이 허용된다는 말입니다. 이 두 원리에서는 부모에게 '동기 부여 제한'으로 양육 의지의 의무를, '출산 균형'으로 자녀의 입장에 선 리스크 관리를 부과합니다.

이 생각에 따라 와인버그는 우리가 아이를 낳는 것은 허용되지만, 두 가지 조건을 제대로 충족해야 한다고 주장했습니다. 와인버그는 출산 허용성 조건이 정해지면 아이를 갖고 싶다는 부모의 바람과 태어날 아이의 복지가 어긋나지 않고 양립할 수 있다고 생각했습니다. 아이를 낳는 것은 부모의 자유이며 권리라고 여기는 출산자 본위의 생각과 태어날 아이의 입장을 '배분적 정의'라는 사고방식으로 조정하려고 한 점에서 와인버그의 제안은 독창적입니다.

하지만 잠깐 생각해도 알 수 있듯이 출산 균형 원리에는 문제가 있습니다. 태어날 아이를 대신해 내가 출산 적부(適否)를 판단한다고 해도, 실제로 태어날 아이가 미래에 하게 될 판단과 일치할지는 전혀 보장할 수 없기 때문입니다. 이것만으로는 아이가 '왜 부모는 나를 낳았을까?'라고 진지하게 고민할 가능성을 막을 수 없습니다. 물론 와인버그의 의도는 그런 경우를 완벽하게 예방하자는 게 아니라, 부모가 자녀의 입장에 서서 제대로 리스크를 관리하고 양육의 동기를 유지함으로써 자녀를 갖고 싶은 부모의 소망이 사회 속에 공정하게 자리 잡게 하자는 데 있습니다. 젠더학과 정의론으로부터 반론이 있겠지만, 출산 허용성 원리는 앞으로 이 문제를 풀어갈 때 중요한 단서가 될 것입니다.

와인버그의 논의를 염두에 두고 아이를 낳는 것의 옳고 그름에 대해 다시 한번 생각해봅시다. '나는 아이를 낳지 않겠다'거나 '우리 커플은 아이를 낳지 않겠다'라는 생각은 출산 부정 사고방식입니다. 이런 사고방식은 개인의 자유 범주입니다.[33] 문제는 그 사고방식이 사회 차원으로 확장되어 '모든 사람은 아이를 낳지 않는 게 낫다'라고 하면서 출산을 단념시키거나 금지하는 경우입니다. 이런 사상을 '반출산주의'라고 부르겠습니다. 반출산주의는 반출생주의의 부분집합입니다.

베네타의 '태어나는 것의 선악 비교'를 반출산주의의 근거로 삼을 수는 없습니다. 이에 대해서는 이미 논의했습니다. 반출산주의 근거로는 태어날 아이의 동의를 얻지 못했다는 '동의부재론'이 가장 강력합니다. 동의부재론은 태어날 본인의 동의 없이 이 세상에 존재하도록 만든 것이 그 아이에게 폭력적이고 용서받지 못할 일이라는 사고방식입니다. 동의부재론은 아이가 태어날 이 세상이 고통과 악으로 가득 차 있기 때문에 존재하게 해서는 안 된다고 주장합니다. 가장 극단적으로는, 비록 이 세상이 천국처럼 멋지고 태어나면 반드시 행복을 보장받는다 해도, 태어날 아이 본인의 동의가 없는 이상 아이를 낳는 것은 결코 용서받을 수 없다는 이론을 펼칩니다. 저는 동의부재론의 핵심이 여기에 있다고 생각합니다.

동의부재론에 따르면 지금까지 지구상에 존재한 인간은 모두 동의 없는 폭력에 의해 태어났습니다. 출산은 이른바 원초적 폭력입니다. 물론 태어난 후에 많은 사람들이 행복해하고 태어난 것을 후회하지 않았을지도 모릅니다. 하지만 일반적으로 말하듯이, 결과가 반드시 행위를 정당화하지는 않습니다. 가령 교묘한 사기꾼의 거짓말을 믿고 위법행위에 속은 사람들이 그 후에 행복한 삶을 살며 생을 마감했더라도, 그 결과가 결코 사기행위 자체를 정당화할 수는 없습니다. 사기행위의 위법성은 그 행위가 초래한 결과와는 다른 차원에서 엄격하게 판단해야 합니다. 이와 마찬가지로 설령 태어난 인간 중 상당수가 행복해하고 태어난 것을 후회하지 않는다고 해도 그것이 아이의 동의 없는 출산까지 정당화하지는 않습니다. 인간은 아이를 동의 없이 출산하는 폭력을 연쇄적으로 이어왔고 앞으로도 계속할 것입니다. 반출산주의자는 이런 연쇄적인 폭력을 어떻게든 막아야 한다고 생각합니다.

　일상생활에서 우리는 상대방의 동의를 얻지 않은 행위를 많이 저지릅니다. 그리고 그 행동의 대부분은 허용된다고 생각하기에, 만약 분쟁이 일어나더라도 쌍방이 대화를 통해 해결할 가능성이 있습니다. 그렇지만 아이를 낳는 것은 대화해야 할 상대를 이 세상에 존재시키는 행위입니다. 이미 존재하는 인간의 동의를 받지 않은 행위와, 아직 존재하지 않는 인간을 동의 없이 이 세상에 존재시키는 행위는 엄격히 분리해서 생각해야 합니다.

　다시 와인버그의 출산 허용성 원리를 돌이켜보면, '태어나는 본인의 동의 없이 아이를 낳는 것은 허용된다. 다만 거기에는 조건이 부과된다'라는 내용입니다. 즉 와인버그는 태어난 아이가 나중에 어른이 됐을 때 자신의 탄생을 돌이켜보고 부모가 자신을 출산한 것에 전혀 동의할 수 없다고 주장하더라도 두 가지 원리를 충족하면 동의 없는 출산이 허용된다고 말합니다.

다만 저는 이 두 가지 원리만으로는 근거가 부족하다고 생각합니다. 왜냐하면 태어난 아이가 부모에게 실제로 '태어나지 않는 게 나았다'라고 말했을 때, 부모가 그 물음에 응대해야 하기 때문입니다. 이는 와인버그의 두 가지 원리 중 '동기 부여 제한'에 잠재적으로 포함된다고 생각할 수도 있겠지만, 저는 명시적으로 제3의 원리로 독립시키는 것이 좋다고 판단합니다. 이를 잠정적으로 '응답 책임 원리'라고 부르겠습니다.

4. 응답 책임 원리

부모가 되려는 사람은 태어난 아이가 탄생 부정의 생각을 품고 부모에게 왜 자신을 낳았느냐고 물었을 때 그 물음에 진지하게 응답하겠다는 결의를 가져야 합니다. 이는 자녀를 폭력적으로 존재하게 한 부모에게 부과되는 책임이기도 합니다. 부모가 구체적으로 어떻게 자녀에게 응답해야 하는지에 대해서는 일반론으로는 아무것도 결정할 수 없습니다. 모든 것은 부모의 실존적인 태도에 달려 있습니다. 또 아이가 탄생 부정의 생각을 품었다고 해도, 그런 생각을 부모에게 잘 드러내지 않을 겁니다. 이 경우 부모에게는 응답 책임이 없습니다. 아이는 탄생 부정의 생각을 가질 자유가 있고, 자신은 아이를 낳지 않겠다는 출산 부정의 생각을 가질 자유가 있습니다. 부모는 그 자유를 침해해서는 안 됩니다. 이 사고방식을 전제로, 만약 자녀가 부모에게 물을 경우 부모는 이에 응답할 책임이 있다는 말입니다.

이와 같이 확장된 와인버그의 출산 허용성 원리에 따라 정말 동의 없는 출산이 허용될까요? 이는 굉장히 어려운 문제인데, 근본적으로는 허용되지 않는 게 아닐까요? 왜냐하면 와인버그의 원리는 부모가 자녀에게 부과되는 리스크의 허용 한도를 설정한 후에 작동하며, 출산에서 자녀의 '동의를 받지 않는 것'의 허용 범위를 결코 조사하지 않았기 때문입니다. 만약 태어날 아이가 맞닥뜨릴 리스크가 없다고 가정하더라도, 역시 동의받지 않았다는 문제는 존재하며, 이 문제를 와인버그의 논의로는 감당할 수 없습니다.

시아나 발렌타인 쉬프린의 논문 〈잘못된 삶, 출산에 관한 의무, 위해의 중요성〉은 동의의 부재라는 점을 중대하게 다룹니다. 쉬프린은 아이를 낳는 행위가 애당초 아이로부터 동의가 없었고 태어난 아이에게 삶의 짐을 짊어지도록 강제했기 때문에 도덕적인 문제가 발생하지만, 반드시 출산이 금지된다고까지 말할 수는 없다고 정리합니다. 다만 부모는 자녀에게 부여된 짐의 일부를 대신 지거나 가볍게 해주려고 시도해야 한다고 주장합니다.[34] 이에 대해 아실 싱은 논문 〈가상 동의에 근거한 반출생주의 반론에 대하여〉에서 쉬프린이 제시한 '가상 동의' 개념은 문제가 있으며, 쉬프린의 결론을 옹호할 수 없다고 반박합니다.[35] 이처럼 최근의 논의는 더더욱 혼란스럽습니다.

동의 없는 출산이 허용되지 않는다면 반출산주의가 옳은 걸까요? 그러나 반대로 본인의 동의 없이 존재하도록 강제해서는 안 된다고 설득할 만한 근거를 제시하기도 어렵습니다. 아이가 미래에 자신이 태어난 것을 후회할 가능성은 분명히 있지만, 그 가능성이 곧 본인의 동의 없이 존재하도록 만드는 행위를 금지하는 근거가 되는지에 대해서는 명확한 답을 찾을 수 없기 때문입니다. 그 밖의 논의도 다수 진행 중이며, 반출산주의의 옳고 그름에 대한 확정적인 답이 아직 나오지 않았다는 것이 이 책의 잠정적인 결론입니다.

여기서 관련된 문제를 생각해봅시다. 아이가 "나는 태어나기 싫었는데 왜 낳았느냐"라고 물으면, 대부분 부모는 "너를 사랑하기 위해 낳았다"라고 대답할 것입니다. 이 말을 들은 아이의 입장으로 보면 다음과 같은 의문이 들 겁니다.

그 아이는 내가 아니어도 되지 않았을까? 내가 아니라 다른 형제자매나 혹은 피를 이어받지 않은 양자라도 괜찮을 것이다. 만약 부모가 자신의 몸으로 임신해서 낳고 싶었다면, 나는 그 욕망을 이루는 과정의 부산물에 불과하지 않은가? 만약 사랑하기 위해 낳았다면, '무조건 누군가를 사랑하고 싶다'라는 부모의 욕망을 이루기 위해 나를 낳은 것이 아닐까? 게다가 낳은 후에 아이를 사랑할 수 없을 경우의 리스크를 생각하고 대처법을 제대로 준비했을까?

아이가 실제로 위와 같은 의문을 떠올릴지는 모르겠지만, 그럴 가능성이 없지는 않습니다. 앞에서 보듯이 본인의 동의 없이 아이를 낳는 것과 태어난 아이를 사랑하는 것 사이에는 날카로운 긴장관계가 내재합니다. '태어난 후에 사랑해주겠다는 이유로 인간을 동의 없이 이 세상에 존재시켜도 되는가'라는 질문은 성립합니다. 그러나 자신이 태어나는 쪽이라고 가정했을 때, 충분히 사랑받을 게 확실하다면 폭력적으로 존재하게 돼도 좋다고 생각하는 사람도 있을 겁니다. 이는 반출산주의자들의 '사랑이란 과연 무엇인가'라는 질문으로 이어집니다. 그들에게 사랑이란 이미 존재하는 인간들이 서로 배려하고 아껴주는 것에 불과한 걸까요?

와인버그의 책은 '출산의 철학'을 다룬 독특한 책입니다. '출산의 윤리학'에 대해서는 생명윤리학과 젠더학에서 활발히 논의되었지만, '출산의 철학'에 대해서는 그동안 본격적인 연구가 이루어지지 않았습니다.[36] 일본에서는 이나가 마사히로와 제가 쓴 논문 몇 편뿐이고[37] 제대로 된 연구가 이루어지지 않았으며, 해외에서도 큰 진전이 없는 듯합니다. '출산의 철학'에 관해서는 요나스의 논의도, 이나가와 저의 논의도 남성의 시선이라는 편견이 강하게 작동하는 동시에, '출산의 현상학' 측면이 누락되었습니다. '출산의 현상학'에 대해서는 모리사키 카즈에의 선구적인 책 《생명을 낳다》, 근년에는 미야하라 유우가 발표한 논고 〈임신이란 배가 커지는 것인가?: 임신의 페미니스트 현상학〉 등이 있습니다.[38] 미야하라는 자신의 경험을 토대로 임신 시기에 태아와의 공존이란 "태아와 어떤 관계를 형성하려는 자세 및 행동으로, 어떻게든 태아를 끌어당겨 느낄 수 있도록 만드는 것"이라고 서술합니다.[39] 앞으로 이 측면에서 철학적 고찰이 심화되기를 기대합니다. '출산의 철학'은 생명철학의 큰 기둥 영역이기 때문에 앞으로 논의가 어떻게 전개될지 사뭇 궁금합니다.[40]

5.　탄생 긍정의 철학으로!

　　탄생 긍정은 탄생 부정의 반대말로, 태어나서 정말 다행이라고 마음속 깊이 생각하는 상태를 의미합니다. 저는 2011년 논문 〈탄생 긍정이란 무엇인가?誕生肯定とは何か?〉에서 탄생 긍정의 개념을 제창했는데, 그 발상은 이전부터 있었습니다. 탄생 긍정 개념은 졸저 《생명학에서 무엇을 할 수 있을까?生命学に何ができるか?》(2001년)에서 이른바 '잘못된 삶wrongful life' 소송을 논의했을 때부터 저의 뇌리에 싹텄습니다. '잘못된 삶' 소송은 장애를 갖고 태어난 사람이, 자신이 장애를 갖고 태어나도록 만들었다는 이유로, 장애에 관한 정보를 부모에게 주지 않은 의사를 상대로 제기한 소송을 말합니다. 만약 의사가 정보를 보여줬다면 부모는 낙태할 수 있었고, 자신은 태어나지 않아도 되었다는 주장입니다. 이 경우는 장애를 가지고 태어난 사람이 손해라고 파악하고 있어서, 반출생주의의 사상 그 자체입니다. 저는 이 사고방식을 극복하는 것이야말로 앞으로 철학과 윤리학의 기초가 되어야 한다고 생각해서 탄생 긍정 개념을 발의했습니다. 그 후 여러 논문에서 고찰을 거듭해왔으므로, 대강의 성과를 지금 시점에서 간단하게 소개하겠습니다.

　　탄생 긍정은 태어나서 정말 다행이라고 마음속 깊이 생각하는 것인데, 여기에서 '태어나서 다행이다'라는 말은 어떤 의미일까요?

앞 장에서 언급했듯이, 저는 탄생 긍정을 '가능 세계 해석'과 '반—반출생주의 해석' 두 가지 범주로 나누었습니다.

탄생 긍정의 가능 세계 해석에 대해서는 니체의 운명애를 검토하면서 고찰했습니다. 즉, 탄생 긍정의 가능 세계 해석이란, 만일 내가 직면한 심각한 문제가 해결된 가능 세계를 상정했다고 해도, 그 가능 세계에서 태어나면 좋았을 것이라고 마음 깊이 진심으로 바라지는 않는 태도를 의미합니다. 이곳 현실 세계를 살아가는 것만으로 충분하다고 생각하는 것입니다. 가능 세계 해석에 다른 변형도 있지만, 우선 이 내용을 대표로 하겠습니다.

그렇다면 탄생 긍정의 반—반출생주의 해석은 어떤 것일까요? 이를 생각하기 전에, 먼저 아래 문맥에서 의미하는 반출생주의를 간단하게 정리하겠습니다. 반출생주의란 내가 태어나는 것과 내가 태어나지 않는 것을 비교하면 내가 태어나지 않는 게 '더 낫다'라는 생각입니다. 고대 그리스·쇼펜하우어·베네타 등의 반출생주의는 대체로 이 틀에 포함됩니다.[41]

탄생 긍정의 반—반출생주의 해석이란 반출생주의가 의미하는 바를 제대로 이해하면서도 그와 반대되는 방향으로 살아가려는 태도를 말합니다. 다시 말해, 내가 태어나는 것과 내가 태어나지 않는 것을 비교해서 내가 태어나지 않는 것이 더 나았다고 말하고 싶은 기분을 잘 이해하고, 실제로 그렇게 생각하기도 합니다. 내가 애초에 태어나지 않았고 내 모든 것이 처음부터 무위로 남았다면 얼마나 좋았을까 하는 생각도 이해합니다. 그러나 아무리 '나는 태어나지 않는 게 나았다'라고 한탄해도 이제 와서 그것을 실현할 수는 없습니다. 그 소원은 원리적으로 실현될 수 없습니다. 그 소원이 실현 불가능하다고 결정된 상태라면, 나에게 남은 것은 실현 불가능한 선택사항에 집착해서 계속 한탄할 게 아니라, 미래를 향해 살아가는 인생에서 '나는 태어나지 않는 게 나았다'라는 생각을 해체하는 길을 찾아가는 것뿐입니다. 탄생 긍정의 반─반출생주의는 이렇게 삶을 해석하고 살아가려는 태도를 뜻합니다.

　이상을 정리하면, 탄생 긍정의 가능 세계 해석은 다음과 같습니다. 중병이나 장애를 예로 생각하면, 내 인생은 지금까지 항상 중병이나 장애에 시달렸지만, 설령 중병이나 장애로 괴로워하지 않았을 가능 세계가 상정된다고 해도 나는 그 가능 세계에서 태어나는 게 나았다고 마음 깊이 진심으로 바라지는 않습니다.

　탄생 긍정의 반─반출생주의 해석은 다음과 같습니다. 내 인생은 항상 중병이나 장애에 시달렸기 때문에 애초에 태어나지 않는 게 나았을 거라는 생각이 항상 들지만, 그런 일은 일어날 수 없습니다. 그런 생각에 집착한다고 해도 어쩔 수 없지만, 이제는 '태어나지 않는 게 나았다'라는 생각에 얽매이지 않고 그런 생각을 해체하는 길을 찾아서 살아갑니다.

　물론 쇼펜하우어나 베네타처럼 중병이나 장애는커녕 한 방울의 고통만으로도 '태어나지 않는 쪽이 더 낫다'라는 입장을 펼칠 수도 있습니다. 하지만 그 경우에도 태어나지 않는 것은 실현할 수 없으니, 그 생각에 얽매이지 않고 그런 생각을 해체할 길을 찾아 살아가자는 탄생 긍정의 반─반출생주의 해석도 가능합니다.

　보충한다면, 가능 세계 해석에서도 중병이나 장애로 고생하지 않는 가능 세계에 태어나는 일은 아무리 원해도 실현 불가능합니다. 그러나 가능 세계 해석에서는 반─반출생주의 해석과 다르게, 가능 세계와 똑같은 미래 세계를 실현해가는 게 불가능하지만은 않습니다. 가능 세계 해석에서, 나는 현재 상황을 전체적으로 부정하지 않고 지금까지 실현하지 못했던 꿈을 현실 세계에서 추구해갈 수 있습니다. 그리고 그 일이 실현되는 날에 나는 가능 세계를 실제로 경험할 수 있습니다. 이에 반해 반―반출생주의 해석에서는 '태어나지 않은 것'과 같은 내용을 내가 미래에 실현하기는 근본적으로 불가능합니다. 설령 태어나기 전의 상태를 실현하기 위해 자살했다고 해도 그 결과를 경험할 수 있는 주체인 '나'는 어디에도 없습니다. 이것이 가능 세계 해석과 반―반출생주의 해석의 결정적 차이입니다.[42]

그런데 이상은 '심리학적 차원'에서의 탄생 긍정 고찰입니다. 심리학적이라고 하는 이유는 내가 살아가면서 마음속으로 그렇게 생각한다는 차원에 주목하기 때문입니다. 다시 말해, 인생을 살아갈 때 내 기분이나 태도를 어디에 두면 좋을까 하는 차원입니다. '태어나서 정말 다행이다'라는 마음이나 태도를 어떻게 설명할지를 고찰한 것입니다. 그리고 그 설명 방식으로 두 종류의 해석을 전개했습니다.

한편, 철학적 차원에서의 탄생 긍정 고찰이 있습니다. 즉, 심리학적 차원에서 논의한 내용이 정말 올바른 해석인지에 대해 철학적 차원에서 반성적으로 고찰하는 것입니다. 탄생 긍정의 철학적 차원에는 여러 문제가 잠재하지만, 여기에서는 다음의 논점으로 좁혀서 검토하겠습니다. 먼저 가능 세계 해석에서 '내가 사는 현실 세계'와 '가능 세계'의 비교가 올바른 의미로 성립하는가, 그리고 반―반출생주의 해석에서 '태어난 것'과 '태어나지 않은 것'의 비교가 올바른 의미로 성립하는가 하는 논점입니다.

먼저 가능 세계 해석에서 '내가 사는 현실 세계'와 '가능 세계'의 비교에 대해 검토합니다. '내가 사는 현실 세계'는 내가 어떤 심각한 문제를 안고 있는 이 세계를 말합니다. 현실에서 지금 상태는 결정되어 있으며, 결코 다른 상태로 바꿀 수 없습니다. 이에 반해 '가능 세계'는 내가 지금 안고 있는 심각한 문제가 해결된 상상의 세계를 말합니다. 그 세계는 단지 상상으로만 가능할 뿐, 결코 지금 여기서 현실화하지 않습니다. 앞의 심리학적 차원의 고찰에서는, 내가 이 두 세계를 비교해 '만일 내가 지금 안고 있는 심각한 문제가 해결된 가능 세계를 상정했어도, 그 가능 세계에 태어나면 좋았을 거라고 진심으로 마음 깊이 바라지는 않는다'라는 태도를 취할 때 그것을 '탄생 긍정의 가능 세계 해석'이라고 설명했습니다.

심리학적 해석에서는 '내가 사는 현실 세계'와 '가능 세계'를 상정한 후에 어느 쪽에 태어나는 것이 '더 나은가'를 비교합니다. 그런데 철학적 차원에서 생각하면, 이 두 세계의 선악을 비교하는 것은 원리적으로 불가능합니다. 왜냐하면 세계의 선악을 비교하기 위해서는 두 세계의 양상이 동일한 차원에 위치해야 하는데, 실제로는 두 세계의 양상이 동일한 차원에 위치하지 않기 때문입니다. 예를 들면, 에놀라 게이(최초의 원자폭탄을 일본에 투하한 미국 B-29 전폭기의 애칭)의 조종사가 히로시마에 원폭을 투하하려던 순간, 조종사는 눈앞에 두 개의 가능 세계를 상상할 수 있습니다. 하나는 투하 버튼을 눌러 십만 명의 시민이 순식간에 살육당하는 가능 세계입니다. 또 하나는 투하 버튼 누르기를 주저해 원폭이 투하되지 않는 가능 세계입니다. 이 두 세계는 모두 가능 세계이며 현실 세계가 아니라는 동일한 차원에 위치하기 때문에 우리는 두 가능 세계의 선악을 동등하게 비교할 수 있습니다. 그런데 원폭 투하가 이루어진 직후 히로시마에서 타들어가는 거리와 시체더미를 보고 있는 한 시민이, 지금 실제로 눈앞에서 벌어지는 현실 세계의 모습과 이 참혹한 사건이 일어나지 않은 평화로운 1945년 8월 6일 8시 15분이라는 가능 세계를 비교해 선악을 판단하는 경우는 어떨까요? 이는 현실 세계와 가능 세계라는 양상이 다른 두 세계의 선악을 비교한 것이며, 본래 비교할 수 없는 것을 비교했다고 말할 수밖에 없습니다.

　가능 세계는 단지 있을 수 있는 세계일 뿐이며, 우리는 항상 복수의 가능 세계를 동일한 차원으로 상상할 수 있습니다. 이들 복수의 가능 세계는 양상이 동일한 차원에 위치하기 때문에 상호 선악을 동등하게 비교할 수 있습니다. 어떤 일이 일어난 가능 세계, 그런 일이 일어나지 않은 가능 세계, 다른 어떤 일이 일어난 가능 세계에 대해 그들 사이의 옳고 그름을 비교하는 데 아무런 문제가 없습니다. 이에 반해 현실 세계는 지금 여기서 실제로 경험하는 세계이며, 그것은 단 하나밖에 존재하지 않습니다. 현실 세계란 결코 상상 세계가 아니라, 여기서 실제로 진행되고 생성되는 하나뿐인 세계입니다. 현실 세계는 하나뿐이기 때문에 양상이 동일한 차원에 위치한 세계는 현실 세계 외에는 없습니다. 현실 세계란 동일 양상 차원으로 비교할 수 있는 세계를 절대로 허용하지 않으며, 지금 여기서 계속 생성하고 있는 유일무이한 세계입니다.[43]

　상상 속 가능 세계는 그 자체로는 생성하지 않습니다. 실제로 그 자체로 생성하는 세계는 유일무이한 현실뿐입니다. 따라서 생성하지 않은 가능 세계와 생성한 현실 세계를 동등하게 비교할 수는 없습니다.[44] 가능 세계와 동등하게 비교할 수 없으니 현실 세계가

더 좋다거나 더 나쁘다고 평가할 수 없습니다.[45]

제 입장은, 가능 세계 의미론으로 말하면, 반—양상실재론反—樣狀實在論을 취합니다. 양상실재론자 데이비드 루이스는 복수의 가능 세계 안쪽에 복수의 현실이 존재한다고 주장합니다. 이에 대해 솔 크립키와 브래드포드 스코우 등은 현실 세계는 '이것'으로 지목되는 실재와 거기서 이어지는 연쇄로서 오직 하나의 실재만 존재한다는 입장을 취합니다. 이처럼 현실 세계의 유일무이성을 중시하는 사고방식을 '헤세이티즘Haecceitism'이라고 합니다. 현실 세계와 가능 세계의 선악을 동등한 선상에서 비교할 수 있는가 하는 논점은 가능 세계의 존재론적 지위를 둘러싼 근본 문제로까지 거슬러 올라갑니다. 제 생각은 헤세이티즘에 가깝습니다.[46] 유일무이한 현실 세계를 '이것'으로 지칭할 수 있다고 생각하기 때문입니다. 그리고 이 입장으로 보면, 현실 세계는 '이것'으로 지시되는 유일무이한 세계이며, 복수 양태로 성립하는 가능 세계와는 존재론적 지위가 전혀 다릅니다. 따라서 존재론적 지위가 다른 두 세계를 결코 올바른 의미로 선악 비교할 수는 없습니다. 이 논의는 4장의 '네가 그것이다' 관련 논의와 계통을 같이합니다.

다시 말하면, 심리학적 차원에서 '만일 내가 안고 있는 심각한 문제가 해결된 가능 세계를 상정했어도 그 가능 세계에 태어나면 좋았겠다고 진심으로 마음 깊이 바라지는 않는다'라는 태도를 취하는 것은 가능합니다. 그러한 리얼리티로 인생을 사는 것을 권장하며, 그런 자세는 탄생 긍정의 한 형태입니다. 하지만 철학적 차원에서 가능 세계와 현실 세계는 결코 올바른 비교 대상이 아닙니다.

다음으로, 반—반출생주의 해석에서의 '태어난 것'과 '태어나지 않은 것'의 비교입니다. 이에 대해서는 앞에서 고찰한 바와 같이 '내가 태어난 것'과 '내가 태어나지 않은 것' 사이의 선악 비교는 불가능합니다. 그 이유는 '내가 태어나지 않은 것'을 제대로 상정하기란 원리적으로 불가능하기 때문입니다.[47]

철학적 차원에서 정리하면, 가능 세계 해석의 '내가 사는 현실 세계'와 '가능 세계'의 선악 비교는 불가능하며, 반—반출생주의 해석의 '태어난 것'과 '태어나지 않은 것'의 선악 비교도 불가능합니다. 즉, 내가 태어나 살고 있는 현실 세계의 선악은 어떤 가능 세계와도 비교할 수 없으며, 내가 태어나지 않은 상태와도 비교할 수 없습니다. 내가 태어나 현실 세계를 산다는 것은 선악의 가치 판단을 넘어 단지 무구한 생성이 일어나고 있을 뿐이라는 의미입니다. 내가 태어나 살고 있는 상태는 무엇과도 비교할 수 없기에 좋지도 나쁘지도 않습니다. 이 결론을 받아들이기 어렵겠지만, 흔들림 없는 진리라고 생각합니다. 이상의 고찰을 통해 우리는 탄생 긍정 철학에서 무언가 중요한 미지의 관문을 돌파한 듯합니다. 여기에서 철학과 윤리학에 기초를 두고 모든 사고를 재조립해보면 어떻게 될까요?

심리학적 차원의 고찰과 철학적 차원의 고찰을 종합하면 다음과 같은 결론이 나옵니다. 심리학적 차원에서, 우리는 현실 세계와 가능 세계를 비교해 현실과는 다른 세계를 사는 것이 나았다고 생각하거나 이런 현실을 살아야 한다면 태어나지 않는 게 나았다며 현실의 삶을 부정하기도 합니다. 저도 이런 생각이 완전히 사라지지는 않았습니다. 이 방향으로 나아가면 자신이 도대체 무엇을 위해 사는지 전혀 알 수 없고, 자신의 존재조차 무의미해진다고 생각합니다. 자신의 인생에 일어난 사건의 참혹함, 시간의 무자비한 흐름에 짓눌리는 느낌을 받습니다. '나는 무엇 때문에 태어났을까?'라며 절규하고 싶어집니다.

이럴 때는 철학적 차원으로 옮겨가 이들이 올바르게 비교되었는지 재검토해보는 게 좋습니다. 그러면 내가 빠져 있는 생각, 즉 이 현실과 다른 세계를 사는 게 낫다는 생각이나 이런 현실을 살아야 한다면 태어나지 않는 게 나았다라는 생각이 애초에 비교할 수 없는 양상을 잘못 비교한 결과임을 깨달을 것입니다. 이처럼 철학적 차원의 검토를 거치면 내가 잘못된 생각에 빠져 있었다는 사실이 드러납니다.

여기에서 다시 심리학적 차원으로 돌아와 자신의 인생을 실제로 어떻게 파악하면 좋을지 다시 한번 생각해보겠습니다. 만약 탄생 긍정의 가능 세계 해석을 마음속 깊이 받아들인다면 '만일 내가 지금 안고 있는 심각한 문제가 해결된 가능 세계를 상정했더라도 그 가능 세계에 태어나면 좋았겠다고 진심으로 마음 깊이 바라지는 않는' 생활방식을 기준으로 삼은 삶의 길이 열립니다. 만약 탄생 긍정의 반—반출생주의 해석을 진심으로 수긍한다면 '설령 내가 태어나지 않는 게 낫다고 생각하더라도 그 실현 불가능한 선택사항에 집착해서 한탄하지 않고 앞으로 그 생각을 해체하는' 생활방식을 목표로 삼은 삶의 길이 열립니다. 이런 생각과 태도가 '태어나서 정말 다행이다'라는 탄생 긍정의 기반이 됩니다. 이 탄생 긍정의 기반은 철학적 차원으로 뒷받침되며 심리학적 차원에서 성립합니다.

이처럼 가능 세계에 태어나는 것을 바라지 않는 것, 그리고 애초에 태어나지 않는 것이 나았다는 생각에 고착하지 않는 것, 이 두 가지가 탄생 긍정의 기반입니다. 이를 바탕으로 탄생 긍정의 기반을 충족시키는 것만으로 '태어나서 정말 다행이다'라는 탄생 긍정이 성립하는지, 아니면 그것만으로는 미흡하며 탄생 긍정의 기반 위에 무언가를 추가해야 하는지를 고찰하겠습니다. 다시 말해, 탄생 부정으로부터 적절한 거리를 두고 살아가는 것만으로 충분한지, 아니면 탄생에 대해 더욱 강력하게 긍정하는 것이 필요한지의 문제입니다. 이는 탄생 긍정 철학의 주요 문제 중 하나입니다.

여기서 지금까지 애매하게 사용해온 두 가지 표현, '태어나지 않는 게 나았다'와 '태어나지 않았으면 좋았다'를 제대로 구별했으면 합니다. '태어나지 않는 게 나았다'라는 말은 '태어난 것'과 '태어나지 않은 것'을 비교해서 '태어나지 않는 게 더 나았다'라고 판단함을 뜻합니다.[48] 따라서 '태어나지 않는 게 나았다'라는 메시지의 중심은 선악 비교에 있습니다. 또한 그 선악 비교는 철학적으로도 성립한다는 전제에 서 있습니다.

이에 반해 '태어나지 않았으면 좋았다'는 구조가 좀 더 복잡합니다. '태어나지 않았으면 좋았다'도 '태어나는' 것과 '태어나지 않는' 것의 비교를 바탕으로 논의를 진행합니다. 그러나 그 비교는 심리학적 차원에 머무릅니다. 철학적 차원에서는 두 양상의 선악을 비교할 수 없습니다. 그런데 심리학적 차원에서는 '태어나지 않는' 쪽이 '태어나는' 쪽보다 바람직하다고 생각하면 아무래도 '태어나지 않았으면 좋았다'로 마음이 움직입니다. 따라서 '태어나지 않았으면 좋았다'라는 메시지의 중심은 현상에 대한 초조한 부정입니다.

어의적語義的으로 생각해보면 '태어나지 않는 게 나았다'에 대립하는 문장은 '태어난 게 나았다'입니다. 전자는 현상을 비교해서 '더 나쁘다'라고 판단했으며, 후자는 현상을 비교해서 '더 낫다'라고 판단했습니다. 이에 반해 비교에 무게를 두지 않고 탄생의 가치를 표현하는 방법이 있는데, 바로 '태어나지 않았으면 좋았다'와 대립 문장인 '태어나서 다행이다'입니다. 전자는 '태어났다'라는 현상을 부정하고, 후자는 '태어났다'라는 현상을 긍정합니다. 뒤의 두 문장은 '긍정인가 부정인가'를 중심으로 표현하고, 앞의 두 문장은 '선인가 악인가'를 중심으로 표현한다는 점에 주목하기 바랍니다.

저는 지금까지 '태어나기를 잘했다'라는 탄생 긍정의 가능성을 일관되게 고집해왔습니다. 그리고 그것을 마음속 깊이 긍정한다는 뉘앙스를 담기 위해 '태어나서 정말로 다행이다'라는 말투를 써왔습니다. 이렇게 보면 저는 지금껏 '태어나지 않는 게 나았다/태어난 게 더 낫다'라는 탄생의 선악을 묻는 문제 설정을 '태어나지 않는 게 좋았다/태어나서 다행이다'라는 탄생의 긍정/부정을 묻는 문제 설정으로 변환한 다음 뒤의 두 문장이 도대체 무엇을 의미하는지 철학적으로 고찰하고 설명하려 했습니다.

탄생 긍정의 철학은 탄생이란 무엇인가, 인생이란 무엇인가 하는 문제를 철학적으로 고찰하는 데서 출발해야 합니다. 여기에 더해 4장에서 고찰한 탄생 긍정의 주체는 누구인가 하는 문제, 5장에서 고찰한 탄생 긍정과 비탄생 긍정을 함께 내재한 완전한 탄생의 긍정이란 무엇인가 하는 문제를 한층 더 파고들어야 합니다. 이에 대한 전망은 이 책에서 제시했지만, 구체적인 작업은 다음으로 남겼습니다.

한편, 위의 문제는 '살아가는 의미란 무엇인가'라는 질문으로도 이어집니다. 이 질문은 고대부터 철학의 근본 주제 중 하나로, 근현대 서양 철학에서는 독일과 프랑스의 니체·사르트르·프랑클 등이 이 문제를 깊이 파고들었습니다. 그에 비해 영어권 분석철학은 '인생의 의미(살아가는 의미, 생명의 의미)'[49] 문제를 철학의 중심 과제로 다루지 않았습니다. 물론 분석철학의 원류 중 하나인 비트겐슈타인 철학의 저류에 삶의 의미에 대한 물음이 격렬하게 소용돌이쳤다는 점을 간과해서는 안 되며, 또한 이후 분석철학자들이 일련의 중요한 연구를 수행하기는 했습니다. 하지만 '인생의 의미' 철학이 20세기 분석철학을 견인하지 않았음은 분명합니다. '인생의 의미' 철학은 분석철학의 지류에 머물렀다고 봐도 무방합니다. 분석철학이 20세기 말 세계 철학의 중심으로 부상한 후에도 이 경향은 변하지 않았습니다. 그 대신 이 주제는 심리학에서 활발히 논의됐습니다.

그런데 21세기로 접어들면서 흐름이 차츰 바뀌었습니다. '인생의 의미' 철학을 다룬 저작이나 논문집이 차례차례 간행되어 눈길을 끕니다. 그중에서도 새디어스 메츠의 저작《인생의 의미: 분석적 연구》는 특히 주목할 만합니다. 2013년에 출판된 이 백과사전적 저서는 영어권에서 진행되는 '인생의 의미'에 대한 철학적 논의 구도를 선명하게 보여줍니다.[50] 2018년 제1회 '인생의 의미 철학' 국제회의가 삿포로에서 개최되어, 세계의 이 분야 철학자들이 의견을 교환했습니다.[51] 이 국제회의에는 메츠와 더불어 베네타도 초빙됐습니다. 이 국제회의는 그 후로도 개최되고 있습니다.

메츠는 인생의 의미를 탐구하는 철학을 초자연주의와 자연주의로 나누고 자연주의를 다시 주관주의와 객관주의로 나눕니다. 먼저 초자연주의Supernaturalism는 인생의 의미를 신 같은 초월적 존재자와의 관계에서 포착하려는 입장입니다. 이 경우 인생의 의미는 초월자에게서 부여받습니다. 이에 반해 초월적 존재를 설정하지 않는 입장이 자연주의Naturalism입니다. 자연주의에서, 인생의 의미는 개개인의 주관에 따라 결정된다는 입장이 주관주의Subjectivism입니다. 자신의 삶에 의미가 있는지를 최종적으로 결정하는 것은 자신이며, 자신 외의 사람이 결정해서는 안 된다고 말합니다. 이에 반해 인생의 의미는 객관적으로 결정된다는 입장이 객관주의Objectivism입니다. 메츠가 제시한 예를 들면, 만델라 대통령이나 마더 테레사의 삶은 객관적으로 의미가 있으며, 그 의미는 날마다 이기적이고 하찮은 일에 매달리는 일반인의 그것보다 확실히 큽니다.

메츠에 따르면 현대 영어권의 '인생의 의미' 분석철학에서는 객관주의가 주류를 이룹니다. 왜냐하면 오늘날 초자연주의를 옹호할 수는 없고, 만약 주관주의를 취했다면 히틀러 같은 극악한 사람의 인생도 의미가 있다는 사고방식을 허용해야 하기 때문입니다. 남은 것은 객관주의뿐이지만, 만약 인생에서 행동의 귀결을 통해 인생의 의미를 평가한다면, 아무리 만델라나 마더 테레사 같은 삶을 살려고 해도 그들과 같은 귀결이 따르지 않는 한 의미 없는 삶이 되고 맙니다. 그래서 메츠는 결과가 아니라 만델라나 마더 테레사처럼 이타적 행동을 시도하는지에 대한 의도에 주목합니다. 그리고 인류의 기반적 조건을 개선하거나 진전시키는 데 기여하기 위해 얼마나 의도했는지에 따라 인생의 의미를 판단합니다.

저는 메츠의 이 도식이 불완전하다고 비판해왔습니다. 왜냐하면 이 책 4장의 우파니샤드 고찰에서 언급했듯이, 여기에는 독재적 존재자 시점이 없기 때문입니다. 저는 2인칭적 지시에 따라 확정되는 독재적 존재자야말로 '살아가는 의미'를 추구하는 주체라고 정의했습니다. 지금 이 글을 읽고 있는 당신이야말로 다름 아닌 인생의 의미를 추구하는 주체입니다. 독재적 존재자를 '살아가는 의미'의 주체로 삼는 입장은 주관주의를 더욱 극단적으로 밀어붙이며, 메츠가 말하는 '주관주의의 히틀러 모순', 즉 히틀러의 인생의 의미에 대해서 아무 비판도 할 수 없다는 논리를 거스르는 힘을 갖습니다. 왜냐하면 독재적 존재자는 3인칭적으로 언급된 히틀러에는 존재할 수 없기 때문입니다.[52]

저는 '살아가는 의미' 문제를 '태어난 것의 긍정' 문제로 변환하고 철학적으로 추구해갈 것을 제안합니다. '의미'의 문제가 아니라 '긍정'의 문제로 설정하는 편이 더 알찬 성과로 연결된다고 생각하기 때문입니다. 저는 '인생의 의미 철학' 속에 '탄생 긍정 철학'을 끼워넣고 싶습니다. 그렇게 함으로써 니체의 생의 긍정 철학을 '인생의 의미 철학' 속에 새로운 형태로 편입시킬 수 있습니다. 나아가 이 책 5장의 원시불교 고찰에서 언급했듯이, 탄생 긍정을 하면서 자신의 삶을 마감하는 방식에 대해서도 '인생의 의미 철학' 속에서 한층 더 고찰할 수 있습니다. 그리고 인생의 끝을 단순한 패배로 보지 않는 철학의 탐구로 이어질 것입니다.

이렇게 생각해보면, 이 책의 모든 고찰은 이제부터 본격적으로 시작할 '탄생 긍정 철학'을 위한 일종의 서장입니다. 저는 탄생 긍정 철학에 대해 이미 연구 성과를 논문 형태로 간행했고, 이를 기초로 모든 내용을 처음부터 다시 생각해보는 철학서를 쓰고 있습니다. 그 작업은 이 책에서처럼 과거의 위대한 철학자들의 사색으로부터 영양분을 흡수해 새로운 과실로 연결하는 형식이 아니라, 기본적인 개념 분석을 쌓아가면서 제 사색의 전체 상(像)을 구축하는 방식입니다. 또한 '나는 태어나지 않는 게 낫지 않았을까?'라고 진지하게 고민하고 괴로워하는 사람들에게 철학적 시점에서 말을 건네는 시도가 될 것입니다. 제가 이 문제를 오랫동안 생각해온 이유는 저 자신이 '태어나지 않았으면 좋지 않았을까?'라는 의문에 빠져 있었기 때문이며, 현재도 그 의문과 함께 살아가기 때문입니다.

지금까지 '인생의 의미 철학'과 '탄생 긍정 철학'을 고찰했는데, 그 시점에서 다시 한번 '나는 태어나지 않는 게 더 나았다'라는 탄생 부정을 돌아본다면 어떨까요? 탄생 부정의 심리학적 차원에 주목해서 다섯 가지 특징으로 정리해보았습니다.

첫째는 쇼펜하우어나 베네타에서 확인했듯이, 비록 좋은 것으로 가득 찬 인생일지라도 나쁜 것이 아주 조금이라도 있으면 자신의 인생이 전체적으로 완전히 나쁜 것이 돼버리고 이제 돌이킬 수 없다고 생각하는 경향입니다. 새하얀 캔버스에 얼룩이 한 방울만 묻어도 모든 가치가 사라지고 모든 것이 허사가 된다고 생각하는 경향입니다. 인생은 순조롭게 진행되다가도 언젠가 반드시 더러움에 의해 망쳐지며, 그처럼 돌이킬 수 없는 일이 일어날 바에야 처음부터 인생 따위는 시작되지 않으면 좋았을 거라고 생각합니다.

둘째는 '탄생 부정의 가능 세계 해석'이라는 존재 방식입니다. 즉 자신이 좀 다른 인생, 예를 들면 지금 맞닥뜨린 고통과 괴로움이 해결된 인생이나 지금 경험하지 못한 훌륭한 생활방식을 영위하는 사람으로 태어나고 싶다고 마음 깊이 진심으로 바라는 경향입니다. 예를 들어 즐겁게 생활하던 아내와 아이가 교통사고로 한순간에 숨진 다음, 아무리 한탄해도 두 번 다시 훌륭한 가족과의 시간이 되돌아오지 않는 잔혹한 현실에 떠밀린 사람이 있다고 칩시다. 그 사람은 어디에서도 희망을 찾지 못하고 만약 아내와 아이가 아직 살아 있을 가능 세계가 있다면 그 세계에서 태어나고 싶다고 마음속 깊이 진심으로 바랄 것입니다.

셋째는 '탄생 부정의 반출생주의 해석'이라는 존재 방식입니다. 지금의 인생을 살아야 한다면 자신은 처음부터 이 세상에 태어나지 않는 게 나았을 것이라고 마음속 깊이 진심으로 생각하는 경향입니다. 이성적으로는 그게 실현될 수 없음을 알면서도, 그 생각에 집착하는 바람에 자신의 마음을 해방시키지 못합니다. 예를 들어 원시불전이나 〈코헬렛서〉에서 말하듯이, 아무리 인생이 즐겁다 해도 언젠가는 반드시 죽습니다. 그 생각에 모든 것이 허무하게 느껴져 '죽을 숙명을 가진 삶을 왜 살아야 하는가, 만약 다른 삶을 살 수 있다고 가정해도 그 삶을 영원히 살 수는 없을 테니, 역시 언젠가 죽음에 직면하고 말 것이다. 그렇다면 애초에 처음부터 태어나지 않는 게 나았다'라고 생각합니다.

넷째는 태어나고 싶지 않았는데 태어나버렸다는 돌이킬 수 없는 감각, 그리고 어디로도 탈출할 수 없다는 막다른 감각입니다. 자신은 애초에 태어나서 이 세상을 사는 것에 조금도 미련이 없는데 그래도 계속 살아야 하니, 사는 것에서 아무런 의미도 찾지 못합니다. 죽으면 이런 상황을 끝낼 수 있지만, 죽음으로는 태어났다는 문제를 해결할 수 없습니다. 무엇을 해도 다 소용없다고 느끼며 온몸이 탈진하여 긍정적으로 살 힘이 전혀 나오지 않습니다. 해결이 안 된다는 걸 알면서도 자살하고 싶은 마음이 자꾸 생깁니다. 태어난 것에 적응했거나 이 괴로움을 깨닫지 못하는 사람들에게 품위 있는 복수를 하고 싶다는 생각이 마음속 깊은 곳에서 솟구칩니다.

다섯째는 어디에선가 출구를 찾으려 하지만 이 세상 어디에서도 출구를 찾을 수 없을 때, 이 상황을 그대로 감싸주고 긍정해주는 구원의 손길을 바라는 경향입니다. 현실은 바꿀 수 없으므로, 변하지 않는 현실을 그대로 긍정하되 자신이 구원받을 수 있다면 얼마나 좋을까 하는 생각이 듭니다. "태어나지 않았으면 좋았을걸"이라는 말이 진정으로 마음속 깊은 곳에서 나올 때, 그 사람은 구원의 문 앞에 서 있는 셈입니다. 이는 그 사람이 기성 종교를 믿건 말건 상관없이 솟아오르는 종교 차원의 목소리입니다.

반출생주의와 탄생 부정에 대해 고찰한 내용을 바탕으로, '태어나지 않았으면 좋았다'라고 말하는 심리에 대해 이렇게 정리해보았습니다.[53] 제 안에는 이 다섯 가지 특징을 가진 탄생 부정의 목소리가 분명히 존재하며, 여전히 조금도 해결되지 않았습니다. 제 자신이 이 질문으로 얼룩져 있기 때문에, 탄생 부정과 반출생주의 사상을 탐구해왔으며, 그런 생각을 내부로부터 해체할 목적으로 탄생 긍정의 사고방식을 제창해왔습니다. 그리고 여기에서도 탄생 긍정의 심리학적 차원과 철학적 차원에 관해 고찰했습니다. 이 시도는 틀림없이 이 주제에 대한 철학적 고찰을 진일보시켰으며, 학술적 의의가 있다고 생각합니다. 그럼에도 앞에서 말한 탄생 부정의 다섯 가지 목소리는 여전히 제 마음속에서 울려퍼지고 있습니다. 저에게 이 문제와 마주하는 일은 결코 지적인 퍼즐 풀이 놀이가 아니라 지난한 삶을 후회 없이 살아가기 위해 꼭 필요한 작업입니다. 어떤 때는 부정의 편에, 어떤 때는 긍정의 편에 기대면서 태어난 것의 의미를 계속 고찰하기, 그것이 바로 저에게 있어 '탄생 긍정 철학하기' 작업입니다.

6. 　　　　　　　　　생명철학으로!

　　마지막으로 이 책에서 여러 번 언급한 생명철학에 대해 간단히 정리하겠습니다. 저는 생명철학 장르를 정립하고 싶습니다. 이 책 서문에도 썼듯이, 생명철학은 아직 세계 철학계에 확고한 장르로 자리 잡지 않았습니다.[54] 그러나 동서고금의 생명에 대한 철학적 사색을 포괄적으로 연구하고 창조적인 철학으로 만들어가기 위해서는 이 논의의 틀이 반드시 필요합니다. 이 책에서 다룬 '태어나지 않는 게 나았을까?'라는 주제는 생명철학을 구성하는 큰 기둥 중 하나입니다. 그 외에도 수많은 주제가 생명철학 영역에 빽빽이 포함됩니다. 이 책에서는 전혀 언급하지 않은 중국 철학이나 의학사상, 이슬람 신비주의, 나아가 일본의 불교철학이나 교토학파의 철학 등도 생명철학으로 다시 분류할 수 있습니다. 의외인 영역을 말하자면, 근현대 일본의 페미니즘 또한 생명철학 관점에서 고찰할 수 있습니다.

　　이 책에 이어 생명철학 연작 2권이 나옵니다.[55] 어떤 주제를 다룰지 아직 정해지지 않았지만, 삶과 죽음에 깊이 관련된 내용이 될 것입니다. 이 책에서 저는 고대 그리스, 고대 인도, 19세기 유럽 철학사상을 현대 반출생주의 철학과 관련해 그 대강을 다루었습니다. 이와 균형을 맞추는 의미로 여기에서는 20세기부터 21세기에 걸쳐 전개된 생명철학의 한 단면을 살펴보겠습니다. 구체적으로는 한스 요나스의 철학이 생명윤리학과 생물철학에 가져온 영향에 관한 것입니다. 생명철학의 현대적 확산을 느낄 수 있기를 바랍니다.

요나스는 1947년 〈흐름에 항거하며: 죽음의 정의와 재정의에 관한 코멘트〉라는 논문을 발표합니다.[56] 당시 미국은 뇌사를 사망 상태로 보고 뇌사자로부터 장기이식하는 정책을 추진했습니다. 미국 철학 학계는 뇌사 상태를 죽음이라고 판단하는 경향으로 기울고 있었습니다. 요나스는 그 흐름에 항거하며 뇌사 상태는 죽음이라고 볼 수 없다는 이견을 전개했습니다. 그 이유 중 하나는 요나스가 사람의 본질은 뇌가 아니라 뇌를 포함한 신체 전체에 깃들어 있다고 생각했기 때문입니다.

요나스는 "인공적으로 유지된 상태의 혼수 환자는 비록 줄어들었지만 우리는 아직 하나의 생명이라고 볼 만한 충분한 근거가 있다. 다시 말해 비록 뇌 기능이 상실되었더라도 우리는 혼수 환자가 완전히 죽지 않았다고 볼 만한 충분한 근거를 가지고 있다"라고 주창했습니다.[57] 여기서 말하는 혼수 환자는 뇌사자를 말합니다.[58] 뇌사를 죽음으로 바라보는 사고방식의 근저에는 진정한 인간성은 뇌에 깃들어 있고 신체는 잔여에 불과하다는 심신이원론心身二元論이 자리합니다. 그러나 요나스는 이런 생각이 완전히 틀렸다고 말합니다. 나의 정체성을 결정하는 것은 심신의 통합체입니다. 요나스는 사람을 사랑할 때 뇌만 사랑하지는 않는다고 지적하며 다음과 같이 말합니다.

따라서 혼수 상태에 빠진 인간의 몸은 비록 인공의 힘을 빌린 방식일지라도, 아직 숨을 쉬고 맥을 박동하며 기능이 작용하는 한, 그 신체는 여전히 체류하고 있는, 한때 사랑하고 사랑받았던 주체의 자취로 간주해야 한다. 그런 점에서 그 인간의 신체는 신의 법과 인간의 법에 따라 부여된 신성성을 얼마간 받을 자격을 유지하고 있다.[59]

뇌사자의 신체를 단순한 물체가 아니라 '아직 체류하고 있는, 사랑하고 사랑받은 주체의 자취'라는 존재론적 지위를 가진 신체로 봐야 한다는 말입니다. 뇌사자의 신체는 신성성을 유지하며, 그 신성성은 신과 사람의 관계성 같은 초월적 차원에서 주어진다는 것입니다. 뇌사자의 신체에서 신성성을 본다는 발상은 당시 미국 주류 생명윤리학과 무관했고, 이후 요나스의 문제 제기는 잊혔습니다.

그런데 1980년대부터 21세기에 걸쳐, 뇌사 상태 환자에게서 뇌 기능의 잔존이 관찰되고, 뇌사 상태에서 몇 년이나 심장이 움직이는 장기 뇌사 병태病態가 밝혀졌습니다. 뇌사는 곧 죽음이라는 학설에 의심의 눈초리가 쏠린 것입니다. 미국 대통령 직속 생명윤리심의회는 이 의심을 불식시키기 위해 2008년 〈죽음의 결정에 관한 여러 논쟁〉이라는 보고서를 제출했습니다. 이 보고서에 따르면 뇌사 상태에서 뇌의 일부가 기능하는 경우가 있지만, 최소한 자발 호흡은 하지 않으므로 뇌사자는 죽은 게 틀림없다고 결론 내렸습니다.[60]

그 설을 보강하기 위해 보고서에서는 자발 호흡을 유도하는 '호흡을 위한 구동the drive to breathe'이 있다면 그 인간의 신체는 '삶에 대한 지속적인 충동'을 지녔으니, 비록 의식이 없더라도 그 인간은 살아 있다고 부연했습니다.[61] 이전까지의 뇌사설에서는 호흡은 인간 생명의 본질이 아니며 뇌 기능이야말로 인간 생명의 본질이라고 여겼는데, 2008년 리포트에서는 인간의 본질이 '온전한 뇌 기능'에서 '자발 호흡'으로 크게 전환했습니다. 자발 호흡은 뇌의 일부인 뇌간이 제어합니다. 20세기 뇌사설에서는 의식의 존재와 전신의 통합작용이 가장 중요하다고 여겼고, 자발 호흡은 뇌간의 기능이 작동하는지 여부를 검사하기 위한 단순한 보조 사인事因에 지나지 않았습니다. 그러나 이후 뇌사자의 신체에도 통합작용이 있고 뇌 기능의 일부가 잔존한다는 사실을 알게 되면서, 자발 호흡이 인간 생명의 본질을 이루는 요소로 전면 부상했습니다.[62] 요나스가 이런 사실을 알았다면 뭐라고 했을까요?

뇌사와 대응하는 병태는 심장사입니다. 뇌사는 뇌 기능이 불가역적으로 정지하는 것이고, 심장사는 심장 기능이 불가역적으로 정지하는 것입니다. 1968년에 뇌사 개념이 정의되기 전까지는 심장사로 인간의 죽음을 판단했습니다. 심장이 멈추면 호흡도 멈추고 온몸이 차가워집니다. 사망은 숨을 거두는 것으로 표현됐습니다. 그런데 심장과 폐는 긴밀하게 협조하면서 움직여서, 심장에서 폐로 보내진 혈액은 폐로부터 산소를 얻어 다시 심장으로 돌아와 전신으로 흘러갑니다. 산소를 머금은 신선한 혈액은 대동맥에서 더 가느다란 동맥으로 흘러가 신체 구석구석까지 뻗은 모세혈관으로 흘러갑니다. 그리고 전신의 온갖 세포와 만나 세포 내부로 산소를 보냅니다. 조직액에서 산소를 흡수한 세포는 이를 이용해 영양분에서 에너지를 만들고 이산화탄소 등을 배출합니다. 배출된 이산화탄소는 정맥으로 모아져 다시 심장으로 돌아갑니다.

세포 내부에서 일어나는 이 화학반응을 '세포호흡'이라고 부릅니다. 자발 호흡은 단순히 폐가 숨을 들이마시거나 내쉰다는 의미가 아니라, 들이마신 산소가 혈액을 통해 신체의 모든 세포까지 운반되어 하나하나의 세포 내부에서 호흡이 이루어진다는 의미입니다. 인간은 몸속 모든 세포를 이용해 호흡합니다. 즉, 자발 호흡이 인간 생명의 본질인 이유는 입으로 들어간 산소가 온몸의 세포로 가서 세포 호흡이 이뤄지고 이산화탄소가 폐로 돌아오는 과정과 함께 온몸의 혈류가 조수 간만처럼 흐르기 때문입니다. 그리고 온몸을 관류하는 산소와 이산화탄소의 밀물이 멈추는 상태를 우리는 심장사라고 부릅니다. 2008년 리포트가 밝힌 사실은 뜻밖에도 자발 호흡을 통해 이루어지는 산소와 이산화탄소를 포함한 혈액 흐름이야말로 인간 생명의 본질이라는 점입니다. 여기에서는 뇌사가 사람의 죽음인가 아닌가 하는 논의는 차치하고, 다음의 내용을 서술하는 것으로 마무리하겠습니다.[63]

《구약성서》에서는 신 야훼가 대지의 티끌로부터 사람을 만든 다음, 코에 생명의 숨을 불어넣어 사람이 살아 움직이게 되었다고 쓰여 있습니다. 코로 들어간 산소가 혈액의 흐름을 타고 전신의 세포로 퍼져나가 구석구석까지 차오르는 액체의 동태動態는 성서 이야기를 떠올리게 합니다. 신이 사람의 코에 불어 넣은 숨이 신체 구석구석까지 차오르고, 그 사람을 생명이 있는 존재로 만들었듯이, 인간의 자발 호흡은 폐에서 들이마신 산소를 혈액에 실어 몸 구석구석으로 가게 하고, 그 사람을 생명이 있는 존재로 만듭니다. 유대인 철학자 요나스는 뇌사 상태인 인간의 신체가 "아직도 숨을 쉬고 맥박이 뛰며 기능하고 있다" "비록 뇌 기능이 상실됐지만 혼수 상태의 환자는 완전히 죽지는 않았다"라고 쓰면서, 신이 불어넣어 전신을 채우던 숨결이 뇌사 환자의 몸을 가득 채우는 모습을 뇌리에 떠올렸던 건 아닐까요?《책임이라는 원리》에서 강조한 '유아의 호흡' 역시 마찬가지일 것입니다. 이 생명관은 창조신이 없더라도 성립합니다. 즉 식물이 산소를 생산하고, 그 산소가 바람에 실려 사람의 폐까지 전달되어 혈류를 따라 모든 세포까지 전달되는, 바이오스피어 biosphere의 역동적이고 주체적인 흐름에 따라 인간의 몸은 숨의 생명으로 가득합니다.[64]

생명으로서 숨의 관념은 이 책 3장에서 기술했듯이 고대 인도 사회에서 널리 퍼졌으며, 전 세계에 보편적으로 존재했습니다. 생명에게 숨이란 무엇인가, 인간에게 숨이란 어떤 존재인가 하는, 이른바 '숨의 존재론'은 또 하나의 연구 주제입니다.

요나스로부터 이어지는 또 하나의 영역은 생물철학입니다. 생물철학은 뜻하지 않게 로봇과 인공지능 연구에서 시작됐습니다. 1960년대부터 자율적으로 움직이는 로봇 개발 연구가 진행되었지만, 프레임 문제라는 큰 벽에 부딪혔습니다. 인간이라면 어떤 행동을 하다가 미지의 사태에 직면했을 때, 이전 경험과 암묵지暗默知를 이용해 그 사태를 어떻게든 헤쳐갑니다. 그러나 로봇은 미리 프로그래밍해서 가르친 지식이 전혀 도움되지 않는 상황이 발생하면, 어떻게 할지 판단하지 못하고 그대로 얼어붙고 맙니다. 이 문제는 실용적 영역에서는 극복되어갔지만 이론적 영역에서는 해결되지 않았습니다.

철학자들은 그 이유가 로봇에 내장된 인공지능이 '신체' 안쪽에 살고 있지 않기 때문이 아닐까 하는 추측을 내놓았습니다. 하이데거 연구자 휴버트 드레이퍼스는 하이데거가《존재와 시간》에서 진술한 '전재성Vorhandenheit(눈앞에 있음)'과 '용재성Zuhandenheit(손안에 있음)'의 구별에 주목합니다.[65] 가령 눈앞의 망치는 데카르트적 시선에 따라 대상화되어 나타나면 눈앞에 있는 존재자이지만, 그 망치를 쥐고 못을 박는다는 일련의 지시 연관성과 연계되어 나타나면 손안에 있는 존재자입니다. 이렇듯 내가 일상생활 세계에서 이미 만났던 도구는 지시 연관성과 연계된 손안의 존재자로 나타납니다. 드레이퍼스는 전자인 '눈앞에 있음'을 'presence-at-hand', 후자인 '손안에 있음'을 'readiness-to-hand'라고 표현합니다. 인공지능에서 결여된 요소는 후자의 '손안에 있음' 차원에서의 이해 능력입니다. 내가 세상에 존재할 때 나는 항상 '손안에 있음'의 의미 연관에 둘러싸입니다. 인간이라면 누구나 장착한 의미 연관에 대한 이해 능력을 인공지능에는 탑재할 수 없었습니다. 그렇기 때문에 인공지능은 무엇이 자신에게 중요한지 결정해야 하는 상황에서 판단하지 못하고 멈춰버립니다.[66]

드레이퍼스는 한 걸음 더 나아갑니다. 가령 내가 방을 나가려고 문에 손을 댈 때, 나는 문을 단지 물질적인 존재로 경험하지 않습니다. 문은 '이곳을 빠져나가 밖으로 나가라'는 권유 같은 무언가로 내 앞에 존재합니다. 문으로부터의 권유는 내가 문손잡이를 잡았을 때 신체의 느낌이나 문밖에 어떤 공간이 펼쳐질까 하는 공상 등이 고구마 줄기처럼 연상작용을 일으킵니다. 문으로부터의 어포던스Affordance(특정 행동을 유도하는 성질, 행동유도성)를 내가 받아들이는 이유는 내가 몸 안쪽에 살고 있어서 행위를 둘러싼 의미 연관을 직접 파악할 수 있기 때문입니다. 그러나 인공지능은 몸 안쪽에 살지 않기 때문에 의미 연관을 파악할 수 없습니다. 드레이퍼스는 그것이 근원적인 문제라고 시사합니다. 그리고 인공지능의 의미 연관 기능이 가능하려면 진정한 의미의 하이데거형 인공지능을 만들어야 한다고 말합니다.[67]

이에 대해 최근 전혀 다른 각도에서 충격파를 주기 시작한 것이 요나스의 생물철학입니다. 요나스는 20세기 말에 사망했으며, 로봇과 인공지능 철학의 새로운 전개에 직접적으로 관여하지 않았습니다. 다만 1960년대 당시 요나스는 노버트 위너의 사이버네틱스Cybernetics를 염두에 두고 논의를 전개했는데, 그 사유 체계가 아득히 먼 금세기에까지 와닿은 것입니다.

이미 말했듯이 요나스는 원시 지구에서 세포막을 가진 세포가 탄생했을 때 '자유'가 탄생했다고 생각합니다. 세포는 세포막을 통해 세포 바깥에서 안쪽으로 영양분을 끌어들이고 불필요한 미세물질을 안쪽에서 바깥쪽으로 배출합니다. 미세물질이 세포막을 통해 연속적으로 드나들면서 세포는 생명을 유지합니다. 시간이 지나면 세포를 형성하는 물질은 모두 뒤바뀝니다. 하지만 세포는 물질의 변화보다 고차원에 존재하기에 생명체로서 동일성을 유지합니다. 물질이 모두 바뀌어도 세포의 모습과 기능은 계속 유지됩니다. 요나스는 여기에서 물질 차원으로부터 생명의 해방을 봅니다. 생명이라는 형식은 미세물질의 교체라는 물질 영역의 사건으로부터 초월한 차원에서 출현하며, 이런 의미에서 물질 영역으로부터 해방되었다는 것입니다. 요나스는 이 해방이야말로 생명이 가장 먼저 손에 넣은 '자유'라고 생각합니다.

그러나 다른 한편으로 생명은 세포막을 통한 미세물질의 교체·순환에 의해 속박됩니다. 만약 물질순환이 멈춰버리면 그것을 바탕으로 성립하던 생명 또한 소멸하고 맙니다. 생명은 이런 의미에서 물질순환에 의존하는 존재입니다. 요나스는 생명이 가진 이러한 조건을 '의존적 자유Bedürftige Freiheit'라고 부릅니다.[68] 물질순환이 멈추면 생명은 끝이 납니다. 생명은 항상 잠재적인 위험으로부터 생존을 위협받습니다. 생명은 끊임없이 물질순환하면서 자기를 존속시키는 숙명을 떠안습니다. 노력을 조금이라도 게을리하면 죽음에 직면합니다. 생명은 끊임없이 노력해서 자기 존속을 도모하지 않으면 죽고 마는 덧없는 존재입니다.

    요나스의 사고방식에 새로운 빛을 던진 사람이 프란시스코 바렐라입니다. 바렐라는 생물학 영역에서 오토포이에시스Autopoiesis, 자기창출 개념을 제창하고, 현상학과 인공지능 연구 영역에서 인액티비즘Enactivism, 행위적 산출주의, 행화주의 개념을 제창한 철학자·생물학자입니다. 오토포이에시스는 자신과 외계의 경계를 안쪽에서 스스로 창출하면서 살아가는 생물의 본질을 말하며, 인액티비즘은 인간이 몸의 행위를 통해 스스로에게 유의미한 환경을 산출하면서 인지능력을 가지게 된다는 인간 이해 관점입니다. 바렐라는 사후 출판된 2002년 논문 〈칸트 이후의 생명〉(안드레아스 베버 공저)에서 생명현상을 외부에서 관찰하는 게 아니라 안쪽에서 해석학적으로 이해해야 한다고 주장합니다. 왜냐하면 "생명은 말의 가장 강한 의미에서 항상 주관적"이기 때문입니다.[69] 오토포이에시스와 요나스의 대사형 생명론代謝型 生命論은 생명의 목적과 의의를 안쪽에서부터 탐구한다는 점에서 궤를 같이합니다.[70] 이것은 '주관성, 지향성, 의미'라는 요소로 특징되는 유기체적 현상학Organic Phenomenology이기도 합니다.[71] 바렐라와 베버는 세포막을 가진 유기체는 대사를 통한 "동일성을 유지하는 데 있어 어떤 기본적인 목적 즉, 생명의 긍정을 지니고 있다"라고 말합니다.[72] 그들의 논문은, 요나스의 생물철학이 1960년대 과학 수준 때문에 한계에 봉착했지만, 이제는 오토포이에시스 개념을 통해 요나스의 이론에 경험과학적 기반을 제공할 수 있게 되었다고 선언한 것입니다.[73]

톰 프로세와 톰 짐키의 2008년 논문 〈행위적 산출형 인공지능: 생명과 정신의 시스템적 조직화 탐구〉는 요나스와 바렐라 등이 촉발한 논의를 로봇과 인공지능 연구에 적용했습니다. 이들은 인공지능의 프레임 문제에 대해 요나스의 논의를 언급하며 "외부 관찰자의 눈으로 보아 '목표 지향적'이라고 기술할 법한 행동이 존재한다고 해도, 그 사실로부터 연구 대상 시스템 자체가 확실히 목표를 가지고 있다는 귀결을 이끌어낼 수 없다. 왜냐하면 그 목표는 내부에서 생겨난 내재적인 것이라기보다는 외부에서 강요된 외재적인 것이기 때문이다"라고 주장합니다.[74] 만약 인공지능 로봇이 자신의 '목표'를 갖는다면, 그 '목표'는 인공지능 로봇이 내부에서 자발적으로 만들어낸 것이어야 합니다. 그렇게 하려면 인공지능 로봇은 어떤 '신체'를 가져야 하는지가 본래 물어야 할 질문이라고 그들은 말합니다.[75]

프로세와 짐키는 요나스의 통찰을 빌려 "인공지능과 생명체는 무엇이 다를까? 인공지능은 '존재에 의한 존재being by being'이다. 즉, 인공지능은 행동할 수는 있지만, 그 행동이 반드시 스스로를 존재시키기 위한 것은 아니다. 이에 반해 생명체는 '행동에 의한 존재being by doing'이다. 즉, 생명체가 존재하려면 생명체는 세포막을 통해 미세물질이 드나드는 자기 구성적 행동을 끊임없이 수행해야 한다. 생명체가 그 행동을 그만두면 생명체는 결국 죽는다. 이 세상에 존재하지 않게 된다. 생명체의 존속에는 행동이 필수적이지만 인공지능의 경우는 그렇지 않다. 이것이 생명체와 인공지능의 결정적인 차이다"라고 단언합니다.[76] 바로 요나스가 '의존적 자유'라는 말로 표현하고자 했던 지점입니다.

물론, 물질대사하는 인공지능을 만들기는 어렵습니다. 그러나 프로세와 짐키는 인공지능이 프레임 문제를 해결하지 못하는 근본적인 이유가 '행동에 의한 존재'라는 생명체적 존재 양식을 갖지 못하기 때문이라고 진단합니다. 가령 인공지능의 스위치를 껐다가 다시 켜도 인공지능은 아무런 변화 없이 계속 움직입니다. 그러나 생명체는 일단 죽고 나면 다시는 움직이지 않습니다.[77] 죽으면 그것으로 끝이라는 절박함이야말로 생명체의 존재를 특징짓습니다. 그들은 생명체가 이런 절박한 상황 속에서 비로소 성립한다는 점에 프레임 문제 해결의 실마리가 있을 것이라고 예견합니다.

다시 말해, 생명체가 위험하고 불안정한 조건에서 자신을 능동적으로 창출하고 유지한다는 점에 주목해야 한다는 것입니다.[78] 마가렛 보든 또한 요나스를 인용하면서 세포대사의 중요성을 언급합니다. 마가렛은 세포대사를 "컴퓨터로 모델화할 수 있지만 컴퓨터로 실행할 수는 없다"[79]라며 인공지능 연구의 난제를 돌파하기 위해서는 세포대사에 착안해야 한다고 시사합니다. 프로세와 짐키는 한 걸음 더 나아가 "지향성을 가진 행위자의 생물학적 뿌리에 대한 더 나은 이론을 만들기 위해서는 최우선으로 박테리아 수준의 지성에 대해 더 잘 이해할 필요가 있다. 생명의 시작 그 자체로 돌아가야 지향성을 가진 행위자와 인지에 대한 확실한 이론을 확립할 기회가 주어진다"⁸⁰라고 주장합니다. 인간의 주체적인 자유와 자율의 수수께끼를 풀기 위해서는 원시 지구에서 일어난 세포 발생 현장까지 거슬러 올라가야 한다는 발상은 신선한 놀라움으로 다가옵니다.

사실 박테리아 수준까지 돌아가서 지능에 대해 탐구하는 시도는 이미 이루어지고 있습니다. 나카가키 토시유키·코바야시 료 등이 연구해온 '점균粘菌 컴퓨터'가 그 좋은 예입니다. 점균은 미로에 위치한 두 곳의 먹이를 연결하는 최단 경로를 찾아냅니다. 이와 같은 점균의 생존 행동은 점균이 스스로 '계산'한 것이라고 합니다.⁸¹ 즉, 점균은 내발적이고 자발적으로 생존을 위한 행동을 기동하여 최적해를 구하고, 나아가 최적해를 따르도록 자기 자신을 변형시킵니다. 점균은 생물 계산기라고 불려야 마땅하며, 인공지능의 프레임 문제를 아마도 해결한 듯 보입니다. 왜냐하면 점균에게 한층 더 어려운 과제를 주어 몰아붙였다고 해도 점균은 그 상황에 대응하여 전략을 다시 짜고 새로운 최적해로 스스로를 변형해갈 게 틀림없기 때문입니다. 점균은 미지의 환경 변화에 대해 스스로를 변용해서 창의적으로 대응하는 능력을 갖추었다고 생각됩니다.

코바야시에 따르면, 곤충이나 점균은 신체를 자율분산적으로 제어한다고 합니다. 이에 따르자면, 프레임 문제를 해결하기 위해서는 중추신경계와 유사한 중심제어시스템을 개발할 게 아니라 신체에 자율분산된 시스템을 개발하는 편이 나을지도 모르겠습니다. 여기서 제기되는 하나의 철학적 질문은, 만약 생명체의 자율분산적인 제어를 활용하여 프레임 문제가 해결된다면, 드레이퍼스가 말했던 세계 내부 존재를 기반으로 하는 하이데거형 인공지능이 실현되지 않더라도 프레임 문제가 해결되었다고 판단해도 되지 않을까 하는 것입니다. 프레임 문제는 신호를 조작하는 중추신경계 차원이 아니라, 대사계 또는 자율분산적인 제어계 차원에서 논의되어야 할지도 모릅니다. 하이데거형 인공지능을 제창한 드레이퍼스의 전망은 잘못되었을 가능성이 있으며, 요나스의 발상이 더 각광받을 수도 있습니다.[82]

애초에 인간은 정신적 존재이기 이전에 생물적 존재입니다. 인간의 주요 특징인 자유롭고 이성적인 행동의 근원이 정신성에 있는 것이 아니라 세포 수준에서의 생물성에 있을지도 모른다는 발상의 전환이 요나스의 생물철학과 21세기 인공지능 연구의 접점에서 생겨난 점은 신선한 자극을 줍니다. 저는 인간의 정신적인 면과 생물적인 면, 두 가지를 함께 시야에 두고 새로운 철학적 논의의 지평을 여는 생명철학을 정립하고 싶습니다. 다만 그 두 면은 결코 조화롭게 작용하지는 않습니다. 인간의 정신적인 면은 생물적인 면을 이성적으로 통제하려 하고, 인간의 생물적인 면은 이성적인 면을 원초적인 욕망으로 교란하고 늙음과 죽음으로 이성을 해체하기까지 합니다. 만약 인간의 자유와 이성의 기반이 박테리아 차원으로까지 되돌아간다면, 부여된 의무를 짊어질 존재로서의 존엄 또한 인간에게만 한정되지 않을 것입니다. 그 경우 우리는 식물과 박테리아의 존엄성을 정면으로 고찰해야 합니다. 바렐라 이후의 인공지능 연구가 열어젖힌 이러한 전망을 철학은 받아들일 수 있을까요? 인간이 늙고 죽어가는 과정은 이성과 자율을 서서히 잃고 단순한 생물적 존재로 내려가는 과정이기도 하지만, 그 생물적 존재 방식이야말로 자유와 존엄의 맹아라고 한다면 거기에 이르는 것이 반드시 절망이 아닐 수도 있습니다. 이는 향후 철학이 깊이 생각해야 할 지점입니다.

위에서 말했듯이, 생명철학은 현대 의료와 과학에도 깊이 연관됩니다. 생명철학이 얼마나 넓은 시야를 가졌는지 지금의 저로서는 상상할 수 없습니다. 어떤 면에서는 세계 여러 지역의 사상사를 파고들 것이고, 다른 면에서는 생명과 삶에 관한 개념에 대해 형이상학적으로 고찰해갈 것입니다. 또한 생명철학은 생명에서 고유한 논리 학문을 개척하는 시도이며, 생명과 삶을 제어하는 정치철학과 결부될 수도 있습니다. 생명철학에서 말하는 '생명'은 인생으로서 생명이기도 하고, 생물학적인 생명이기도 하며, 우주를 생성해가는 커다란 프로세스이기도 합니다. 생명철학은 그 영역 모두를 수비 범위로 삼아야 합니다. 생명철학의 내실은 그 내용을 만들어가는 과정에서 저절로 드러날 것입니다.

후기

고대에서 21세기까지 긴 여행을 했습니다. '태어나지 않는 게 더 나았다'라는 사상을 인류가 그토록 오랫동안 지속해온 것은 놀라운 일입니다. 현대철학에서 이 질문은 '인생의 의미 철학'이라는 영역에서 논의됩니다. 이 책은 '인생의 의미 철학'의 최첨단에 자리 잡고 있습니다.

동시에 이 책에서 고찰한 주제는 한층 더 큰 '생명철학' 장르에 속하기도 합니다. 생명철학은 아직 그 전모가 드러나지 않았습니다. 앞으로 긴 시간에 걸쳐 만들어가야 합니다. 세계를 시야에 놓고 구축해가고 싶습니다.

제 사색은 크게 '생명학'과 '생명철학'으로 나뉩니다. '생명학'은 지금 여기서 생각하고 있는 내가 미적거리지 않고 고찰 자체의 내부로 파고드는 지혜의 방법입니다. '생명철학'은 생명을 둘러싼 사건과 개념을 철학적으로 파고드는 학문 분야입니다. 이 두 가지는 밀접하게 관련되며, 제 내부에서는 마치 자동차의 두 바퀴처럼 서로 보충하면서 양립합니다. 그 두 영역에서 저는 다음과 같은 책을 간행했습니다(또는 간행할 예정입니다).

생명학

《(완전판) 종교 없는 시대를 살기 위하여宗教なき時代を生きるために》, 法藏館 1996·2019년.

《무통문명론無痛文明論》, トランスビュー 2003년.

《(결정판) 느끼지 못하는 남자感じない男》, ちくま文庫 2005·2013년.

생명철학

《만화 철학입문まんが哲学入門》, 講談社現代新書 2013년.

《탄생 긍정 철학誕生肯定の哲学》(출간 예정)

전집《생명철학으로!生命の哲学へ!》. 이 전집의 1부가 이 책《태어나지 않는 게 더 나았을까?生まれてこないほうが良かったのか?》(筑摩選書 2020)이다.

두 분야가 각각 3부작으로 출간되었는데, 미리 구상한 것은 아닙니다. 돌이켜보면 그런 길을 따라온 셈입니다. 이 중에서《(결정판) 느끼지 못하는 남자》는 영어 번역본이 출간되어 웹에서 읽을 수 있습니다. 다른 책들도 그렇게 되었으면 합니다. '생명학'과 '생명철학'을 함께 연구하면서 철학의 새로운 영역을 열어가고 싶습니다. 당분간은《생명철학으로!》2부와《탄생 긍정 철학》집필에 온 힘을 쏟을 예정입니다.

이 책의 간행에 많은 분들의 신세를 졌습니다. 특히 이 책을 원고 단계에서 읽고 귀중한 의견을 보내준 우메다 코타梅田孝太, 마나베 토모히로眞鍋智裕, 토비타 야스히로飛田康裕, 나카가와 유이치中川優一에게 진심으로 감사드립니다. 이 책에 잘못이나 부적절한 내용

이 있다면 모두 제 잘못임은 말할 필요도 없습니다. 또한 편집을 담당해준 이시지마 히로유키石島裕之에게 깊은 감사를 드립니다.《ちくま》에 연재를 시작한 지 너무 오랜 시간이 걸렸습니다. 이제 드디어 완성입니다.

2020년 8월 3일

모리오카 마사히로

---

* 이 책은 일본학술진흥회 과학연구비 기반연구C(20K00042), 기반연구A(17H00828), 기반연구B(20H01175)의 연구 성과이다.

미주

······ 서문 ······

1   Daniel Bonevac · Stephen Phillips eds., *Introduction to World Philosophy: A Multicultural Reader*(Oxford University press 2009년); Jay L, Garfield · William Edelglass eds., *The Oxford Handbook of World Philosophy*(Oxford University press 2011년) 등.

2   伊藤邦武 · 山内志朗 · 中島隆博 · 納富信留(책임편집), 《世界哲学史 1~8》 (ちくま新書 2020년).

3   太宰治, 《斜陽, 人間失格, 桜桃, 走れメロス 外七篇》(文春文庫 2000년), 105쪽.

4   이 책에서는 객관적인 관점에서 인간이 태어난 것을 부정하는 사상 전반을 '탄생 부정'이라고 부릅니다. 원래는 자신이 태어난 것과 인간이 태어난 것을 구별해야 합니다.

5   이 책은 2014~15년에, 잡지 《치쿠마ちくま》에 15회에 걸쳐 연재한 출생주의 사상사 관련 에세이 〈생명철학으로!生命の哲学へ!〉를 바탕으로 합니다. 괴테 · 베네타 · 쇼펜하우어 · 우파니샤드를 검토하던 중, 제가 도쿄로 전근하게 되어 연재가 중단됐습니다. 그 후 몇 년간 연재했던 글을 크게 가필 수정하여 이 책이 완성됐습니다. 이 책과 비슷한 관점에서 반출생주의 사상사를 개관한 책으로는 켄 코츠의 《반출생주의: 붓다에서 베네타에 이르는 거부주의철학*Anti-Natalism: Rejectionist Philosophy From Buddhism to Benatar*》(First Edition Design Publishing 2014)이 있습니다. 켄 코츠는 라메쉬 미슈라의 필명입니다. 인도 출생으로, 간행 당시 토

론토 요크대학 명예교수였으며 2015에 운명했습니다. 베네타가 쓴 서문에서는 미슈라가 철학 전문가는 아니지만 평범한 철학자가 쓴 책보다 좋다고 상찬합니다. 코츠는 힌두교·불교·쇼펜하우어·에드아르트 폰 하르트만·페테르 베셀 삽페·베네타·사뮈엘 베케트·사르트르 등의 사상과 작품을 다루고 있습니다. 2020년에 이 책의 집필을 마무리하던 중 나는 코츠의 책을 접하게 되었습니다. 언급된 철학자와 작가가 많이 겹치지만, 두 책의 내용은 상당히 다릅니다. 관심 있는 독자는 코츠의 책을 읽어보길 바랍니다. 그 밖에 관련된 책을 소개합니다. 공포소설 작가 토머스 리고티의 장대한 에세이《인류에 대한 음모: 공포의 계략 The Conspiracy against the Human Race: A Contrivance of Horror》(Penguin Books 2010·2018년)은 삽페의 사상에 기대어 반출생주의와 죽음에의 유인誘因 등에 대해 고찰한 책입니다. 베네타·쇼펜하우어·불교 등에 대한 언급이 보입니다. 이 밖에 아마추어 작가의 출판물도 있습니다. 주부인 사라 페리의《모든 요람은 묘지: 탄생과 자살의 윤리를 재검토하다 Every Cradle is a Grave: Rethinking the Ethics of Birth and Suicide》(Nine-Banded Books 2014년)는 출산과 자살을 반출생주의 관점에서 풀어 쓴 책입니다. 책 표지에 130여 명의 안락사를 도운 '죽음의 의사' 잭 케보키언의 그림을 사용하였으니 내용을 충분히 추측할 수 있을 것입니다. 시인 짐 크로포드의《반출생주의자의 고백 Confessions of an Antinatalist》(Nine-Banded Books 2014년)은 베네타·불교 등을 다루고 있습니다. 일본에서는 가토 히데이치《'개'에서 시작하는 생명론 個からはじめる生命論》(日本放送出版協会 2007년)이 압도적으로 이른 시기에 반출생주의를 다루어 주목을 받았습니다. 이 책의 서장은 "'나 따위 태어나지 않는 게 나았다' — 그것은 (…) 가장 깊은 자기 부정의 감정을 드러내는 말이다"로 시작합니다. 가토는 "'태어나지 않는 게 나았다'라고 음울하게 중얼거리건 '태어나서 좋았다'라고 밝게 노래하건 모두 무의미하다"라고 말합니다.

6 太宰治,《斜陽, 人間失格, 桜桃, 走れメロス 외 7편》, 106쪽.

1장

1 《파우스트》원전, 1335~1344행. 이하《파우스트》인용은 타가하시 켄지가 번역한《ファウスト》(角川文庫 1967년)를 따릅니다.
2 오시오 타카시는 다음과 같이 말합니다. 메피스토는 "신의 창조의 완전성을 부정하려는 하나의 '힘'이다. 인간과 신, 창조와 피조물의 세계를 밖에서 부정하려는 악의 힘의 인격화, 이것이 메피스토의 악마이다"(小塩節,《ファウスト: ヨーロッパ的人間の原型》, 日本同盟出版部 1972년, 110쪽). 이 배경에는 그노시스주의Gnosticism, 영지주의가 깔려 있습니다. 그노시스주의에 대해서는 2장에서 다시 이야기합니다.
3 《파우스트》원전, 1699~1702행.
4 《파우스트》원전, 4596행. 덧붙여서 모리 오우가이는 "아. 나는 태어나지 않으면 좋았다"(森鷗外,《ファウスト 森鷗外全集》, ちくま文庫 1996년, 340쪽)라고 번역합니다. 와타나베 노부오는 "이것은 문자 그대로는 더 이상 살고 싶지 않다는 절망적인 바람이다"(渡邊信生,《ゲーテ'ファウスト'》(1부), 鳥影社 2010년, 539쪽)라고 주석을 달았지만, 매우 잘못된 해석임은 말할 필요도 없습니다. 오구리 히로시는 파우스트의 이 말이 무의미한 탄성이며 변변치 못하고 비겁하다고 단정하지만(小栗浩,《ファウスト'論考: 解釈の試み》, 東洋出版 1987년, 39쪽), 이 또한 완전히 틀렸습니다. 이 표현에는 이 책 2장에서 확인하듯이 고대 그리스적 탄생 부정 사상이 반영되었습니다.
5 《파우스트》원전, 4604. 시바타 쇼는 이 부분을 "살아가기 위한 것이다"(柴田翔,《ファウスト》, 講談社 1999년, 278쪽)라고 번역합니다. 와타나베 노부오는 이 말을 "그런 줄 모르고 장래의 일, 즉 '그녀는 살 것이다'라고 예언한 것이다"(渡邊信生,《ゲーテ 'ファウスト'》(1부), 540쪽)라고 해석합니다. 이는 제가 작품을 이해하는 관점과 전혀 다릅니다. 또한 이케우치 오사무는 "구하러 왔다!"(池内紀,《(신역결정판) ファウスト》(1부), 集英社 1999년, 241쪽), 모리 오우가이는 "너의 목숨을 구하러"(森鷗外,《ファウスト 森鷗外全集》, 340쪽)라고 번역합니다. 그러나

"Du sollst leben!"은 의역하지 않고, 문자 그대로 "너는 살아야 해!"라는 의미로 읽어야 합니다. 왜냐하면 이 부분에서 최대 주제는 '태어나는 것'과 '계속 살아가는 것'이지, 사람이 사람을 '구하는 것'이 아니기 때문입니다.

6 《파우스트》원전, 11579~111586행.

7 시바타 쇼는 "파우스트의 몽상은 무덤을 파는 소리를 착각한 것이기 때문에 파우스트의 영주로서의 모든 활동이 메피스토의 말처럼 '뭔가 시시한/공허한 순간'이었다"며, "내기에서 메피스토의 승리, 파우스트의 패배는 최종적, 결정적"이라고 봅니다. 그리고 "여기에는 작자 괴테의 깊은 절망이 숨겨져 있습니다"라고 결론짓습니다(柴田翔,《ファウスト'を読む》(2부), 白水社 1998년, 221쪽). 저는 시바타의 해석이 지극히 일방적이라고 생각합니다. 하지만 내기에서 파우스트와 메피스토 중 누가 이겼는지는《파우스트》연구사에서 큰 문제였습니다. 도쿠자와 도쿠지는(徳沢得二,《ゲーテ'ファウスト'論考》, 勁草書房 1968년, 132~141쪽)에서 앞의 여러 설을 정리해놓아서 참고할 만합니다.

8 쿠리타 케이코는 영혼의 상승과 정화의 묘사 부분에서 플로티노스 철학의 영향을 받았다고 봅니다. 파우스트보다 먼저 영혼이 정화된 그레트헨은 "자기 영혼의 상승뿐만 아니라, 말하자면 파우스트의 천사가 되어 그의 영혼을 신적인 것으로 이끌기를 원한다"(栗田圭子,〈ファウスト昇天と新プラトン主義〉,《上智大学ドイツ文学論集》55호, 89~118쪽)는 것입니다. 파우스트가 구원받는 의미에 관해서는 많은 연구가 축적되었으며, 그 개요는 히라마츠 토모히사의 논문에 소개되어 있습니다(平松智久,〈ゲーテ《ファウスト》における諦念〉,《ドイツ文学論集》47호, 日本独文学会中国四国支部 2014년, 5~18쪽). 탄생 부정과 삶의 긍정에 대해서는,〈욥기〉와의 관련 및 변신론弁神論과의 관련이 중요한데, 이 책에서는 다루지 못했으며 후일을 기약하겠습니다.

9 《파우스트》에서 말하는 것은 '삶의 긍정'이며, 제가 말하는 '탄생 긍정'은 명시적으로 언급되지 않는 것 같습니다.

10 "너무나도 잘 어울리는 여자"라고 썼지만, 일반적으로 그레트헨은 파우

스트에 대한 사랑과 헌신으로 그의 영혼을 정화하는 존재로 해석됩니다(栗田圭子, 〈ゲーテ《ファウスト》最終場面における人格の救済: マックス・コメレルによる分析〉, 《上智大学ドイツ文学論集》53호, 44쪽 참조).

11 사실 파우스트는 메피스토의 힘으로 젊음을 되찾아 다른 삶을 살고자 했습니다.

...... 2장 ....

1 William Shakespeare, *The Tragedy of Hamlet, Prince of Denmark*, 1605년; 松岡和子 옮김, 《ハムレット》(ちくま文庫 1946년), 119쪽.
2 William Shakespeare 지음, 松岡和子 옮김, 《ハムレット》, 124쪽.
3 켄 코츠도 이 말을 반출생주의 사상으로 해석합니다(Ken Coates, *Anti-Natalism*, 5쪽).
4 磯山甚一, 〈ハムレットの 'To be, or not to be': 何が問題なのか〉(文教大学文学部, 《文学部紀要》31(1)호, 2015년), 1~26쪽. 하마다 아야노는 이 말을 둘러싼 종래의 학설은 자살설이나 복수설 중 하나일 거라고 말합니다(〈ハムレットの独白 "to be, or not to be" の新たな展開: ハムレットの心の軌跡〉, 《神奈川大学大学院言語と文化論集》3권, 1996년, 23~50쪽). 이런 점에서 이소야마의 해석은 그 어느 쪽에도 속하지 않습니다. 또 하시모토 츠요시의 논문 〈用意が一番("The readiness is all"): ハムレットの選択肢〉, 《神奈川大学言語研究》28호, 2005년, 207~227쪽)도 참고할 만합니다. 덧붙여서, 다음 장에서 고찰하는 쇼펜하우어는 《햄릿》에 대해 자살설을 취합니다(《意志と表象としての世界》(정편 2), 59절, 37~38쪽: 초판, 579쪽).
5 Sophocles, *Oedipus Tyrannus*, 기원전 425년 초연; 高津春繁 옮김, 《コロノスのオイディプス: ギリシア悲劇(2)》(ちくま文庫 1986년), 514~515쪽.

6 Sophocles 지음, 高津春繁 옮김, 《コロノスのオイディプス: ギリシア悲劇(2)》, 358쪽.

7 모리 시게유키는 여기에서 부모가 원하지 않았는데 태어난 아이가 가지는 '나는 살 가치가 있을까'라는 의문을 포착했습니다. 모리는 자식을 죽이고 싶은 욕망을 가진 부모의 공격성을 '라이오스 콤플렉스Laius Complex'라고 부른 선행 연구를 소개하며, 그런 부모 밑에서 태어난 '라이오스의 자식'이 살아갈 삶의 고단함과 어려움을 흥미롭게 지적합니다. 森茂起, 〈生を支える意志について: フェレンツィとドルトを参照して〉, 《心の危機と臨床の知》 20호(甲南大学人間科学研究所 2019년), 43~58·50쪽 참조.

8 Theognis 지음, 西村賀子 옮김, 《エレゲイア詩集》(京都大学学術出版会 2015년), 160쪽.

9 小野寺郷, 〈テオグニスとニーチェ〉(筑波大学哲学·思想学会, 《哲学·思想論叢》 12호, 1994년, 13~20쪽), 19쪽, 각주 4.

10 이와 관련하여, 후루타 테츠야는 《부도덕적 윤리학 강의: 인생에서 운이란 무엇인가 不道徳的倫理学講義: 人生にとって運とは何か》(ちくま新書 2019)에서 테오그니스와 소포클레스의 《오이디푸스왕》《콜로노스의 오이디푸스》에 대해 상세하게 고찰하고 있어 참고할 만합니다. 뒤에서 설명하겠지만 니체도 이 문제를 언급합니다.

11 飯謙, 〈コヘレト書の成立年代について〉, 《神戸女学院大学論集》 52권 2호, 2005년, 91~101쪽.

12 月本昭男 옮김, 〈コヘレト書〉(旧約聖書翻訳委員会 편역, 《旧約聖書 4》, 岩波書店 2005년), 581쪽.

13 月本昭男 옮김, 〈コヘレト書〉, 19~20쪽.

14 月本昭男 옮김, 〈コヘレト書〉, 582쪽.

15 月本昭男 옮김, 〈コヘレト書〉, 585쪽.

16 月本昭男 옮김, 〈コヘレト書〉, 588쪽.

17 月本昭男 옮김, 〈コヘレト書〉, 588쪽.

18 月本昭男 옮김, 〈コヘレト書〉, 594쪽. 인용문에서 대괄호([ ]) 안은 제

가 보충했습니다(이하 동일).

19 月本昭男 옮김,〈コヘレト書〉, 586~587쪽.

20 우에무라 시즈카는 코헬렛의 메시지를 "삶, 그 자체에 이미 가치가 있다. 왜냐하면 인간 존재는 신이 '영원'을 부여해 아름답게 만든 '모든 것'의 일부니까"라고 정리했습니다. 다만 사람은 그 영원을 찾을 수는 없습니다(上村靜,〈コヘレトとイエス―ニヒリズムによるエゴイズムの克服〉(日本聖書学研究所 편,《聖書学論集 46 聖書的宗教とその周辺》, LITHON 2014년, 215~238쪽), 222쪽.

21 関根正雄,《関根正雄著作集 旧約学論文集 上》, 新地書房 1979년, 449쪽.

22 〈マルコ〉(新約聖書翻訳委員会 편역,《新約聖書》, 岩波書店 2004년), 14:21, 60쪽. 엄밀히 말하면, 이 말은 다른 사람에게 하고 있으므로 이 책에서 말하는 '탄생 부정'은 아닙니다만, 사상의 전파라는 관점에서 여기에 소개했습니다. 덧붙여 예수의 이 말씀은 〈마태복음〉에는 동일한 문구가 있지만, 〈누가복음〉과 〈요한복음〉에는 없습니다. 공관복음서에서는 〈마가복음〉이 〈마태복음〉과 〈누가복음〉에 영향을 주었다고 보는데, 특히 〈누가복음〉에서 〈마태복음〉의 문장을 의도적으로 사용하지 않았을 가능성도 있습니다. 〈누가복음〉의 작자가 보기에 예수의 이 말은 부정적인 힘이 너무 강했던 걸까요? 이런 점들을 함께 고려하면, 여기에서 '타인의 탄생을 부정'하는 저주의 형식이 드러났음을 알 수 있습니다. 이 책에서는 다루지 않지만, 이 논점도 생명철학에서 논의할 큰 주제 중 하나일 것입니다.

23 오오누키 다카시는 그노시스주의가 '현실의 인간은 설 자리를 잘못 잡고 있다. 본래의 장소로 되돌아가지 않으면 안 된다'라고 주장했다고 말합니다(大貫隆 옮김·해설,《グノーシスの神話》, 講談社学術文庫 2014년(원저 1994년), 3쪽).

24 大貫隆 옮김·해설,《グノーシスの神話》, 27쪽.

25 츠츠이 겐지는 〈코헬렛서〉가 그노시스주의에 영향을 미쳤을 가능성을 시사합니다(筒井賢治,《グノーシス: 古代キリスト教の'異端思想'》, 講談社

選書メチエ 2004년, 189쪽).

26 그노시스주의는 이후 유럽에 큰 영향을 미쳤습니다. 괴테의 《파우스트》 2부 마지막 장면에서 파우스트의 영혼이 천상으로 올라가는 모습은 정말 그노시스주의의 구원을 떠올리게 합니다.

27 기원전에 생명철학의 교류를 촉진한 주체는 그리스에서 인더스강에 이르는 영토를 다스린 알렉산드로스제국으로, 지중해와 아시아를 아우르는 문명교류권역을 구축했습니다.

28 Emil Mihai Cioran, De l'inconvénient d'être né, Arcade Publishing 1973년; 出口裕弘 옮김, 《生誕の災厄》(紀伊國屋書店 1976년).

29 Emil Mihai Cioran 지음, 出口裕弘 옮김, 《生誕の災厄》, 16쪽.

30 Emil Mihai Cioran 지음, 出口裕弘 옮김, 《生誕の災厄》, 34쪽.

31 Emil Mihai Cioran 지음, 出口裕弘 옮김, 《生誕の災厄》, 276쪽.

32 大谷崇, 《生まれてきたことが苦しいあなたに: 最強のペシミスト・シオランの思想》(星海社新書 2019년), 328쪽.

33 오오타니는 한 걸음 더 나아가 다음과 같이 말합니다. 시오랑의 마지막 단계의 염세주의는 '모든 것이 존재해서는 안 된다'입니다. 그러나 그 염세주의는 결국 '존재해서는 안 된다'라는 명제마저 '존재해서는 안 된다'라는 지경에 이르는데, 역설적으로 '벌거벗은 생존'만 남게 됩니다(大谷崇, 〈生きる知恵としてのペシミズム―シオランにおける憎悪とペシミズム〉,《早稲田大学大学院文学研究科紀要 第一分冊 哲学 東洋哲学 心理学 社会学 教育学》 59호, 2014년, 131~143쪽), 139쪽). '태어나지 않는 게 나았다'라거나 '모든 것이 존재해서는 안 된다'라는 사상을 극한까지 파고들어도, 어떤 수미일관한 세계관에 이르지는 못합니다.

34 Emil Mihai Cioran, Pe Culmile Disperăii, FPLA 1934년; 金井裕 옮김, 《絶望のきわみで》(紀伊國屋書店 1991년), 91쪽. 원저는 루마니아어로 1934년에 발간됐고, 이 번역서는 프랑스어판을 번역했습니다.

35 Emil Mihai Cioran, Cahiers 1957-1972, Gallimard 1997년; 金井裕 옮김, 《Cahiers 1957-1972》(法政大学出版局 2006년), 412~413쪽.

36 藤本拓也, 〈シオランの自殺念慮と自己受容: 無用性から無名の宗教性

へ〉(《死生学研究》15호, 2011년, 82~108쪽), 97쪽.

37 大谷崇, 〈生きる知恵としてのペシミズム: シオランにおける憎悪とペシミズム〉, 116~117쪽.

38 大谷崇, 〈生きる知恵としてのペシミズム: シオランにおける憎悪とペシミズム〉, 56쪽.

39 Benatar의 영어 발음은 '베네타'라고 들립니다.

40 David Benatar, *Better Never to Have Been: The Harm of Coming into Existence*, Oxford University Press 2006년; 小島和男・田村宜義 옮김, 《生まれてこないほうが良かった: 存在してしまうことの害悪》(すずさわ書店 2017).

41 요시모토 시노구도 '탄생해악론'이라고 부릅니다(吉本陵, 〈人類の絶滅は道徳に適うか?: デイヴィッド・ベネターの'誕生害悪論'とハンス・ヨーナスの倫理思想〉, 《現代生命哲学研究》3호, 2014년, 50~68쪽). 요시자와 후미타케는 '탄생해악설'이라고 부릅니다(吉沢文武, 〈ベネターの反出生主義をどう受けとめるか〉, 《現代思想》2019년 9월호, 129~137쪽).

42 "Coming into existence is always a harm." 앞에서 인용한 베네타의 책 *Better Never to Have Been* 2장 제목의 일부이기도 합니다.

43 일본어에서는 '良い' '善い' 'よい' 이 세 단어를 세 가지를 구분해서 사용하는데, 여기에서는 모두 '좋다'는 의미로 사용합니다. 참고로 영어의 'good'에는, '좋다/나쁘다'에서 '좋다'와 '선/악'에서 '선'이라는 두 가지 의미가 있으며, 더하여 일본어에서는 'good'과 관계가 없는 '~하는 편이 좋다'라고 할 때의 '좋다'로 쓰는 사용법이 있습니다.

44 엄밀하게는 '어떤 사람이 존재한다exist'와 '어떤 사람이 결코 존재하지 않는다never exist'의 비교입니다. 'never'에는 그 사람은 일찍이 한 번도 존재한 적이 없다는 의미가 담겨 있습니다. 즉, 여기에서는 태어나지 않는 상황이지 죽은 후의 상황을 설정한 것이 아닙니다.

45 David Benatar, *Better Never to Have Been*, 38쪽 '표 2.1' 수정 인용(번역서, 48쪽).

46 누구에게 좋은가 하면 정확히는 두 가지 경우를 의미합니다. 하나는 지

금 존재하는 사람일 경우로, 그 사람이 존재하지 않았더라면 없었을 고통에 대한 것입니다. 또 다른 하나는 애초에 존재하지 않는 사람일 경우로, 존재할 가능성만 있는 사람에게 생길 수도 있는 고통에 대한 것입니다. 이 두 가지 경우, 고통의 부재는 동시에 반사실적인 그들에게 좋은 것이라고 베네타는 말합니다. David Benatar, *Better Never to Have Been*, 30~31쪽(번역서, 39~40쪽).

47 다만, 베네타는 지금 존재하는 사람이 죽어서 존재하지 않게 될 경우는 그 사람이 계속 살아 있었다면 느꼈을 쾌락이 박탈되기 때문에 '나쁜 것은 아니다'라고 말할 수 없다고 주장합니다. 이 사분면 표에서 베네타는 사람이 아직 태어나지 않은 경우만을 염두에 두었습니다.

48 David Benatar, *Better Never to Have Been*, 32쪽(번역서, 41쪽).

49 기분이 좋아질 게 틀림없는 해변에서 사람들이 그런 기분을 느끼지 않는다면 당연히 나쁜 상황입니다. 하지만 이는 사람들이 그 섬에 존재할 때 그렇다는 것이지, 애당초 섬에 사람들이 존재하지 않는다면 그렇지 않습니다.

50 앞에서 인용한 베네타의 책에는 이 논의와 똑같은 내용이 없습니다. 베네타의 논의에 제가 추가하여 작성했습니다.

51 예를 들어, 만화책을 읽다가 조는 건 '나쁜 것은 아니다'이지만, 그렇다고 특별히 '좋은 것'도 아닙니다.

52 David Benatar, *Better Never to Have Been*, 47~48쪽(번역서, 56쪽).

53 "The pleasures in A are not better than the absent pleasures in B"(Benatar, *Better Never to Have Been*, 41쪽, 번역서, 51쪽). "② is not an advantage over ④."(Benatar, *Better Never to Have Been*, 43쪽, 번역서, 53쪽).

54 David Benatar, *Better Never to Have Been*, 41~42쪽(번역서, 50~52쪽).

55 베네타의 논리라면 후자는 전자와 같거나 전자를 상회하므로 저는 이렇게 썼습니다.

56 요시모토 시노구도 이 부분을 베네타의 결점이라고 봅니다(吉本陵, 〈人類の絶滅は道徳に適うか?〉, 56~57쪽).

57 베네타의 논리를 정확하게 따라가면 이렇게 됩니다. 어떤 사람이 죽음

으로써 쾌락이 박탈되는 것은 '나쁜bad' 상황입니다. 이 경우, 죽기 전과 죽은 후를 비교하면 bad는 비교급인 worse가 되어, 죽은 후가 '더 나쁜worse' 상황입니다. 그런데 지금 우리가 논의하는 것은 태어나기 전의 비존재인 경우로, 그때는 아무런 쾌락의 박탈이 없으므로 '나쁘지 않은 not bad' 상황입니다. 이때 태어나기 전과 태어난 후를 비교하면 (죽기 전과 죽은 후를 비교할 경우 bad가 비교급인 worse가 된 것처럼) not bad는 비교급인 not worse가 되므로, 태어나기 전은 태어난 후보다 '더 나쁘지는 않은not worse than' 상황입니다(David Benatar, *Better Never to Have Been*, 41~42쪽). 후자에서 not bad를 not worse로 변환하는 지점에서 베네타의 눈속임이 있습니다. 왜냐하면 삶에서 죽음으로 이행할 때는 쾌락의 박탈이 있기 때문에 bad지만, 무에서 생으로 이행할 때는 쾌락의 박탈이 없기 때문에 not bad라는 판단에만 영향을 줄 뿐 존재와 비존재의 선악을 비교하는 판단 자체에는 전혀 영향을 주지 않습니다. 그럼에도 베네타는 마치 영향을 주는 것처럼 인상을 조작했습니다. 이 점은 다른 논문에서 자세하게 서술할 예정입니다. 또한 베네타는 '비존재가 존재보다 더 나쁘다'는 아님을 논증하려고 하지만, 그렇게 해서는 '애초에 비존재와 존재의 선악을 비교할 수 없다'라는 주장을 물리칠 수 없습니다. 이 점에 대해서는 7장에서 고찰하겠습니다.

58 Fehige의 독일어 발음은 'フィーエゲ'로 들립니다. 번역서에는 'フェーイゲ'라고 표기되어 있는데, 그 표기도 관례에 따랐으므로 가타카나 표기는 양쪽 모두 괜찮다고 생각합니다.

59 페히게의 논의는 David Benatar, *Better Never to Have Been*, 54~57쪽(번역서, 64~67쪽) 참조. 베네타는 제가 본문에서 정리한 내용을 논의하지는 않았습니다. 베네타가 페히게를 어떻게 생각하는지는 같은 책 참조.

60 이 논리를 죽음에 적용하면 어떤 인간이든 '죽는 게 낫다'라는 결론이 도출될 것 같지만, 베테나는 그렇지 않다고 생각합니다. 왜냐하면 죽음으로 인해 그 사람에게서 지금 존재하는 쾌락 혹은 앞으로 존재할 쾌락이 박탈되는 악이기 때문입니다.

61　David Benatar, *Better Never to Have Been*, 48쪽(번역서, 58쪽). 이렇게 주장한 사람은 베네타가 처음은 아닙니다. 3장 참조.

62　David Benatar, *Better Never to Have Been*, 161쪽(번역서, 169쪽). 번역서는 '임신중절 찬성파'라고 해석했지만, 베네타의 입장은 pro-choice(태아선택주의, 낙태찬성주의)보다 강합니다. 낙태와 관련해서는 'pro-life(태아생존주의)' 'pro-choice' 이 두 가지 견해가 있는데, 베네타는 여기에 'pro-death(태아사망주의)'를 추가하자는 것입니다.

63　David Benatar, *Better Never to Have Been*, 162쪽(번역서, 170쪽).

64　David Benatar, *Better Never to Have Been*, 182쪽(번역서, 190쪽).

65　Zapffe의 노르웨이어 발음은 'ツァプファ' 'サッファ' 'ザッファ' 등으로 들립니다.

66　Peter Wessel Zapffe, *Om Det Tragiske, Pax* 1996년; Gisle Tangenes, "The View from Mount Zapffe", *Philosophy Now* 45(4), 2004년. 삽페는 노르웨이 철학자로, 1933년에 펴낸 그의 시적 에세이 《마지막 메시아*Den Sidste Messias*》는 반출생주의 문헌으로 자주 언급됩니다. 진화된 인류의 뇌가 만들어낸 문명이 인류를 고난에 몰아넣고 있으므로, 인류는 더 이상 아이를 낳지 말고 지구를 평온하게 만들어야 한다고 주창합니다. 삽페나 시오랑에서 볼 수 있듯이, 인간 존재를 악으로 보는 견해는 그노시스 사상이 영향을 끼쳤습니다. 요시모토도 베네타의 반출생주의는 그노시스주의의 현대판이라고 분석합니다(吉本陵, 〈人類の絶滅は道徳に適うか?〉, 67쪽).

67　이와 관련해서는 3장에서 서술합니다.

68　David Benatar, *Better Never to Have Been*, 199쪽(번역서, 206쪽).

69　제가 알고 있는 예외는 하트만과 프로이트입니다. 3장 참조.

70　David Benatar, "The Misanthropic Argument", in David Benatar and David Wasserman, *Debating Procreation: Is It Wrong to Reproduce?*(Oxford University Press 2015년), 78~121쪽. 베네타는 인간이 태어난 상황을 고려하며서 진행된 출산 자제 논의를 '인간 박애적(긍정적) 논의 Philanthropic Argument'라 부르며 '염세적 논의'와 대비시킵니다.

71 David Benatar, *The Human Predicament: A Candid Guide to Life's Biggest Questions*(Oxford University Press 2017년), 2쪽.
72 David Benatar, *The Human Predicament*, 200쪽.
73 David Benatar, *The Human Predicament*, 35쪽.
74 David Benatar, *The Human Predicament*, 210쪽.
75 David Benatar, *The Human Predicament*, 179쪽.
76 David Benatar, *The Human Predicament*, 166쪽.
77 David Benatar, *The Human Predicament*, 186쪽.
78 David Benatar, *The Human Predicament*, 193쪽.
79 David Benatar, *The Human Predicament*, 194쪽.
80 David Benatar, *The Human Predicament*, 165쪽.
81 Jan Narveson, "Utilitarianism and New Generations", *Mind* 76, 1967년, 62~72쪽; Hermann Vetter, "Utilitarianism and New Generations", *Mind* 80, 1971년, 301~302쪽. 덧붙여서 데릭 파핏은 《이유와 인격》에서 나베슨의 이 논문이, 인간을 낳는 것의 가치에 대한 지평을 새롭게 연 개척자라며 높이 평가했습니다(Derek Parfit, *Reasons and Persons*, Oxford University Press 1984년, 394·525쪽).
82 Jan Narveson, "Utilitarianism and New Generations", 70쪽.
83 Jan Narveson, "Utilitarianism and New Generations", 72쪽.
84 Jan Narveson, "Utilitarianism and New Generations", 72쪽.
85 Hermann Vetter, "Utilitarianism and New Generations", 302쪽. 번역 과정에서 다소 의역했습니다. 베터의 '행복한 경험이 박탈된 곳의 인간 주체는 어느 한 사람도 존재하지 않기 때문에'는 베네타의 비대칭성 공리의 ④'쾌락의 부재는 그 부재가 박탈되어 버릴 누군가가 없을 때에 한하여 나쁘지 않다'를 상기시킵니다(David Benatar, *Better Never to Have Been*, 30쪽, 번역서, 39쪽).
86 Hermann Vetter, "The Production of Children as a Problem of Utilitarian Ethics", *Inquiry* 12, 1969년, 445~447쪽.
87 Karl Raimund Popper, *The Open Society and Its Enemies*, Routledge

1945년; 內田詔夫·小河原誠 옮김, 《開かれた社会とその敵 1부 プラトンの呪文》(未來社 1980년), 245쪽. 번역은 다소 변경했습니다.

88 Negative Utilitarianism은 지금까지 '소극적 공리주의'로 번역되었지만, 의미로 본다면 '음陰의 공리주의' 또는 '마이너스 공리주의'로 번역하는 것이 좋을 듯합니다.

89 Roderick Ninian Smart, "Negative Utilitarianism", *Mind* 67, 1958년, 542~543쪽.

90 Roderick Ninian Smart, "Negative Utilitarianism", 543쪽.

91 스마트는 "Which is admittedly fanciful, though unfortunately much less so than it might have seemed in earlier times"라고 썼습니다(Roderick Ninian Smart, "Negative Utilitarianism", 542쪽).

92 베네타는 인류의 즉각 소멸을 긍정하지는 않지만, 가능한 한 빠른 멸종을 제창합니다.

93 Nicolaas Thomas Bernhard,"Gehen", 1971; 初見基 옮김, 《アムラス》(河出書房新社 2019년)에 수록, 139쪽.

94 예를 들어 테오필 드 지로의 《출산자를 단두하는 기법: 반출생주의 선언 *L'art de guillotiner les procréateurs: Manifeste anti-nataliste*》(Le Mort-Qui-Trompe 2006)는 반출생주의라는 말을 적극 도입합니다. 이 책은 동서고금의 반출생주의적 언어를 방대하게 수집합니다. 내용은 문학적입니다. 토마스 리고티도 자신의 웹사이트를 통해 반출생주의적 언어 앤솔로지를 내보입니다(Thomas Ligotti, "Antinatalism: list of books, articles and quotes". http://www.ligotti.net/showthread.php?p=93087). 이 단어 목록은 유용하지만 아시아 항목에서 확인하듯이 문헌 인용에서 정확하지 않은 부분이 있습니다. '자주적인 인류 멸종 운동Voluntary Human Extinction Movement'은 레스 나이트에 의해 시작되었으며, 지구환경을 위해 인류 멸종을 목표로 삼고 있습니다. 또 영국에는 '반출생주의 당The Anti Natalist Party'이라는 단체가 있습니다. 아이를 갖지 않고 사는 차일드 프리Child Free 운동도 반출생주의와 관련됩니다. BBC의 온라인 홈페이지 기사 "Anti-natalists: The people who want you to stop

having babies"(2019년 8월 13일)에 따르면, 페이스북 등에서 반출생주의 모임이 증가하고 있습니다. 기사는 그 이유를 환경문제에 대한 우려나 정신건강과 관련이 있다고 소개합니다. 《가디언*Guardian*》지는 "I wish I'd never been born: the rise of the anti-natalists"(2019년 11월 14일) 기사에서 베네타의 철학에서 비건 운동veganism에 이르기까지 반출생주의 운동을 아주 잘 정리했습니다. 온라인 사이트 'Refinery29'의 기사 "Antinatalism: The Popular Reddit Movement To Stop Procreation"(2019년 8월 15일)도 젊은이들 사이에 침투하기 시작한 반출생주의를 다루고 있습니다. 《뉴요커*New Yorker*》지는 기사 "The Case for Not Being Born"(2015년 11월 27일)에서 베네타와의 긴 인터뷰를 실었습니다. 일본에서는 잡지 《현대사상現代思想》(2019년 11월호)이 반출생주의 특집을 진행했는데, 주로 베네타의 철학을 둘러싼 논의가 중심입니다. 저는 이 잡지 앞부분에서 토야 히로시와 대담했습니다. 또한 저는 2011년부터 '탄생 긍정' 개념을 제창하고, 연이어 논문을 간행했으며, 이 책 역시 그 연구 과정에서 나오게 되었습니다.

...... 3장 ....

1   Arthur Schopenhauer, *Die Welt als Wille und Vorstellung*, 정편 1819년·속편 1844년; 정편은 西尾幹二 옮김,《意志と表象としての世界》(1~3), 中央公論新社 2004년(이하《정편》), 속편은 有田潤·飯島宗享·岩波哲男·塩屋竹男 옮김,《ショーペンハウアー全集》(5~7권), 白水社 1973·1974년(이하《속편》)에서 인용했으며, 번역은 적절하게 변경했습니다. 그 외 쇼펜하우어 저작은 위의《ショーペンハウアー全集》(이하《전집》)을 참조했습니다.
2   쇼펜하우어는 이 두 가지에 더해 플라톤 철학을 또 하나의 준거로 삼았습니다.
3   물론 쇼펜하우어에 대한 전문적인 연구는 국내외에서 끊임없이 이어졌으며, 연구서도 계속 출판되고 있습니다.
4   이 책에서는 이 시기의《정편》·《속편》 2판을 기본 텍스트로 채택했습니다.
5   쇼펜하우어는《정편》에서 "현상이란 표상으로, 그 이상의 것이 아니다. 어떤 종류의 것이든 모든 표상, 즉 모든 '객관'은 '현상'이다"라고 썼습니다(《정편》1, 21절, 243쪽). 여기에서 표상은 객관과 등치(동일한 결과)입니다. 다만,《속편》에서는 생리학적 견지에서, 표상이란 "어떤 동물의 뇌수 내에서 일어나는 극히 복잡한 '생리학적' 사건으로, 그 결과가 바로 그 뇌수 내에 생기는 어떤 '형상'의 의식이다"라고도 썼습니다(《속편》, 6권, 10쪽, 작은따옴표(' ')는 번역서). '표상'이라는 개념의 의미가 아주 명쾌하지는 않습니다.
6   《정편》1, 22절, 247~248쪽. 더불어 쇼펜하우어는 "세계는 나의 표상이다" "세계는 나의 의지이다"라고 서술했습니다(《정편》1, 1절, 5·9쪽).
7   《정편》1, 21절, 242~243쪽.
8   《정편》1, 22절, 247쪽. 그리고 그는 "모든 객관은 의지의 현상으로, 의지가 눈에 보이게 된 것이며, 달리 말하면 이 의지의 객체성이다"라고 말합니다(《정편》1, 21절, 243쪽). "모든 자연은 살고자 하는 의지의 현

상"이라는 표현도 사용합니다(《정편》2, 54절, 250쪽).

9 효도 다카오는 '살고자 하는 의지'를 '일종의 생명의 원리'이자 '절대적·근원적인 힘의 장'으로 해석했습니다(齋藤智志·高橋陽一郎·板橋勇仁 편,《ショーペンハウアー読本》, 法政大学出版局 2007년, 205~218쪽). 또한 효도 다카오는 쇼펜하우어가 "칸트처럼 물자체를 불가지不可知한 채로 남겨둘 수 없었다"라고 평했습니다(兵頭高夫,《ショーペンハウアー論: 比較思想の試み》, 行路社 1985년, 495쪽). 에두아르 상스도 저서《쇼펜하우어Schopenhauer》(Edouard Sans, 原田佳彦 옮김,《ショーペンハウアー》, 白水社 1994년)에서 쇼펜하우어의 '의지'는 '생명의 본질 그 자체이다'라고 풀이합니다(33쪽).

10 "의지는 맹목적으로 작용하는 모든 자연력 속에서 현상한다. 또 인간의 사려 깊은 행동 속에서도 현상한다."(《정편》1, 21절, 243쪽).

11 《정편》1, 18절, 221쪽.

12 板橋勇仁,《底無き意志の系譜: ショーペンハウアーと意志の否定の系譜》, 法政大学出版局 2016년, 16~21쪽. 이타바시는 다음과 같이 말합니다. "종종 오해를 받는 것처럼 근거가 결여되거나 근거가 없는 '사물자체'로서 의지가 우선 그 자신으로 '표상의 세계' 앞서 존재하고, 그러한 의미에서의 (비합리적인) 실체가 '표상으로서의 세계'로 현상해 스스로를 객체화한다고 주장하는 것은 아니다." "세계는 일면에서는 근거율에 따른 표상이지만, 바로 그 순간 다른 면에서는 의지와 다름없다." 이타바시의 주장은 이해하지만 저는 완전히 동의하지는 않습니다. 왜냐하면 그 해석을 따를 경우 뒤에 서술할 의지의 윤회설 등을 잘 설명하기 어려워지기 때문입니다. 사이토 사토시는 논문 〈자연·뇌·물질自然·脳·物質〉(齋藤智志·高橋陽一郎·板橋勇仁 편,《ショーペンハウアー読本》, 81~96쪽)에서, 쇼펜하우어가 이전부터 실체론적으로 오독되는 경향이 있다고 지적하며 다음과 같이 말합니다. "역시 쇼펜하우어 자신이 이러한 오독을 유발하는 논술을 한 점은 부정할 수 없다.《의지와 표상으로서의 세계》(정편)에서도 그 경향을 볼 수 있고, 시대가 지날수록 그런 경향이 강해진다." 제 생각에는 만약 중기 이후의 쇼펜하우어에서 그런

경향이 나타난다면, 그 실체론적 경향은 중기 이후 쇼펜하우어 사상의 일부라고 해석해도 무방하지 않을까 합니다. 이는 인도 철학을 빼고 쇼펜하우어를 읽는 게 옳을지 그를지와 밀접하게 관련됩니다. 확실히 초기 쇼펜하우어는 칸트의 후계자로 보는 편이 좋겠지만, 그런 시선을 중기 이후에까지 고착시켜 해석하는 것도 편협한 게 아닐까요? 물론 저처럼 그의 저서를 일관되게 전개하는 사상의 표현으로 파악하는 위치 설정 방법도 한쪽으로 치우쳤다고 말할 수 있습니다. 어쨌든 이것들은 쇼펜하우어가 《속편》을 다시 썼을 때 무엇이 추가되었고 무엇이 허용되었으며 무엇이 배제되었는지와 관련됩니다. 앞으로 연구가 진전되기를 기다리겠습니다.

13 니시오 간지는 '살고자 하는 의지', 《전집》에서는 '삶에의 의지'라고 번역했습니다. '삶에의 의지'라고 번역하면 니체의 '권력에의 의지'가 여기에서 왔다는 점도 명료해지므로, 어의적으로는 좋은 번역입니다. 그러나 '살고자 하는 의지'라는 말에 나타난 역동적인 어감도 버리기 힘들어서 이 책에서는 '살고자 하는 의지'를 채택했습니다. 또 '고뇌'도 '괴로움'으로 바꿨습니다. 덧붙여서 영어 번역에서도 동일한 상황이 생기는 듯합니다. 'will to life'와 'will to live' 이렇게 두 가지 번역이 있는데, 기존 번역은 will to live였지만 최근 연구서에서는 will to life를 사용합니다. 크리스토퍼 재너웨이는 will to live라는 표현은 생식욕이 배제된다는 오해를 불러일으킬 뿐만 아니라 쇼펜하우어가 의지적인 욕망만을 의미한다는 오해를 초래한다고 지적했습니다(Christopher Janaway, "Introduction"(*The Cambridge Companion to Schopenhauer*, Cambridge University Press 1999년, 1~17쪽), 9쪽.

14 여기에서 "살고자 하는 의지에 둘러싸인 살고자 하는 의지로서의 생명"이라고 말한 슈바이처 사상의 맹아를 볼 수도 있을 듯합니다.

15 《정편》 2, 54절, 249쪽. 뒤에서 언급할 프로이트의 사상을 떠올리게 합니다.

16 Arthur Schopenhauer, *Parerga und Paralipomena*, A. W. Hayn 1851년; 秋山英夫 옮김, 《余錄と補遺》, 《전집》 13권, 1973년, 116~117쪽.

17 《정편》3, 60절, 47쪽.
18 《정편》3, 60절, 49쪽.
19 《정편》2, 39절, 80쪽.
20 《속편》7권, 171쪽. 사정 후의 비애와 후회에 대해서는, 저도 《(결정판) 느끼지 못하는 남자感じない男》(ちくま文庫 2013년)에서 '남자의 불감증'을 진지하게 고찰했습니다.
21 《속편》7권, 87쪽.
22 《속편》7권, 82쪽. 참고로 남성의 발기에 대해서는, 발기를 유인하는 자극이 있으면 "누구도 이에 저항할 수 없으며, 발기가 작용하지 않게 하려면 그 계기를 멀리하지 않으면 안 된다"라고 서술했습니다(《정편》 1, 23절, 257쪽).
23 물론 아시아에서는 힌두교나 불교의 선례가 있습니다.
24 또한 쇼펜하우어가 여성 차별 사상을 강하게 내비친다는 점도 주의해야 합니다.
25 "강력하게 생동하는 삶의 의지는 이 종種에 뿌리를 두는 것으로, 개체에게 근거하는 것은 전혀 아니다."(《속편》7권, 42쪽).
26 《속편》7권, 34쪽.
27 《속편》7권, 27쪽. 크리스토퍼 재너웨이는 이 부분에서 쇼펜하우어의 우생사상優生思想을 보았으며, 만약 쇼펜하우어가 유전자에 대해 알았다면 '이기적인 유전자'에 대해 말했을 것이라고 지적합니다(Christopher Janaway, "Will and Nature", *The Cambridge Companion to Schopenhauer*, 152쪽).
28 고통이란 "의지와 당장의 목표 사이에 장애가 일어나 의지가 저지되는 상황이다"(《정편》2, 56절, 329쪽).
29 《정편》2, 56절, 328~332쪽.
30 《정편》2, 56절, 332쪽.
31 《정편》3, 57절, 5~6쪽.
32 《정편》3, 57절, 8쪽.
33 《속편》7권, 272~274쪽.

34 《정편》3, 58절, 32쪽.
35 《정편》3, 59절, 35쪽.
36 《속편》7권, 193~194쪽.
37 쇼펜하우어 자신의 독일어 번역에서는 "Da die größte Schuld des Menschen/Ist, daß er geboren ward"(《정편》2, 51절, 198쪽). 니시오 간지 번역서에는 "인간의 가장 큰 죄는" 다음에 행갈이가 되어 있어서 이를 따랐습니다.
38 《정편》2, 51절, 198쪽.
39 《정편》3, 59절, 37쪽. 이 문장은 언뜻 보면 자살을 의미하는 것 같지만, 생애의 끝에서 다시 한번 생을 반복하고 싶어 하는가 하는 문제 설정이므로, '다시 태어나는 일은 하고 싶지 않다'라는 식으로 읽어야 합니다.
40 《속편》7권, 77쪽.
41 《속편》7권, 227쪽.
42 《전집》에서는 "이 세상에 태어나지 않는 게 나았을 것이라는 인식"이라고 번역했습니다.
43 쇼펜하우어는 칼데론의 '태어난 죄'를 '존재의 죄'라고 고쳐 말했습니다. 즉, 쇼펜하우어는 '태어난 것'과 '존재'를 동일하게 생각했습니다. 이 점에 대해서는 7장에서 다시 다루겠습니다.
44 Francesco Petrarca, "I' mi vivea di mia sorte contento" 1연 4줄, *Canzoniere*, Giulio Einaudi Editore 1964년.
45 《속편》7권, 182쪽.
46 《속편》7권, 182쪽.
47 《속편》7권, 182쪽. 쇼펜하우어는 이렇게도 말합니다. "이 세상에 선과 악 중 어느 쪽이 더 많으냐를 논하는 것은 근본적으로 전혀 무용지물이다. 그 이유는 악이 단지 존재한다는 것만으로 일은 결정되기 때문이다"(《속편》7권, 181쪽).
48 《속편》7권, 182쪽.
49 크리스토퍼 재너웨이도 이것을 염세주의의 가장 극단적인 언명이라고 거론하며, 왜 아주 사소한 고통으로 세계 전체가 부정되어야 하는 것일

까 하고 탄식합니다(Christopher Janaway, "Schopenhauer's Pessimism", *The Cambridge Companion to Schopenhauer*, 332쪽).

50 이상과 같은 쇼펜하우어의 부정적인 사상의 근원을 그의 기질이나 성장으로 설명하는 사람도 있습니다. 예를 들면, 효도 다카오는 쇼펜하우어의 집안 내력을 언급합니다(兵頭高夫, 《ショーペンハウアー論》, 87~90쪽).

51 《속편》 7권, 16쪽.

52 《정편》 3, 65절, 124~125쪽.

53 《정편》 3, 68절, 164쪽. 사랑이 의지의 부정으로 이어진다는 쇼펜하우어의 사상은 다음 문장을 참조하십시오. "그리고 모든 선·사랑·덕·고결이 솟아난 그 샘에서, 결국 마지막으로 내가 말하는 살고자 하는 의지의 부정이 어떻게 생겨나는지 보여줄까 한다"(《정편》 3, 68절, 164쪽).

54 《정편》 3, 68절, 181쪽.

55 《정편》 3, 68절, 189쪽. 니시오는 '마음에서 우러나는 쾌활'을 '내심內心의 명징明澄'으로 번역했습니다. 무의지 상태를 기쁨이나 적정寂靜이라 한 것은, 원시불교에서 열반의 경지가 기쁨이며 적정으로 여겨진 데서 영향을 받은 면도 있다고 생각합니다(이 책 5장 참조).

56 《정편》 3, 68절, 191쪽.

57 《정편》 3, 68절, 198쪽.

58 《정편》 3, 68절, 173·198쪽. 다음과 같은 말도 있습니다. "스스로 나아가고, 진심으로, 기쁨에 넘쳐 죽을 수 있다는 것"은 "살고자 하는 의지를 내던지고 부인한 자의 특권이다."(《속편》 7권, 79쪽).

59 《정편》 3, 71절, 244쪽.

60 板橋勇仁, 《底無き意志の系譜》, 38쪽.

61 《정편》 3, 68절, 193쪽. 쇼펜하우어는 이를 '살고자 하는 의지에 대한 부단한 투쟁'이라고 명명하며, '의지를 억누르기' 위한 '노력'이라고 부연했습니다.

62 그에 앞서 쇼펜하우어는 《파우스트》를 언급하며, "기쁘고 동요하지 않으며 행복한 가운데 죽어가는" 모습이라고 말합니다(《정편》 3, 68절,

198쪽).
63 이러한 의미에서, 쇼펜하우어의 주요 저서 내용을 진지하게 받아들일 경우, 그는 현저한 언행 불일치 인간이었습니다.
64 "자살은 의지의 부정이기는커녕 오히려 의지의 강렬한 긍정의 한 현상이다"(《정편》3, 69절, 210쪽).
65 《정편》3, 69절, 210쪽.
66 《정편》3, 69절, 216~219쪽.
67 Arthur Schopenhauer 지음, 秋山英夫 옮김, 《余錄と補遺》13권, 105~107쪽.
68 Arthur Schopenhauer 지음, 秋山英夫 옮김, 《余錄と補遺》13권, 110~111쪽.
69 다만 쇼펜하우어는 양자택일을 강요당했을 때, 즉 햄릿의 '계속 살 것인가, 죽을 것인가'를 강요당했을 때는, 만약 자살이 사후의 무를 보장해준다면 자살을 선택하는 것이 좋을 것이라고 말합니다(《정편》3, 59절, 38쪽). 쇼펜하우어는 윤회사상에 공감했기 때문에 자살하더라도 존재는 계속된다고 생각해서 자살에 부정적이었는지도 모르겠지만, 이 점은 분명하지 않습니다.
70 Dale Jacquette, "Schopenhauer on the Ethics of Suicide"(*Continental Philosophy Review* 33, 2000년, 43~58쪽), 53쪽. 자케트는 이 논문을 'Schopenhauer on Death'라고 제목을 고치고 내용을 약간 수정하여 간행합니다(Dale Jacquette, "Schopenhauer on Death", *The Cambridge Companion to Schopenhauer*, Cambridge University Press 1999년, 1~17쪽).
71 Dale Jacquette, "Schopenhauer on the Ethics of Suicide", 54쪽.
72 《속편》7권, 248쪽. 쇼펜하우어는 금욕이야말로 종교의 핵심이라고 생각합니다. 그리고 금욕 정신에 입각한 기독교 구교(가톨릭), 브라만교, 불교를 높이 평가하고, 이에 반해 유대교와 기독교 신교(개신교)를 한 단계 가치가 낮다고 간주합니다. 쇼펜하우어에 따르면 '하나님이 창조하신 모든 것은 좋다'는 《구약성서》는 기독교와는 전혀 관계가 없습니다. 왜냐하면 《신약성서》에서는 악마가 세계의 지배자라고 설정하기 때문

입니다. 본래 기독교의 가르침은 금욕정신으로 이 세상의 악을 이기고 덧없는 지상의 삶을 초월한 곳에서 영원한 생명을 얻는 것입니다. 그러나 신교는 금욕 정신의 근본인 독신생활을 포기했습니다. 쇼펜하우어는 결혼해서 안온하게 사는 목사는 기독교 본연의 가르침에서 벗어나버렸다고 혹독하게 비판합니다(《속편》7권, 257~258쪽). 쇼펜하우어는 원래 금욕 정신이 브라만교나 불교가 훨씬 이전부터 실행해온 것이며, 기독교는 그것을 유럽 세계에 가르친 것에 불과하다고 말합니다. 예를 들면, 《신약성서》에 있는 '내일 일을 고민하지 말고 오늘 하루를 살라'라는 가르침은 "붓다가 제자에게 솔직하게 명령하고, 이것을 강조하기 위해 스스로 모범을 보인 것, 즉, 모든 걸 던져버리고 비구比丘, 즉 걸식을 하라는 가르침을 간접적으로 설파한 말이다"라고 지적합니다(《속편》 7권, 271쪽). 이처럼 고대 인도 종교와 유대·기독교를 비교 고찰하는 논의는 흥미롭습니다. 《속편》7권, 48장은 비교사상·비교종교 논고로서도 매우 시사적이고 자극적입니다.

73 Augustinus Hipponensis, *De Bono Coniugal*, 401년; 岡野昌雄 옮김, 《アウグスティヌス著作集 7권》, 教文館 1979년, 246쪽.
74 이 책의 3장 4절 '무의지 상태야말로 최고선' 참조.
75 Immanuel Kant, *Kritik der parktischen Vernunft*, 1788년, 177절 122행.
76 《속편》7권, 56쪽.
77 《속편》7권, 57쪽.
78 《속편》7권, 59~60쪽.
79 다만 쇼펜하우어는 나의 직각直覺(의식)으로 나타나기 이전 단계에서 그것이 도대체 무엇이었는가 하는 물음에는 대답할 수 없다고 썼습니다 (《속편》7권, 60쪽).
80 "새로 태어난 각 존재는 분명히 청신淸新의 기운이 넘치고 새로운 생존 속으로 들어가 이를 하늘이 부여한 은총으로 누린다." "그자는 죽임을 당했지만 부서지지 않는 씨앗을 보존했으니, 이제부터 오른쪽의 새로운 존재가 발생한 것이며, 양쪽은 '하나'이다"(《속편》7권, 71쪽).
81 《속편》7권, 69~70쪽. 쇼펜하우어는 여기에서 '윤회metempsychose'라는

말을 사용합니다.
82 《속편》7권, 69~70쪽.
83 《속편》7권, 70쪽.
84 《속편》7권, 72쪽.
85 《속편》7권, 73쪽.
86 《속편》7권, 70쪽.
87 Helmuth Von Glasenapp, *Kants und die Religionen des Ostens*, Holzner-Verlag 1954년; 大河内了義 옮김, 《東洋の意味: ドイツ思想家のインド観》, 法藏館 1983년, 113쪽. 兵頭高夫, 《ショーペンハウアー論》도 참조(108~109쪽).
88 《속편》7권, 70쪽. 쇼펜하우어는 뒤이어 "이상의 견해는 이른바 밀교의 본래 교리와도 일치한다"라고 서술합니다.
89 《속편》7권, 71쪽.
90 《속편》7권의 68~76쪽을 읽어보면 그렇게 생각할 수밖에 없습니다. 제 해석은 쇼펜하우어 연구자들의 해석과는 맞지 않습니다.
91 윤회하는 것은 인간의 정신이나 영혼이 아니라 의지이며, 그 윤회하는 의지에 이전의 '흔적'이 새겨져 있다고 생각할 수는 있습니다. 다만 쇼펜하우어가 이렇게 설명하지는 않았습니다.
92 《속편》7권, 68쪽. 이 책 4장에서 언급하겠지만, 이 주장은 우파니샤드의 사고방식입니다. 쇼펜하우어는 한술 더 떠서 "내가 내 생애 동안만 존재하는지 아니면 영원히 존재하는지는 사실 어떠한 의미도 없다고 해야 할 것이다"라고 말했습니다(같은 책, 68쪽).
93 渡辺恒夫, 《輪廻転生を考える: 死生学のかなたへ》, 講談社現代新書 1996년, 3장·4장 참조.
94 와타나베는 《윤회환생을 생각하다》에서 우파니샤드와 불교의 자아관 및 윤회관을 검토합니다. 쇼펜하우어가 언급되지는 않습니다.
95 Michael Hauskeller, *Vom Jammer des Lebens: Einführung in Schopenhauers Ethik*, C.H.Beck 1998년; 峠尚武 옮김, 《生の嘆き: ショーペンハウアー倫理学入門》, 法政大学出版局 2004년.

96 湯田豊, 《ショーペンハウアーとインド哲学》, 晃洋書房 1996, 95~97쪽. 이와 관련하여 타다 미츠히로는 논문 〈'동정=공고'의 철학〉에서, "물자체로서의 의지"에는 자기와 타인의 구별이 없기 때문에 그로부터 "타인의 고통은 나의 고통이기도 하다"라는 생각이 도출될 수도 있다고 시사합니다(多田光宏, 〈'同情=共苦'の哲学〉《ショーペンハウアー読本》, 136~146쪽), 144쪽). 이는 수다성數多性이 없는 물자체를 공동성의 기초로 연결하려는 시도입니다. 하지만 이 방식은 물자체인 예지계에 속하는 이성의 보편성을 연결함으로써 종의 공동성을 확보하고자 했던 칸트 철학과 어떻게 다른지 분명히 밝혀야 합니다.

97 반출생주의 관련 문헌이나 인터넷 기사에서는 쇼펜하우어를 반출생주의의 전형으로 묘사하는 경우가 많습니다.

98 Ken Coates, *Anti-Natalism*, 69쪽.

99 물론 켄 코츠는 쇼펜하우어 시대에 효과적인 피임 방법이 없었던 점을 고려해야 한다고 했습니다(Ken Coates, *Anti-Natalism*, 74쪽).

100 森鷗 외, 《妄想, 舞姫》, 集英社文庫 1991년(원저, 1911년), 59쪽. 같은 쪽에 "어느 날 밤의 일이었다. 철학책을 읽어보자는 생각에 밤이 새기를 기다리다 못해 하르트만의 무의식 철학을 사러 갔다"라는 문장도 등장합니다.

101 "den gesammten Kosmos durch Zurückziehung des Wollens, in welchem er allein besteht, mit einem Schlage verschwinden lassen"(Eduard von Hartmann, *Philosophie des Unbewussten: Metaphysik des Unbewussten*, Carl Duncker's Verlag 1876), 405쪽. 이 의욕이 모두 사라졌을 때 우주도 소멸한다는 생각은 쇼펜하우어에서도 볼 수 있습니다(湯田豊, 《ショーペンハウアーとインド哲学》, 175쪽).

102 Eduard von Hartmann, *Philosophie des Unbewussten*, 404~411쪽.

103 Eduard von Hartmann, *Philosophie des Unbewussten*, 399·401쪽.

104 모리 오우가이는 소설 〈망상〉에서 "쇼펜하우어를 읽어보면 하르트만, 미누스, 진화론이었다"(61쪽)라고 쏘아붙였습니다.

105 Sigmund Freud, *Jenseits des Lustprinzips*, Internationaler Universitäts-

Verlag 1920년; 竹田靑嗣 편, 中山元 옮김, 〈快感原則の彼岸〉《自我論集》, ちくま学芸文庫 1996년), 162쪽.

106 Sigmund Freud 지음, 竹田靑嗣 편, 中山元 옮김, 《自我論集》, 173쪽.
107 Sigmund Freud 지음, 竹田靑嗣 편, 中山元 옮김, 《自我論集》, 163쪽.
108 《정편》3, 57절, 4쪽.
109 Sigmund Freud 지음, 竹田靑嗣 편, 中山元 옮김, 《自我論集》, 179쪽.
110 Sigmund Freud 지음, 竹田靑嗣 편, 中山元 옮김, 《自我論集》, 191쪽. 프로이트는 플라톤의 안드로규노스Androgynos, 자웅동체설과 인도의 윤회설이 쇼펜하우어의 철학에 영향을 끼쳤다고 봅니다.
111 스테판 아체르트는 프로이트의 이 논문을 검토한 다음, 그래도 쇼펜하우어와 프로이트는 큰 차이가 있다고 말합니다. 프로이트는 죽음을 생명의 목적으로 삼지만, 쇼펜하우어가 추구한 목적은 '무의지'가 되는 것이지, 결코 '죽음'이 아니기 때문입니다.(Stephan Attzert, "Schopenhauer and Freud"(A Companion to Schopenhauer, Wiley-Blackwell 2012년, 317~332쪽), 325쪽).
112 Helmuth Von Glasenapp 지음, 大河內了義 옮김, 《東洋の意味》, 107~132쪽.
113 Moira Nicholls, "The Influence of Eastern Thought on Schopenhauer's Doctrine of the Things-in-Itself", The Cambridge Companion to Schopenhauer, 183·186쪽.
114 湯田豊, 《ショーペンハウアーとインド哲学》, 209·211쪽. 효도 타카오도 쇼펜하우어가 기존에 갖춘 사상의 틀에, "인도 사상이 그 완성을 위해 하나의 동기를 부여했거나 혹은 그의 사상에서 하나의 지주가 되었다"(兵頭高夫, 《ショーペンハウアー論》, 159쪽)라고 평가합니다. 하시모토 치즈코도 "쇼펜하우어에게 있어 열반적涅槃的인 '무' 사상은 사실 불교의 사상과 관계없이 성립되었다"라고 분석하며, 쇼펜하우어는 스스로의 사상을 보강하기 위해 불교나 우파니샤드를 사용했다는 측면이 강하다고 말합니다(橋本智津子, 《ニヒリズムと無: ショーペンハウアー/ニーチェとインド思想の間文化的解明》, 京都大学学術出版会 2004년, 80쪽).

이와 더불어 David Cooper, "Schopenhauer and Indian Phlosophy"(*A Companion to Schopenhauer*, 266~279쪽)도 참조할 만합니다.

115 Helmuth Von Glasenapp 지음, 大河內了義 옮김, 《東洋の意味》, 133쪽; 兵頭高夫, 《ショーペンハウアー論》, 10~11쪽 참조.

116 Ludwig Wittgenstein, *Tractatus Logico-Philosophicus*, 1921년; 野矢茂樹 옮김, 《論理哲学論考》, 岩波文庫 2003년.

117 羽矢辰夫 옮김, 〈正しい教えの把握の仕方: 蛇喩経〉, 中村元 감수, 森祖道・浪花宣明 편, 及川真介・羽矢辰夫・平木光二 옮김, 《原始仏典 4권 中部経典》(1), 春秋社 2004년, 331~332쪽.

118 Ludwig Wittgenstein 지음, 野矢茂樹 옮김, 《論理哲学論考》, 149쪽. 비트겐슈타인이 쇼펜하우어에 심취한 구체적인 내용에 대해서는 米澤克夫, 〈ウィトゲンシュタインの独我論〉(《帝京大学文学部教育学科紀要》 27호, 2002년) 참조.

119 "'어떤 말도 설說하지 않고, 무어無語, 무언無言, 무설無說, 무표시無表示이며, 설하지 않는다는 말도 하지 않는다. 이것이 불이不二에 들어가는 것입니다'. 그래서 만쥬슈리(문수보살)는 비말라키르티(유마)에게 말했다. '우리는 제각기 설을 말했습니다만, 당신도 불이의 법문에 대해 뭔가 말해주었으면 합니다.' 그때, 비말라키르티는 입을 다물고 한마디도 하지 않았다."(長尾雅人 옮김, 《維摩經》(長尾雅人・丹治昭義 옮김, 《大乘仏典》, 中公文庫 2002년), 138쪽). '유마의 일묵'에 대해서는 이리후지 모토요시로부터 시사를 받았습니다. 덧붙여서 이리후지의 '불이'는 이 《維摩經》에서 가져온 개념어입니다.

120 Ludwig Wittgenstein 지음, 野矢茂樹 옮김, 《論理哲学論考》, 7・149쪽.

4장

1   고우파니샤드의 성립연대는 자세히 알려지지 않습니다. 《이와나미 불교사전岩波 仏教辞典》(岩波書店 2002)에 따르면 기원전 6세기에서 기원전 3세기경에 성립했다고 추정합니다. 하리카이 쿠니오는 고우파니샤드의 성립을 기원전 7~6세기경이라고 추측합니다(針貝邦生, 《ヴェーダからウパニシャッドへ》, 清水書院 2000년, 168~169쪽). 성립연대에 대해서는 현재도 연구가 진행 중입니다. 고우파니샤드의 전신인 《브라마나》 문헌은 기원전 9세기경에 성립되었다고 추정합니다. 붓다의 생년에 관해서는 기원전 463년 등 여러 설이 있습니다.

2   일본어 해설서에서는 '철인哲人' 등의 말이 자주 쓰입니다. 저는 그들을 철학자라고 부르겠습니다. 이는 통상적인 용어법은 아니지만, 저는 철학자라는 용어를 사용함으로써 철학자의 개념을 확장하고자 합니다. 즉, '철학자'는 누구인가라는 근본 문제를 제기하려는 의도입니다. 저는 이후 저작에서 이를 탐구할 예정입니다.

3   우파니샤드의 일본어 번역서는 유다 유타카가 옮기고 해석한 《우파니샤드ウパニシャッド》(大東出版社 2000년)를 반영했습니다. 이 책은 가장 새로운 현대어 번역으로, 주요 텍스트가 모두 번역되어 있습니다. 다만 샹카라의 주석을 따르던 종래의 해석을 대담하게 변경한 부분이 있습니다. 中村元, 《ウパニシャッドの思想(中村元選集 9권)》(春秋社 1990년)은 샹카라를 참조하면서 논리적으로 해석한 책입니다. 또한 宮元啓一, 《インド最古の二大哲人》(春秋社 2011년); 岩本裕 편집, 《原典訳 ウパニシャッド》(ちくま学芸文庫 2013년); 辻直四郎, 《ウパニシャッド》(講談社学術文庫 1990년)에 수록된 텍스트도 참고했습니다.

4   츠지 나오시로는 고우파니샤드가 후대에 편찬되었기 때문에 "각각의 책을 한 개인의 작품으로 상정하고 비판해서는 안 된다. 상호의 차용, 후인의 부연·삽입·개찬改竄 등도 충분히 고려해야 한다"라고 말했습니다(辻直四郎, 《ウパニシャッド》, 128쪽). 또 "엄정을 기한다면, 우파니샤드의 몇 편, 제 몇 장의 사상이라고 특정하지 않고 단지 막연하게 우파

니샤드 철학을 논하는 것은 허용되지 않는다"라고까지 말합니다(辻直四郎,〈ヴェーダとウパニシャッド〉,《辻直四郎著作集》1권, 法藏館 1981년, 125쪽).

5 붓다 이후의 원시불교와 우파니샤드는 서로 영향을 주면서 전개되므로 불교가 우파니샤드를 일방적으로 뛰어넘었다고 생각하는 것은 잘못입니다.

6 앞으로 우파니샤드의 상세한 내용을 살펴보겠지만, 쇼펜하우어는 오늘날 알려진 우파니샤드 원전을 읽지 못했다는 점에 주의해야 합니다. 쇼펜하우어는 페르시아어로 번역되었다가 다시 라틴어로 번역된 《우프네카트Oupnek'hat》를 읽었을 뿐입니다. 당시 쇼펜하우어가 실제로 어떤 텍스트를 읽었는지를 연구한 하시모토 치즈코의 《니힐리즘과 무: 쇼펜하우어/니체와 인도 사상 사이의 문화적 해명ニヒリズムと無: ショーペンハウアー/ニーチェとインド思想の間文化的解明》을 참조하기 바랍니다.

7 Plato, The Republic, 기원전 380년경; 藤沢令夫 옮김,《國家》, 岩波文庫 1979년.

8 《브라마나》는 제식祭式을 설명한 문헌입니다(辻直四郎,〈ヴェーダとウパニシャッド〉, 14쪽; 針貝邦生,《ヴェーダからウパニシャッドへ》, 120~121쪽).

9 辻直四郎,《ウパニシャッド》, 92쪽; 針貝邦生,《ヴェーダからウパニシャッドへ》, 143~146쪽.

10 湯田豊 편역,《ウパニシャッド》, 270~272쪽. 나카무라 하지메에 따르면 제3의 세계는 후대에 발달하는 '지옥의 길'로 통합니다(中村元,《ウパニシャッドの思想》, 700쪽). 이후 베단타학파의 샹카라는 윤회가 환영이며 사실 존재하지 않는다고 말합니다. "윤회는 식별지識別智를 갖지 못해서 일어나는 무명無明 그 자체여야 한다. 불변의 아트만[이 존재하기] 때문에, 윤회는 항상 아트만에 존재하는 것처럼 보이는 것이다."(샹카라 지음, 前田専学 옮김,《ウパデーシャ・サーハスリー: 真実の自己の探求》(岩波文庫 1988년), 韻文編 18장 45시절, 137쪽).

11 야즈냐발키야는 우달라카의 제자였다고 생각됩니다(辻直四郎,〈ヴェーダ論叢〉,《辻直四郎著作集》1권, 346쪽). 츠지 나오시로는《브리하다라냐

카 우파니샤드》에 나오는 야즈나발키야는 실재하는 인물이었다고 추정합니다.
12 湯田豊 편역, 《ウパニシャッド》, 116~117쪽.
13 湯田豊 편역, 《ウパニシャッド》, 117쪽.
14 '업業, Karma' 사상입니다. 야즈나발키야는 업을 새로운 사상으로 설명했습니다. 다카사키 지키도우에 따르면 당시에는 브라만으로 태어나면 사후에도 좋은 곳에 태어난다는 생각이 있었습니다. 이에 반해서 그 사람의 출신성분이 아니라 그 사람이 무엇을 했느냐에 따라 사후 삶의 좋고 나쁨이 결정된다는 주장은 획기적이었습니다(高崎直道, 《インド思想論 高崎直道著作集》1권, 春秋社 2010, 18쪽).
15 湯田豊 편역, 《ウパニシャッド》, 118~119쪽.
16 湯田豊 편역, 《ウパニシャッド》, 119쪽.
17 湯田豊 편역, 《ウパニシャッド》, 119쪽.
18 "원래 아트만은 호흡한다at는 동사에서 유래하여, 기식을 의미하는 말의 하나로 쓰였고, 또 생명의 뿌리라고 생각해 생기, 영혼의 의미를 가졌으며, 나아가 그것에 의해서 살아 있는 부분의 총체로서 신체, 그리고 다른 것과 구별되는 '자기'를 의미했다"(高崎直道, 《インド思想論》, 68쪽). 하리카이 쿠니오는 "우파니샤드는 종종 호흡을 생명과 동등하게 생각하며, 또한 자기의 본질(아트만)과 동일시하고 있다"라고 말합니다(針貝邦生, 《ヴェーダからウパニシャッドへ》, 195~196쪽). 또한 호흡에는 '프라나Prana' '아파나Apana' '우다나Udana' '브야나Vyana' '사마나Samana' 다섯 가지가 있다고 소개합니다(針貝邦生, 《ヴェーダからウパニシャッドへ》, 196쪽).
19 湯田豊 편역, 《ウパニシャッド》, 85쪽. 아트만이 브라흐만인지 아닌지에 대해서는 별도의 검토가 필요합니다.
20 湯田豊 편역, 《ウパニシャッド》, 145~148쪽.
21 湯田豊 편역, 《ウパニシャッド》, 301~319쪽.
22 湯田豊 편역, 《ウパニシャッド》, 409쪽.
23 湯田豊 편역, 《ウパニシャッド》, 354쪽. 작은따옴표(' ')는 번역서.

24　"신 야훼는 대지의 티끌로 사람을 만들어 그 코에 생명의 숨을 불어넣었다. 거기서 사람은 살아 있는 것이 되었다"(月本昭男 옮김, 〈創世記〉(旧約聖書翻訳委員会 옮김, 《旧約聖書》1, 岩波書店 2004년), 2장 7절, 5쪽).

25　坂口ふみ, 《'個'の誕生: キリスト教教理をつくった人びと》, 岩波書店 1996년, 100쪽.

26　사카구치 후미는 우파니샤드가 플로티누스에 영향을 미쳤다는 가설을 소개하지만, 논증하기에는 너무 자료가 적다고 말합니다(坂口ふみ, 《'個'の誕生―キリスト教教理をつくった人びと》, 64쪽). 《리그 베다》에 대해서는 針貝邦生, 《ヴェーダからウパニシャッドへ》, 73쪽 참조.

27　이 시리즈 2권 이후에 '숨息의 존재론'에 대해서도 고찰할 예정입니다.

28　다만, 물론 차이는 있겠지만, 윤회하는 숨으로 언급될 때의 아트만은 영혼과 같은 실체로 간주하지만, 쇼펜하우어의 '살고자 하는 의지'는 '물자체'이지 영혼과 같은 실체는 아닙니다.

29　湯田豊 편역, 《ウパニシャッド》, 94~95쪽.

30　湯田豊 편역, 《ウパニシャッド》, 456쪽. 후대 불교의 열반 개념과 직접 연결되는 기술입니다.

31　湯田豊 편역, 《ウパニシャッド》, 69~70쪽.

32　湯田豊 편역, 《ウパニシャッド》, 301·319쪽.

33　針貝邦生, 《ヴェーダからウパニシャッドへ》, 222~223쪽.

34　湯田豊 편역, 《ウパニシャッド》, 122쪽.

35　辻直四郎, 《ウパニシャッド》, 106쪽. 이후 베단타 철학에서는 모습이 달라집니다(兵頭高夫, 《ショーペンハウアー論》, 95쪽).

36　'범아일여梵我一如'로 불리는 경우가 많은데, 고우파니샤드에는 그 말이 나오지 않습니다. 후세에 그러한 호칭이 발명된 것입니다. 유다 유타카의 미주 설명도 참조.

37　湯田豊 편역, 《ウパニシャッド》, 23쪽.

38　나카무라 하지메는 샨딜리야에 대해 다음과 같이 설명합니다. "그는 '브라흐만과 아트만의 동일'을 확실히 명언明言한 최초의 사람이다. 만유의 최고 원리가 우리의 존재 속 깊은 곳에 존재하는 아트만임을 강조

하고, 만유와 자기가 일체인 이유를 설파하였으니, 그의 철학사상의 특색이 인정된다"(中村元, 《ウパニシャッドの思想》, 247~248쪽).

39　湯田豊 편역, 《ウパニシャッド》, 68~69쪽.
40　'빠져나가' 운운한 부분은 저의 해석입니다.
41　湯田豊 편역, 《ウパニシャッド》, 81쪽.
42　湯田豊 편역, 《ウパニシャッド》, 76쪽.
43　나카무라 하지메는 '내부에서 지배하는 자'라고 번역합니다(中村元, 《ウパニシャッドの思想》, 353쪽). '내제자內制者'라고 번역되기도 합니다(辻直四郎, 〈ヴェーダとウパニシャッド〉, 146쪽 등). 이 부분에서 야즈냐발키야가 '아트만'과 '숨'을 별개의 것으로 파악하고 있음이 분명해집니다. 앞에서 설명한 윤회하는 숨으로서의 아트만과 여기서 말하는 아트만은 서로 다른 면에 주목합니다. 뒤에서 설명하겠습니다.
44　湯田豊 편역, 《ウパニシャッド》, 77쪽.
45　나카무라 하지메에 따르면, 야즈냐발키야는 이 두 가지 개념이 양립한다고 이해했으며, 그 둘 사이의 모순을 자각하지 못했습니다(中村元, 《ウパニシャッドの思想》, 463쪽).
46　湯田豊 편역, 《ウパニシャッド》, 113쪽.
47　다카사키 지키도우는 다음과 같이 설명합니다. 수면에서 "다시 깨어나면 활동도 재개되니, 수면 중이라 해도 인식 주체는 존재할 것이라는 생각이 인식 주체 자체는 불멸이며 단절되지 않는다는 결론에 도달했다."(高崎直道, 《インド思想論》, 176~177쪽).
48　이는 숙면을 취하고 잘 자면 아트만을 알고 해탈할 수 있다는 말은 아닙니다.
49　이 점에 관해 후대 우파니샤드에서는 숙면 상태보다 한층 더 높은 제4위의 경지를 설정하고, 그것을 아트만이라고 정의하는 텍스트가 있습니다. 그런 해석으로 이 모순을 해소하려 했을지도 모르겠습니다(《마이트리 우파니샤드Maitri Upaniṣad》, 湯田豊 편역, 《ウパニシャッド》, 614쪽; 《만두키야 우파니샤드Mandūkya Upaniṣad》, 湯田豊 편역, 《ウパニシャッド》, 621쪽 등 참조). 츠지 나오시로는 숙면은 사후를 기다리지 않고 해탈할 수 있는

체험이지만 잠에서 깨면 해탈에서 멀어지므로, "따라서 숙면위熟眠位라 해도 즉시 무조건적인 절대경과 일치시킬 수는 없다"는 생각에서 위의 제4위를 두게 되었다고 말합니다(辻直四郎, 〈ヴェーダとウパニシャッド〉, 151쪽).

50　中村元, 《ウパニシャッドの思想》, 787쪽.

51　쇼펜하우어도 이렇게 생각했음이 틀림없습니다.

52　Immanuel Kant, *Kritik der reinen Vernunft*, 1781년; 石川文康 옮김, 《純粋理性批判》(상), 筑摩書房 2014년, 356쪽.

53　Immanuel Kant 지음, 石川文康 옮김, 《純粋理性批判》(하), 47쪽. "그런 대상은 나의 의식을 다른 것으로 전용한 결과일 수밖에 없다. 그렇게 해야만 '내가 아닌' 타他의 물物을 생각하는 존재자로 나타난다"(같은 책, 356쪽도 참조). 칸트의 타자론은《실천이성비판》및《도덕형이상학으로의 기초 설정*Grundlegung zur Metaphysik der Sitten*》에서 본격적으로 윤리학적 차원으로 전개됩니다.

54　칸트는 실체로서 영혼에 대해 불가지론을 취했습니다. "우리는 어떠한 방법으로도 영혼의 상태 — 그것은 영혼의 유리된 현실 존재의 가능성 일반에 관계되는 — 에 대해 무언가를 인식할 수 없다"(Immanuel Kant 지음, 石川文康 옮김, 《純粋理性批判》(하), 108쪽).

55　中村元, 《ウパニシャッドの思想》, 293쪽.

56　中村元, 《ウパニシャッドの思想》, 281쪽.

57　칸트의 인식론은 초월론적 통각 논의와는 구별됩니다.

58　高崎直道, 《インド思想論》, 69쪽.

59　湯田豊, 《ショーペンハウアーとインド哲学》, 晃洋書房 1976년, 32~33쪽. 유다 유타카는 또한 베단타학파의 샹카라가 주장했다는 '아트만은 브라흐만이다(범아일여)'라는 교과서적인 해석도 거부합니다. "샹카라는 대우주 원리로서의 브라흐만을 소우주 원리로서의 자기(아트만)와 동일시한다는 학설을 고안해내고, 우파니샤드를 통해 이 학설에 권위를 부여하려 했다. 그리고 그는 우달라카의 '너는 그것이다'라는 말을 제멋대로 사용했다"(湯田豊, 《ショーペンハウアーとインド哲学》,

33쪽, 92~95쪽도 참조). 나아가 유다 유타카는 쇼펜하우어 또한 '너는 그것이다'의 의미를 오해했다고 말합니다. 덧붙여서 타카사키 지키도우는 우파니샤드에서 아트만 개념과 브라흐만 개념의 관계성 변용을 지적합니다. "아트만 탐구를 과제로 삼은 우파니샤드는 범아일여라고 하면서도 그 주체성 때문에 브라흐만보다 아트만의 우위를 요구했는데, 이후 주체성이 주관성으로 진행된 결과 반대로 객체성의 요구로부터 객체 원리 브라흐만을 아트만보다 중요시해서, 아트만은 브라흐만의 일부분으로 포섭되었다"(高崎直道,《インド思想論》, 182쪽). 이것은 야즈냐발키야의 원래 의도와는 다른 방향이라고 말합니다.

60 Joel P. Brereton, "'Tat Tvam Asi' in Context", *Zeitschrift der Deutschen Morgenländischen Gesellschaft*, Vol. 136, No. 1, 1986년, 98~109쪽. 브레레톤이 '나무'라고 부르고 있는 것은, 유다 유타카의 번역에서는 "싹이 돋아난 싹의 잎집"(湯田豊 편역,《ウパニシャッド》, 292쪽)입니다. 하리카이 쿠니오는 '너는 그것이다'라고 말할 때의 '자기(아트만)'를 다음과 같이 정리합니다. "진정한 자아는 개별적 자아가 아니라 오히려 모든 타자와 함께 공통적으로 갖고 있는 보편아普遍我라고 해야 할 것이다. (…) 나, 너, 그, 그녀와 같은 구별은 진정한 의미에서는 존재하지 않는다. 모든 생물은 '하나의 존재'에서 태어나, 죽으면 그것으로 되돌아간다"(針貝邦生,《ヴェーダからウパニシャッドへ》, 208~209쪽). 이 해석은 샹카라적인데, '너'의 의미를 파고들지 않은 것처럼 느껴집니다.

61 森岡正博,〈독재·금재·차재적 존재자: 생명의 철학의 구축을 향해서 独在今在此在的存在者: 生命の哲学の構築に向けて〉(《現代生命哲学研究》6호, 2017년, 101~156쪽); 入不二基義·森岡正博,《운명론을 철학한다運命論を哲学する》(明石書店 2019년) 참조.

62 湯田豊 편역,《ウパニシャッド》, 391·402쪽.

63 명명의식이란 고유명을 최초로 직시 또는 기술을 통해 지시하는 동작을 뜻합니다. 이 동작은 한 번뿐이며, 그 후에 지시 연쇄 운동이 개시됩니다(Saul Kripke, *Naming and Necessity*, Blackwell Publishing 1972년; 八木沢敬·野家啓一 옮김,《名指しと必然性》, 産業図書 1985년, 115쪽).

64 森岡正博, 〈独在今在此在的存在者〉; 入不二基義 · 森岡正博, 《運命論を哲学する》 참조. 또한 이 논점은 현재 더욱 고찰 중이며, 향후 간행될 저의 책 《탄생 긍정의 철학誕生肯定の哲学》에서 전면적으로 구축할 계획입니다.

65 湯田豊 편역, 《ウパニシャッド》, 93쪽.

66 大貫隆, 《グノーシスの神話》, 59~61쪽.

67 비트겐슈타인이 "다만, 독아론은 스스로를 말하지 않고 스스로를 가리키는 것이다" "세계와 생은 하나이다"라고 서술한 대목은 그가 생명의 철학자임을 알려줍니다(Ludwig Wittgenstein 지음, 野矢茂樹 옮김, 《論理哲学論考》, 115쪽. 작은따옴표(' ')는 번역서).

68 통상 비트겐슈타인이 말하는 '말할 수 없는 것'은 윤리이자 종교라고 생각됩니다. 거기에 덧붙여 저는 비트겐슈타인이 독아론의 의미 내용 또한 말할 수 없는 것으로 손꼽았다고 생각합니다. 이 문단의 논의와 관련해서는 나가이 히토시가 선행 연구했습니다(永井均, 《'魂'に対する態度》, 勁草書房 1941년).

5장

1 인용 문헌 중에는 '執着'을 '執著'이라고 쓴 곳도 있습니다. 이 책에서는 두 단어를 따로 구별하지 않았습니다.

2 기독교 《성서》에서도 비슷한 상황이 나타납니다. 복음서에 예수가 말했다는 내용이 정말 예수가 직접 한 말인지는 학술적으로 확정할 수 없습니다.

3 상좌부불교, 팔리불교라고도 부릅니다. '소승불교小乘佛敎'라는 호칭은 대승불교에서 유래한 멸칭蔑稱입니다.

4 인도 북쪽 교역로를 따라 전해진 불교를 북방불교北方佛敎, 북전불교北傳佛敎라고도 부릅니다. 그중에는 대승불교뿐만 아니라 상좌부불교도 포

함됩니다.

5 일본의 불교는 원시불교와 많이 다릅니다. 예를 들어, 원시불교에서는 죽은 조상이 혼령이 되어 추석에 돌아온다는 내용이 없습니다. 이는 조상을 숭배하는 중국 유교가 동아시아 대승불교에 흘러들어 간 사상으로, 이후 일본에 전해졌습니다.

6 이 견해에 반대하는 연구자도 있습니다. 예를 들어 우오카와 유지는 고층과 새로운 층을 분할하는 흐름에 의문을 제기하고, 원시불전 사상을 전체적으로 고찰해야 한다고 주장합니다(魚川祐司,《仏教思想のゼロポイント: '悟り'とは何か》, 新潮社 2015, 15~17쪽). 이 의견도 분명히 이해됩니다만, 저는 역시《테라가타》등에서 보이는 정리되지 않은 생생한 말과 그 후의 정리된 말을 구별하고 싶습니다.

7 히라카와 아키라는 고층이 어느 시기를 가리키는지에 대해 우이 하쿠주·와츠지 테츠로·마에다 에가쿠 등의 가설을 비교·검토했습니다(平川彰,〈原始仏教の定義の問題〉,《平川彰著作集 2권 原始仏教とアビダルマ仏教》, 春秋社 1991년, 83~106쪽). 붓다가 생존했던 시기와 더불어 직계 제자가 활동했던 시기의 가르침까지 고층으로 보는 의견도 있습니다만, 그 텍스트가 쓰인 시기가 붓다 사후에서 상당히 지난 시점이라 동의하기 어렵습니다.

8 《숫타니파타》(붓다의 말)의 4장·5장은 원시불전의 최고층에 속한다고 봅니다.《담마빠다》(진리의 말) 역시 고층입니다.《테라가타》(불제자의 고백)과《테리가타》(비구니의 고백) 두 책은 붓다의 남녀 제자들의 말입니다.《상윳따 니까야》는 그 일부가〈신들과의 대화〉·〈악마와의 대화〉로 수록되었습니다. 나카무라 하지메는 여기도 고층에 포함된다고 분류합니다.《대반열반경》(붓다 최후의 여행),《우다나바르가 Udānavarga, 出曜經》(감흥의 말) 등은 고층이라고 할 수는 없지만 중요한 책입니다. 인용문 번호는 운문에 표기된 번호를 나타냅니다. 번호가 없는 문장이나 번호로 확정할 수 없는 경우는 이와나미문고岩波文庫판의 쪽수를 나타냅니다(이하 미주에서 이와나미문고판 원시불전 서지사항은 편의상 제목만 한글로 표기 — 옮긴이).

9   대승불교의 생명철학에 대해서는 이 시리즈의 후속 책에서 다룰 예정입니다.

10 열반의 경지에 이르는 것을 해탈이라고 부릅니다.

11 살아 있을 때 열반에 이르렀더라도 아직 육체의 속박에서 벗어날 수 없기 때문에 유여열반이라고 부릅니다. 그 경지에서 죽으면 육체의 속박에서도 벗어나므로 무여열반이라고 부릅니다. 다만, 원시불교의 고층에서는 유여열반과 무여열반을 구별하지 않았습니다(中村元, 〈解脱の思想〉(仏教思想研究会 편, 《仏教思想 8 解脱》, 平楽寺書店 1982년, 1~80쪽), 39쪽).

12 《숫타니파타》, 156쪽; 荒牧典俊 외 옮김, 《スッタニパータ》, 講談社 2015년, 182쪽.

13 ①모든 것은 고통으로 가득차 있다는 진리, ②고통이 생기는 원인이 있다는 진리, ③고통의 원인을 모두 소멸시키면 고통 또한 소멸되어 큰 평안(열반)에 이른다는 진리, ④고통을 소멸시키기 위한 구체적인 방법이 있다는 진리, 이렇게 네 가지입니다(《숫타니파타》, 726번 등).《담마파다》에서는 그 네 가지 진리란 '①고통 ②고통의 성립 ③고통의 초극超克 ④고통의 종멸을 지향하는 여덟 가지 존귀한 길'(190·191번)이라고 정의합니다.

14 《숫타니파타》, 767번.

15 《숫타니파타》, 804번.

16 《숫타니파타》, 574~578번.

17 〈신들과의 대화〉, 《상윳따 니까야》, 216쪽.

18 훗날 아비달마Abhidharma 불교에서는 인간이 경험하는 심신의 구체적인 고통을 다수 열거합니다(藤田宏達, 〈苦の伝統的解釈: アビダルマ仏教を中心として〉(仏教思想研究会 편, 《仏教思想 5 苦》, 平楽寺書店 1980년, 201~240쪽), 235쪽).

19 《테라가타》 567~576번. 《테리가타》 466~471번에도 동일한 내용이 쓰여 있습니다. 후대에 쓰인 《마하 사티파타나경大念處經》에서는 이 내용이 더욱 정리됩니다.

20 《숫타니파타》에는 "사람들은 '내 것이다'라고 집착한 물건 때문에 슬퍼한다. (자신이) 소유한 물건이 늘 함께 있지는 않기 때문이다"(805번)라고 쓰여 있습니다.

21 "무릇 감수感受된 것은 모두 '이것은 고통이다'라고 알며……"(《숫타니파타》, 738~739번). 나카무라 하지메는 "'고통'이란 더러움에 물든 채 미혹에 빠져 헤매고 있는 우리의 존재 '그 자체'이다"라고 정의합니다(中村元, 〈苦の問題〉(仏教思想研究会 편, 《仏教思想 5 苦》, 1~93쪽), 62쪽(작은따옴표(' ')는 원저).

22 《담마빠다》, 210~213번.

23 《우다나바르가》, 5장, 1~4번.

24 아라마키 노시토리 외 번역본에서는 '떨어지지 않는 애정'으로 번역했습니다. 이는 '갈애 渴愛, Taṇhā'나 '애욕愛欲, kāma'과는 다릅니다.

25 《숫타니파타》에도 같은 내용이 기재되어 있습니다. "교제를 하면 애정이 생긴다. 애정으로 인해 고통이 생긴다. 사랑에서 화가 생겨나는 것을 관찰하고, 무소의 뿔처럼 홀로 걸어가라. (…) 자녀나 아내에 대한 애착은 분명히 가지가 넓고 무성한 대나무가 서로 엉키는 것과 같다. 죽순이 다른 것에 엉키지 않듯이 무소의 뿔처럼 오직 홀로 걸어가라"(35~38번).

26 《숫타니파타》, 340번. 그 목적지는 "현세를 바라지 않고, 다음 생을 바라지 않으며, 욕구가 없고, 사로잡히지 않는 사람"(《담마빠다》, 410번)입니다.

27 荒牧典俊 외 옮김, 《スッタニパータ》, 756번. 이 부분은 '두 가지 관찰' 항에 포함되므로, 이런 종류의 집착에서 '고통'이 생긴다고 주장합니다.

28 다섯 가지 요소는 색色·수受·상想·행行·식識, 이렇게 나타내기도 합니다. 의식과 대상을 구분하는 서양 근대철학에 익숙해지면 오온이라는 사고방식을 이해하기 어렵습니다. 오온에는 물질·감각·지성 등이 혼잡스럽게 섞인 것처럼 보이기 때문입니다.

29 Walpola Rahula, *What the Buddha Taught*, Oneworld Publications 1959년; 今枝由郎 옮김, 《ブッダが説いたこと》, 岩波文庫 2016년,

63쪽. '오온무아五蘊無我'라고도 불립니다.

30 월폴라 라훌라는 고통dukkha에는 ①보통 의미의 고통 ②사물의 이동으로 인한 고통 ③조건을 따라서 생기는 고통, 이렇게 세 가지가 있다고 정리합니다. 첫 번째 '보통 의미의 고통'은 육체적인 아픔이나 사랑하는 사람과 헤어지는 고통 등을 말합니다. 두 번째 '사물의 이동으로 인한 고통'은 행복한 상태가 계속되지 않고 사라질 때 생기는 고통입니다. 세 번째 '조건을 따라서 생기는 고통'은 집착의 오온, 즉 연기緣起의 고통으로 가장 본질적인 고통입니다(Walpola Rahula 지음, 今枝由郎 옮김,《ブッダが説いたこと》, 62~63쪽.

31 대승불교에서는 '아수라阿修羅'가 더해져 여섯 개입니다.

32 〈신들과의 대화〉,《상윳따 니까야》, 76쪽. 물론 이를 민중을 위한 대기설법對機說法, 즉 듣는 사람의 근기根機에 맞춘 설법으로 볼 수도 있습니다.

33 《테리가타》, 434~447번.

34 Walpola Rahula 지음, 今枝由郎 옮김,《ブッダが説いたこと》, 88~89쪽. 라훌라는 이 잠재력을 "육체적, 심적 에너지"라고 부르며, "전 우주를 움직이는 엄청난 힘"이라고 말합니다(87~88쪽). 행行 또는 업業입니다.

35 森章司,〈死後はあるか:'無記''十二縁起''無我'の再考〉,《東洋学論叢》30호, 2005년, 158~180쪽), 163쪽.

36 森章司,〈死後はあるか:'無記''十二縁起''無我'の再考〉, 160쪽.

37 中村元・早島鏡正 옮김,《ミリンダ王の問い 1~3: インドとギリシアの対決》, 平凡社 1963년.

38 《숫타니파타》, 727번.

39 《이와나미 불교사전岩波仏教辞典》의 번역 용례를 따랐습니다.

40 荒牧典俊 외 옮김.《スッタニパータ》, 765번. 나카무라 하지메 번역본에서는 "비아非我인 것을 나라고 생각하지 않는다"라고 풀었습니다. 이 밖에도 "'나는 생각하고, 있다'라는 '혼란을 일으키는 부당한 사유'의 근본을 모두 제지하라"(《숫타니파타》, 916번)라는 내용도 나옵니다. 아라마키 노시토리 외 번역본에서는 진지眞知를 통한 사유로 "'나는 존재한다'

라는 모든 자아의식을 소멸시키는 게 좋다"라고 번역합니다. 마에타니 아키라가 옮기고 해석한 번역본에서는 "근본으로 돌아가서 생각을 없애고, '나는 생각하고 있다'라는 생각을 부수며(…)"라고 풀었습니다(前谷彰 편역,《ブッダのおしえ 眞訳・スッタニパータ》(講談社 2016년). 이는 데카르트의 '나는 생각한다. 고로 존재한다'라는 명제를 부정하는 내용을 표명하는 것처럼 보입니다.

41 히라카와 아키라는 "우파니샤드의 아트만을 부처가 긍정했는지 부정했는지를《아함경》에서 결정할 수 없다"라고 말합니다(平川彰,〈無我と主体: 自我の縁起的理解, 原始仏教を中心として〉(《平川彰著作集》2권, 203~237쪽), 234쪽).

42 《테라가타》, 715번. "(이 생애의) 앞에도 뒤에도 불사는 없다"라고 표현하기도 합니다(같은 책, 1004번).

43 앞 장에서 소개했듯이, 야즈나발키야는 아트만이 무엇인지는 '그렇지 않다, 그렇지 않다'는 부정의 방식으로만 파악할 수 있다고 생각했습니다. 이는 붓다가 말하는 '무엇이든 그것은 앗탄我이 아니다'라는 사고방식, 즉 '비아'의 사고방식과 거의 같습니다. 이렇게 보면 붓다는 야즈나발키야의 직계 후손으로, 두 사람의 사색에는 큰 차이가 없는 듯합니다. 붓다는 야즈나발키야로부터 '자아'에 대한 부정신학적 접근을 이어받아 '비아'설을 세우고, 원시불교의 뿌리로 삼지 않았을까요? 덧붙여서 고대 인도에서는 '우달라카 — 야즈나발키야 — 붓다'를 하나의 계보로 연결합니다. 고대 그리스의 '소크라테스 — 플라톤 — 아리스토텔레스' 계보를 방불케 합니다.

44 《숫타니파타》, 922~924번.

45 《숫타니파타》, 926~932번.

46 《담마빠다》, 5번.《우다나바르가》에서는 뒤이어 "원한은 결코 원한으로 가라앉힐 수 없다. 원한의 상태는 원한이 없는 것으로 가라앉을 것이다. 원한이 잇따라 나타나는 것은 도움이 되지 않는다. 그런 까닭에 이 치를 아는 사람은 원한을 만들지 않는다"라고 말합니다(14장, 12번).

47 《숫타니파타》, 967번. "자애와 평정과 연민과 해탈과 기쁨을 때에 맞게

수양하며 세상 모든 것을 저버리지 말고 무소의 뿔처럼 혼자서 가라"(같은 책, 73번)라는 내용도 참조하십시오.

48 가토 준쇼는 최초기 불교에서 수행자는 극히 단기간에 열반의 경지에 이를 수 있고, 붓다도 제자도 해탈의 내용은 같았다고 말합니다(加藤純章, 〈阿羅漢への道: 説一切有部の解脱〉(《仏教思想 8 解脱》, 149~192쪽), 166쪽). 다만 열반의 경지에 이른 수행자는 '아라한'으로 불렸으며, 최고위인 붓다와 지위를 구별했습니다.

49 나중의 《대념처경》에서는 이 세상에서 열반에 이른 '아라한'과 사후에 신들의 세계에서 태어나 이 세상에 돌아오지 않고 열반에 이르는 '불환 不還'으로 구별됩니다. "현세에서 최고의 지혜(아라한의 지혜)이거나 혹은 생존의 뿌리가 남아 있다면 이 세상에 돌아올 수 없는 것(불환)이 기대된다." 이는 다시 사향사과四向四果로 정리되었습니다.

50 《숫타니파타》, 100번.

51 《테라가타》, 254번. 그런데 '열반에 이른 자'가 사후에 어떻게 되느냐는 질문에 대해 붓다는 일절 대답하지 않았습니다(《숫타니파타》에서는 175·176번).

52 《테라가타》, 708·711번.

53 《테라가타》, 606·607번. 비슷한 표현은 자이나교에도 나타납니다. 나카무라 하지메에 따르면, 자이나교에서 해탈은 "삶도 바라지 않고, 죽음도 바라지 않고" "현생도 다음 생도 바라는 것이 없다"라는 경지입니다(中村元, 〈解脱の思想〉(《仏教思想 8 解脱》, 1~80쪽), 3쪽). 나카무라 하지메는 자이나교가 불교에 영향을 미쳤다고 봅니다(같은 책, 6쪽).

54 《테리가타》, 18번.

55 《테리가타》, 196번.

56 中村元, 〈苦の問題〉(《仏教思想 5 苦》, 1~93쪽), 67쪽. 쿠모이 쇼젠은 "본래 해탈한 상태는 마음이 평안, 적정寂靜하게 된다"라고 말합니다(雲井昭善, 〈原始仏教における解脱〉(《仏教思想 8 解脱》, 81~116쪽), 93쪽).

57 《숫타니파타》, 228·332번 등. 아라마키 노시토리 외 번역본에서는 "절대 기쁨" "절대의 정적" 등으로 풀었습니다.

58 《디가 니까야》, 3장, 2번.
59 "아난다여! '왕사성'은 즐겁다. '독수리봉'이라고 하는 산은 즐겁다. 고타마라고 하는 반얀나무는 즐겁다. 출라 절벽은 즐겁다. 베버라산 중턱에 있는 '칠엽굴'은 즐겁다. 선인산 중턱에 있는 흑암(굴)은 즐겁다. 한림에 있는 '사두암'의 동굴은 즐겁다. 따뽀다사원은 즐겁다. 죽림에 있는 가란다죽원은 즐겁다. 지바카(5세기경 인도 명의 — 옮긴이)의 망고 숲은 즐겁다. 맛타쿠치에 있는 녹야원은 즐겁다"(《디가 니까야》, 3장, 43번).
60 《숫타니파타》, 35번 등.
61 '증발'은 저의 표현이며, 원시불전에서는 찾아볼 수 없습니다. 《상윳따 니까야》에는 붓다가 임종할 때의 내적 체험이 적혀 있습니다. 붓다는 임종에 이르러 스스로 명상에 들어가 초선初禪부터 단계를 올려 최고 단계까지 도달한 후, 다시 단계를 낮춰 초선으로 돌아왔고, 다시 단계를 올려 4선에 이르러서야 열반의 경지에 들어갔습니다(〈악마와의 대화〉, 《상윳따 니까야》). 《대반열반경》에서도 동일한 묘사가 등장합니다(159~160쪽).
62 출가 행위는 붓다 이전부터 존재했습니다.
63 《테라가타》, 450번.
64 미즈노 히로모토는 "생은 '산다'가 아니라 '태어나다'입니다. 태어난다는 것은 모태로부터 출산하는 것이 아니라, 모태에 임신하는 첫 찰나結生를 말합니다"라고 정의합니다(水野弘元, 《仏教要語の基礎知識》, 春秋社 1972년, 197쪽). 또 십이지연기十二支緣起에서 '태어남'에서 '늙음과 죽음'이라는 고통이 일어난다고 말합니다.
65 中村元, 《釈尊の生涯》, 平凡社ライブラリー 2003년, 50쪽, 작은따옴표(' ')는 원저.
66 《숫타니파타》, 742번.
67 〈악마와의 대화〉, 《상윳따 니까야》, 74~75쪽.
68 〈신들과의 대화〉, 《상윳따 니까야》, 192쪽.
69 《대반열반경》, 18번.
70 《대반열반경》에서 말하는 '불환不還'을 감안하면, 인간 세계에서 수행을

거친 다음 윤회해서 가는 '하늘'에서도 열반의 경지에 이를 수 있습니다. 그러나 붓다가 법을 설파한 인간 세계는 역시 특별한 세계일 것입니다.

71 나카무라 하지메는 불교에서는 인간으로 태어나는 것을 흥미롭게도 '고맙고' '감사해야 할' 일임을 강조한다고 말합니다(中村元, 〈仏教における人間論〉(三枝充悳 편집, 《講座 仏教思想 第四卷 人間学 心理学》, 理想社 1975년, 19~63쪽), 23쪽). 또한 원시불교 고층으로 국한하지 않는다면 붓다의 전생 이야기인 《본생경本生經, Jātaka》과 연관지어볼 수도 있습니다. 전생에서 그토록 선한 행위를 했기 때문에 열반의 경지에 이를 수 있는 인간 세계에 태어나서 다행이라는 식으로 말입니다.

72 사사키 시즈카도 같은 생각이어서, "'태어나지 않는 게 나았을까?' 베네타의 저작 제목과도 관련된 이 질문은 불교와는 관계없다"라고 말합니다(佐々木閑, 〈釈迦の死生観〉《現代思想》, 2019년 11월호, 154~162쪽), 161쪽).

73 즉, 베네타는 '비탄생·우량'과 '탄생·열등'으로부터 '탄생 부정'을 이끌어냅니다.

74 베네타의 논지는 '태어나지 않는' 것과 '태어나는' 것 중에서 어느 쪽이 '더 좋다'는 말인지 추궁당할 수 있습니다. 이에 대해 저는 두 가지 장점을 비교하는 것은 불가능하다고 생각합니다. 그 이유는 7장에서 논의하겠습니다.

75 다만, 이 점은 어려운 문제를 내포합니다. 왜냐하면 우리는 태어날 때부터 이미 깨닫고 있다거나 열반의 경지에서 되돌아보면 사실 윤회는 없다고 깨닫는다거나 하는 사색은 불교의 테두리 안에서도 성립하기 때문입니다. 또 사후 존재에 대해서는 붓다도 대기설법對機說法 하고 있어서 붓다의 진의를 짐작하기 어렵습니다.

76 《테라가타》, 606·607번.

77 모리 쇼지는 현대 일본의 불교학자 중에 윤회가 불교의 가르침이 아니라고 주장하는 사람이 많다고 지적하면서 그 목록을 들고 있습니다(森章司, 〈死後·輪廻はあるか〉, 《東洋学論叢》 30호, 東洋大学文学部 2005년,

180쪽). 그중에서 가장 최근의 예를 들면 2019년에 발표된 사사키 시즈카의 논문일 것입니다. 사사키 시즈카는 "나는 불교 신자이며 석가모니의 가르침을 삶의 지침으로 삼지만, 그래도 윤회나 업은 믿지 않는다"라고 썼습니다(佐々木閑, 〈釈迦の死生観〉, 160쪽). 저는 불교를 믿지는 않지만 이 계열에 속할 듯합니다.

78 《테라가타》, 405~410번.
79 《테리가타》, 80~81번.
80 〈악마와의 대화〉, 《상윳따 니까야》, 51쪽.
81 〈악마와의 대화〉, 《상윳따 니까야》, 52쪽.
82 예를 들어 나와 류켄은 찬나가 정말로 열반의 경지에 이르렀는지, 붓다는 찬나의 자살을 어떻게 판단했는지 등에 대해 깊이 연구하고 있습니다(名和隆乾, 〈チャンナの自殺〉, 《待兼山論叢・哲学篇》, 45호, 大阪大学大学院文学研究科 2011년, 67~82쪽). 内山みどり, 〈仏教における自殺の意味: Delhey 論文に対する一考察〉(《インド哲学仏教学研究》, 25호, 東京大学大学院人文社会系研究科 インド哲学仏教学研究室 2017년, 45~56쪽)도 참조.
83 名和隆乾, 〈チャンナの自殺〉, 76~77쪽.
84 《대반열반경》, 71~72쪽. 나카무라 하지메는 '수명의 소인'을 '과거 업의 여력'이라고 풀이했습니다(같은 책, 240쪽).

6장

1 저는 이 장에서 '생성의 무구' 개념에 주목하는데, 이 개념은 알프레트 보임러가 선별해서 엮은 크뢰너판 전집의 유고집 중 하나의 제목이기도 합니다. 다만 보임러의 나치 옹호를 고려하면 신중하게 취급해야 합니다.

2 Friedrich Wilhelm Nietzsche, *Der Antichrist*, 1888년; 原佑 옮김, 《偶像の黄昏・反キリスト者》, ちくま学芸文庫 1994년, 20~23번, 188~195쪽 참조. 또한 니체는 같은 책에서 불교경전《담마빠다》에 실린 "원한을 원한으로 갚는다면 끝내 원한을 가라앉힐 수 없다"를 감동적인 구절이라며 인용합니다(20번, 189쪽). 이하 미주에서 니체가 직접 쓴 저작물 서지사항에는 편의상 저자 이름 생략 — 옮긴이.

3 니체는 기독교야말로 가장 깊은 허무주의라고 말합니다. 기독교는 신과 피안을 절대시한 나머지 이 세상에 내재하는 가치를 송두리째 부정하기 때문입니다.

4 니체의 이 질문에 기독교가 없는 시대에 사는 의미이지 종교가 없는 시대에 사는 의미가 아니라는 반론을 제기할 수 있습니다. 예를 들어, 나카지마 요시미치는 니체는 기독교를 해체하는 길목에서 치열하게 사색했지만, 기독교와 거의 관계가 없는 일본 철학 연구자들은 그 기로에 서지 않을 거라고 지적합니다(中島義道,《ニーチェーニヒリズムを生きる》, 河出ブックス 2013년, 30쪽). 일부분 수긍이 가지만, 현대에는 기독교에 한정하지 않고 어떤 종교에서도 삶의 지침을 얻지 못하는 사람들이 많습니다. 그 점에서 다수의 일본 연구자들이 니체와 문제의식을 공유하고 있습니다.

5 현대 '삶의 의미 철학'에 대해서는 7장에서 자세히 논의하겠습니다.

6 유고집《생성의 무구*Die Unshuld des Werdens*》(Alfred Bäumler 엮음, A. Kröner 1956년; 原佑・吉沢伝三郎 옮김,《生成の無垢》, ちくま学芸文庫 1994년. 우리나라에서는 여기 실린 글이 '니체 전집' 형태로 출간되었다 — 옮긴이)에도 비슷한 사정이 있습니다.

7   니체의 일본어 텍스트는 주로 치쿠마학예문고판 '니체 전집'을 인용했습니다. 니체의 유고는 이 전집의 《생성의 무구》 《권력에의 의지 *Der Wille zur Macht*》(Elisabeth Förster-Nietzsche 엮음, 1901년; 原佑 옮김, 《権力への意志》, ちくま学芸文庫 1993년)를 참조했습니다. 《즐거운 학문 *Die fröhliche Wissenschaft*》(Schmeitzner 1882년; 森一郎 옮김, 《愉しい学問》, 講談社学術文庫 2017년)은 일반 독자도 쉽게 이해할 수 있는 고단샤학술문고판 번역본을 사용했습니다. 이번에는 크로이터판 전집과 대조해보지 못했기 때문에, 이후 과제로 남겨두겠습니다.

8   하이데거는 《니체》에서 영원회귀 사상을 《즐거운 학문》시기, 《자라투스트라 *Also sprach Zarathustra*》(Wilhelm Biering 1885년; 吉沢伝三郎 옮김, 《ツァラトゥストラ 下》, ちくま学芸文庫 1993년) 시기, 《권력에의 의지》 시기로 나누어 고찰하고, 그 차이를 지적했습니다(Martin Heidegger, *Nietzsche*, Neske Verlag 1961년; 杉田泰一·輪田稔 옮김, 《ニーチェ 1》, 平凡社ライブラリー 1997년, 477~505쪽).

9   森一郎 옮김, 《愉しい学問》, 348~349쪽. 작은따옴표(' ')는 번역서.

10 原佑·吉沢伝三郎 옮김, 《生成の無垢》(하), 686~687쪽. 작은따옴표(' ')는 번역서.

11 Karl Löwith, *Nietzsche's Philosophy of the Eternal Recurrence of the Same*, University of California Press 1997년; 柴田治三郎 옮김, 《ニーチェの哲学》, 岩波現代叢書 1960년, 115쪽.

12 原佑 옮김, 《権力への意志》(하), 538쪽.

13 Bernard Reginster, *The Affirmation of Life: Nietzsche on Overcoming Nihilism*, Harvard University Press 2008년; 岡村俊史·竹内綱史·新名隆志 옮김, 《生の肯定: ニーチェによるニヒリズムの克服》, 法政大学出版局 2020년, 350~351쪽.

14 니체가 우주론적 등식을 어느 정도 깊이 믿었는지는 어려운 문제입니다. 이 점에 대해 이 장에서는 깊이 고찰할 수 없었습니다.

15 Karl Löwith 지음, 柴田治三郎 옮김, 《ニーチェの哲学》, 10쪽. 작은따옴표(' ')는 번역서. 또한 뢰비트는 영원회귀를, "사실 나는 나를 의욕하

는 세계의 큰 고리 중 하나의 고리로, 영원히 반복해 나 자신을 의욕한 다"라고 정리합니다(129쪽). 뢰비트는 니체가 우주론적 등식과 인간학 적 등식을 모두 동등하게 중시했다고 생각합니다. 질 들뢰즈는 《니체 와 철학》에서 칸트의 정언명법을 이용해 "'네가 의지意志하는 것이 영원 히 회귀함을 의지하는 것과 같은 방식으로, 네가 의지하는 것을 의지하 라'"고 흥미롭게 표현합니다(Gilles Deleuze, *Nietzsche et la philosophie*, PUF 2014년; 江川隆男 옮김, 《ニーチェと哲学》, 河出文庫 2008년, 140쪽. 작은따 옴표(' ') 번역서).

16 原佑 옮김, 《権力への意志》(하), 1032번, 51쪽.

17 니체가 파울 도이센이 번역한 《우파니샤드》를 읽었다고 하지만, 니체 철학에서 《우파니샤드》의 영향은 전반적으로 희박해 보입니다(川鍋征 行, 〈ニーチェの仏教理解〉, 《比較思想 研究》8호, 1981년, 39~49쪽 참조). 또 한 영원회귀는 우주 자체의 회귀이기 때문에, 고대 인도 철학의 여러 윤 회사상과는 완전히 다릅니다. 그리고 붓다의 철학과도 다릅니다. 붓다 의 근본은 계속 태어나는 것으로부터의 해탈이기 때문입니다. 유다 유 타카는 니체의 영원회귀와 불교의 차이점에 대해 다음과 같이 말합니 다. "니체는 영원회귀설의 한 기둥으로 생성과 발전을 긍정했다. 즉, 그 는 '존재의 가치'를 용인했다. 그러나 불교에서는 태어나 늙고 병들어 죽는 것은 고통과 다름없다. 그것들은 무상하며, 최종적으로 부정되어 야 한다"(湯田豊, 《ニーチェと仏教》, 世界聖典刊行協会 1987, 185쪽). 니체 는 《권력에의 의지》에서 영원회귀를 '불교의 유럽적 형식'이라고 서술 하였으나 이는 붓다가 설파한 불교와는 다릅니다. 영원회귀 사상의 계 보적 원천은 니체가 《이 사람을 보라》에서 말했듯이, 고대 그리스의 헤 라클레이토스에서 기인한다고 생각합니다. "자라투스트라의 이 교설 敎說도 결국 이미 헤라클레이토스가 말했을지도 모른다"(川原栄峰 옮김, 《この人を見よ 自伝集》, ちくま学芸文庫 1994년, 99쪽).

18 吉沢伝三郎 옮김, 《ツァラトゥストラ》(하), 19:10번, 343쪽. 작은따옴 표(' ')는 번역서.

19 吉沢伝三郎 옮김, 《ツァラトゥストラ》(하), 343쪽. 작은따옴표(' ')는 번

역서.

20 나가이 히토시는 "다음과 같은 거짓말에도 속아서는 안 된다"라며 위의 니체 문장을 인용합니다. 그리고 "이런 식의 거짓말을 만들어내면서까지 '일체를' 긍정하려는 것은 병이다. 같은 병의 두 가지 증상이다. 긍정을 고집하는 것은 부정을 부정하는 것을 고집하는 것이다"라고 비판했습니다(永井均, 《これがニーチェだ》, 講談社現代新書 1998년, 181쪽). 나가이 히토시의 지적은 흥미롭지만, 저는 이 논점에 관해서 니체의 편을 들고 싶습니다. 왜냐하면 저는 있는지 없는지 알 수 없지만, 긍정의 길로 치닫는 니체를 아름답다고 생각하기 때문입니다. 저는 나가이가 말하는 고집과 병을 아마도 니체와 공유하며, 긍정에 대한 감도를 나가이와 달리합니다. 이는 나가이와 제가 타협할 수 없는 지점 중 하나라고 생각합니다.

21 "너는 내 마음에 든다. 행복이여! 찰나여! 순간이여!"는 괴테의 《파우스트》에서 파우스트 박사가 내뱉은 '삶의 긍정'의 말, "'내가 순간을 보고 멈춰라, 너는 실로 아름답구나!'라고 말한다면 너는 나를 묶어도 좋다. 그때는 내가 기꺼이 소멸하리라!"를 염두에 둔 말입니다(이 책 1장 참조). 니체가 말하는 '삶의 긍정'은 괴테의 그것을 우주 규모로 확장한 것이라고 생각합니다.

22 新名隆志, 〈'醉歌', '救済について', '幻影と謎'の新たな解釈: 永遠回帰の肯定とは何か〉(《鹿児島大学教育学部研究紀要 人文・社会科学編》 64권, 2013년, 1~17쪽), 8쪽. 《자라투스트라》 4부 '취가'에서 "일체의 사물은 사슬로, 실로, 사랑으로 연결되어 있다(니이나의 번역에서는 '모든 것이 사슬로 연결되어, 실로 연결되어, 사랑에 빠져 있다')"라는 문장은 지금까지 모든 사물은 연쇄하며 독립적으로 존재하는 것은 없다는 뜻으로 해석되었습니다. 니이나는 이것을 '인과적 해석'이라 부르고, 텍스트를 상세하게 읽으면 그런 해석은 성립하지 않는다고 주장합니다. 제가 본문에서 "땅속줄기처럼 이어져 있어서"라고 쓴 부분은 인과적 해석 같기도 하지만 저는 인과적 해석으로 환원될 수 없다고 생각합니다.

23 吉沢伝三郎 옮김, 《ツァラトゥストラ》(하), 13:2번, 145쪽.

24 니체가 고통에 대해 "지나가라, 그러나 돌아와라!"라고 말한 이유가 여기에 있습니다. 지금 고통스러워도 그 고통은 곧 사라집니다. 니체는 사라지는 고통에 대해 다시 돌아오라고 말하며 영원회귀를 진정으로 긍정합니다.

25 레진스터는 고뇌가 개인의 행복을 구성하는 일부이므로 고뇌 자체를 높이 평가해야 하는 것이 니체가 말하는 '삶의 긍정'이라고 해석합니다. 그리고 고뇌에서 창조성이 나올 때 고뇌가 인생에서 구원된다고 말합니다. 레진스터는 이를 '고뇌의 근본적 가치 전환'이라고 정의합니다(Bernard Reginster 지음, 岡村俊史·竹内綱史·新名隆志 옮김, 《生の肯定》, 389~393쪽). 이 고뇌와 구원의 변증법은 베네타 등이 거의 고려하지 않았던 논점입니다. 레진스터는 영원회귀를 통해 긍정되는 것은 "생이 시간적 폭이 있는 유한한 과정으로 구성된다는 사실, 또는 삶이 본질적으로 생성이라는 사실"이라고 말합니다(Bernard Reginster 지음, 岡村俊史·竹内綱史·新名隆志 옮김, 《生の肯定》, 383쪽). 레진스터는 이 지점에서 니체가 기독교와 맞서려 했다고 생각합니다.

26 森一郎 옮김, 《愉しい学問》, 277번, 277쪽.

27 森一郎 옮김, 《愉しい学問》, 278쪽. 작은따옴표(' ')는 번역서.

28 *Ecce Homo*, Insel 1908년; 川原栄峰 옮김, 《この人を見よ 自伝集》, 169쪽. 작은따옴표(' ')는 번역서.

29 니체는 《이 사람을 보라》에서 가장 큰 고통도, 가장 큰 우수憂愁도 "하나의 '필연적인' 색色의 역할을 한다"라고 썼습니다(135쪽, 작은따옴표(' ')는 번역서). 고통스러운 일도 괴로운 일도 포함하여 인생의 모든 조각은 각각 필연적인 색으로 인생을 물들인다는 뜻입니다.

30 川原栄峰 옮김, 《この人を見よ 自伝集》, 75쪽. 작은따옴표(' ')는 번역서.

31 위 인용문의 원문은 "Meine Formel für die Grösseam Menschen ist amor fati: dass man Nichts anders haben will, vorwärts nicht, rückwärts nicht, in alle Ewigkeit nicht"입니다. 일본어 번역이 지나치게 의역했지만 원문의 뜻은 바르게 파악했습니다. 덧붙여서 월터 카우프만의 영어 번역은 다음과 같습니다. "My formula for greatness in a human

being is amor fati: that one wants nothing to be different, not forward, not backward, not in all eternity"(Walter Kaufmann 옮김, *Basic Writings of Nietzsche*, The Modern Library 1967·2000년, 714쪽).

32 原佑 옮김, 《権力への意志》(하), 1041번, 517~518쪽. 작은따옴표(' ')는 번역서.

33 森一郎 옮김, 《愉しい学問》, 324번, 323쪽.

34 "음미가 없는 삶은 인간에게 살 가치가 없다"(Plato, *Apology of Socrates*, 기원전 399년경; 三嶋輝夫·田中享英 옮김, 《ソクラテスの弁明·クリトン》, 講談社学術文庫 1988년, 74쪽).

35 Karl Jaspers, *Nietzsche: An Introduction to His Philosophical Activity*, JHU Press 1997년; 佐藤真理人 옮김, 《ニーチェ: 彼の'哲学すること'の理解への導き》, 月曜社 2019년, 650~651쪽. 그는 "사유는 인간 전체의 감동에서 생긴다"라고도 말합니다(같은 책, 651쪽). 같은 책, 742쪽도 참조.

36 니체는 '자신의 문제에 인격을 걸고 씨름할' 것인가 '인격은 제쳐둘' 것인가가 사상가를 구분한다고 지적합니다(森一郎 옮김, 《愉しい学問》, 345번, 359쪽).

37 吉沢伝三郎 옮김, 《ツァラトゥストラ》(상), 72쪽.

38 제 생명학의 구체적 내용은 졸저 《느끼지 못하는 남자感じない男》를 참조하십시오. 거기에서 저는 제 구체적인 성적 경험을 예로 들어 실험적 사색을 전개합니다. 물론 이 책에서처럼 자기고백적 사색을 한다고 해서 니체가 말하는 실험철학, 또는 제가 말하는 생명학이 되지는 않습니다. 저는 니체의 실험철학 부분을 읽으면서, 지금까지 저도 모르게 생명학이라는 이름으로 실험철학을 진행해왔다는 사실을 깨달았습니다.

39 *Jenseits von Gut und Böse: Vorspiel einer Philosophie der Zukunft*, Verlag von Wilhelm Nemen 1886년; 信太正三 옮김, 《善悪の彼岸 道徳の系譜》, ちくま学芸文庫 1993년, 23쪽). 물론 니체도 자기고백이나 수기를 쓰면 곧 위대한 철학이 된다고 하지는 않았습니다. 그것을 내재적으로 갖추

지 못한 철학은 진짜가 될 수 없다는 말입니다.

40　다만 야스퍼스가 《니체》에서 "본질적인 것은 전혀 저작이 아니라, 생성하는 인간이기 때문이다"(Karl Jaspers 지음, 佐藤真理人 옮김, 《ニーチェ》, 746쪽)라고 쓸 때, 거기에 근접했다고 생각합니다. 또한 야스퍼스는 니체의 교육자로서 면모에 대해 "우리가 니체로부터 질의를 받는 것" "니체에 비추어 우리가 자신을 확증하는 것"의 중요성을 지적했으며(같은 책, 752~753쪽), 이 부분에서 제가 말하는 생명학적 시점을 견지하는 듯합니다. 나이토 요시오는 니체의 실험철학을 언급하면서 "니체에게 철학이란 그 자신이 존립하는 것이 아니라 살 수 있는 것이다"라고 썼습니다(内藤可夫, 《ニーチェ思想の根柢》, 晃洋書房柢 1999년, 212쪽). 또 시다 쇼조는 "모든 것을 시험해보려는 '실험철학'"(信太正三, 《永遠回帰と遊戯の哲学: ニーチェにおける無限革命の論理》, 勁草書房 1969년, 123쪽)이라고 서술하지만, 그건 실험철학의 본질적인 초점이 아닙니다.

41　平木幸二郎, 〈ニーチェの運命愛について 1〉(《信州大学教養部紀要》, 28호, 1994년, 11~36쪽), 22쪽.

42　森一郎 옮김, 《愉しい学問》, 335번, 339쪽. 작은따옴표(' ')는 번역서.

43　"Wie man wird, was man ist." 치쿠마 학예 문고판에서는 '본래'를 추가하여 "사람은 어떻게 자신이 본래 존재하는 그대로의 사람이 되는가"라고 번역했습니다. 이는 뒤이어 기술하는 첫 번째 해석과 연결됩니다.

44　渡邊二郎, 〈ニーチェ: 生きる勇気を与える思想〉(《放送大学研究年報》, 18호, 2000년, 91~114쪽), 108쪽.

45　原佑·吉沢伝三郎 옮김, 《生成の無垢》(상), 104번, 572쪽.

46　알렉산더 네하마스는 이 "본래 존재해야 할 존재"라는 해석을 오류로 치부합니다(Alexander Nehamas, *Nietzsche, Life as Literature*, Harvard University Press 1985년; 湯浅弘·堀邦維 옮김, 《ニーチェ: 文学表象としての生》, 理想社 2005년, 261쪽).

47　湯浅弘, 〈ニーチェ哲学と過去の問題: 人はいかにして今あるところのものになるか〉(《哲学会誌》40호, 弘前大学哲学会 2006년, 59~64쪽), 61쪽.

48　湯浅弘, 〈ニーチェ哲学と過去の問題〉, 61~64쪽.

49 영원회귀 교설敎說에서 지금 이 순간 '예스'라고 말하는 것도 하나의 예처럼 보이지만, 영원회귀에서의 '예스'는 이 상태가 그대로 계속되라는 뜻이 아니며, 이 상태는 언젠가 바뀌겠지만 다시 같은 형태로 돌아오기를 바란다는 뜻이므로 단순한 자기 긍정이나 현상 긍정과는 다릅니다. 나중에 본문에서 다른 각도에서 논의하겠습니다.

50 "생성은 '어떤 목표 상태'를 가지고 있지 '않으며', (…) 생성은 '어떠한 가치도 전혀 가지고 있지 않다'"(原佑 옮김, 《權力への意志》(하), 708번, 234쪽. 작은따옴표(' ')는 번역서).

51 Karl Jaspers 지음, 佐藤真理人 옮김, 《ニーチェ: 彼の'哲学すること'の理解への導き》, 239쪽.

52 이런 의미에서 무구 개념은 탄생 부정 사상과 공통되는 측면을 가졌습니다. 단 한 줌이라도 고통이 있으면 모든 것이 엉망이 되어버리기 때문에 애초에 아무 일도 일어나지 않는 게 낫다는 식의 사고 패턴을 공유합니다.

53 "아이는 순진 그 자체로 Unschuld이고 망각이다. 하나의 새로운 시작, 하나의 유희 Spiel, 하나의 자력으로 굴러가는 바퀴, 하나의 제1운동, 하나의 신성한 긍정이다"(吉沢伝三郎 옮김, 《ツァラトゥストラ》(상), 50쪽).

54 信太正三, 《永遠回帰と遊戯の哲学》, 174쪽. 이는 나아가 '힘에의 의지(권력에의 의지)Willezur zur Macht' 개념과 연결됩니다. 니체는 '생성'이 우주 전체에 퍼져 있으며, 그중에서도 생물이 생성을 구동하는 양태를 '힘에의 의지'라고 불렀습니다. '힘에의 의지'란 마치 아메바가 바깥 물질을 끌어들여 살을 찌우는 것처럼 생물이 자기 영역을 확장해 힘을 더 얻으려고 하는 의지입니다. 실제로 니체는 세포가 위족僞足을 뻗는 모습을 형상화합니다(《權力への意志》(하), 656번, 178쪽). 니체는 "모든 생물은 권력을 추구하며 권력의 '증대'를 위해 힘쓴다"라고 썼습니다(《權力への意志》(하), 214쪽. 작은따옴표(' ')는 번역서). 야스퍼스는 그것을 "'보다 상위 존재이기를 의지하는 것', 상승 의지, 자기 성장을 위한 투쟁"이라고 정의했습니다(Karl Jaspers 지음, 佐藤真理人 옮김, 《ニーチェ》, 495쪽). 일본어로 번역할 때 '힘에의 의지'와 '권력에의 의지'로 구별해서 쓰는 이

유에 대해 여러 가지 설이 있습니다. 그중 하나가 나치를 옹호하는 사상으로 이용되었다는 혐의 때문입니다. 즉 '생성의 무구'가 '힘에의 의지'로 아주 매끄럽게 이어진다는 점이 강자가 약자를 짓밟는 행위는 단순한 장난에 불과하며 좋지도 나쁘지도 않다는 발상을 낳았다는 해석입니다. 그러나 그렇다고 해서 '생성의 무구' 개념을 도려내서는 안 된다고 생각합니다. 왜냐하면 거기에는 '존재'의 한계성을 극복할 가능성이 잠재하기 때문입니다.

55 原佑 옮김, 《権力への意志》(하), 787번, 304쪽. 작은따옴표(‘ ’)는 번역서.

56 *Götzen-Dämmerung*, Jugenstil 1889년; 原佑 옮김, 《偶像の黄昏 反キリスト者》, 668쪽. '생성의 무구' 개념이 악용될 수 있는 이유입니다. 브라이언 라이터는 니체의 '생성의 무구'를 더크 페레붐처럼 '인간 행위 자연재해론'의 선구로 해석하고 이를 긍정적으로 바라보는 방향을 시사합니다(Brian Leiter, "The Innocence of Becoming: Nietzsche Against Guilt", *Inquiry* 62(1), 2019년, 70~92쪽).

57 실제로 니체가 생성과 자기 부정을 연결 지은 부분이 있습니다. "조작하고, 의욕하고, 자기 부정하고, 자기 초극하는 일로서의 생성"(原佑 옮김, 《権力への意志》(하), 149쪽).

58 알렉산더 네하마스도 이 말을 '생성으로 존재한다'라고 해석합니다. "자신을 자신의 모든 행위와 동일시하고, 자신이 하는 모든 일(자신이 되는 상태의 일)이 자신이 존재하는 상태의 일로 간주한다는 것입니다"(Alexander Nehamas 지음, 湯浅弘·堀邦維 옮김, 《ニーチェ: 文学表象としての生》, 284쪽). 그러나 거기에 어떤 논리가 내재하는지는 구체적으로 밝혀내지 않았습니다.

59 Karl Löwith 지음, 柴田治三郎 옮김, 《ニーチェの哲学》, 102쪽.

60 Karl Jaspers 지음, 佐藤真理人 옮김, 《ニーチェ: 彼の'哲学すること'の理解への導き》, 613쪽.

61 Karl Jaspers 지음, 佐藤真理人 옮김, 《ニーチェ: 彼の'哲学すること'の理解への導き》, 612쪽.

62 Plato, *Timaeus*, 기원전 360년경; 岸見一郎 옮김, 《ティマイオス クリ

ティアス》, 白澤社 2015년, 34쪽. 작은따옴표(' ')는 번역서.

63 "Was ist, wird nicht; was wird ist nicht"(原佑 옮김,《偶像の黄昏 反キリスト者》, 38쪽. 작은따옴표(' ')는 번역서).

64 Martin Heidegger 지음, 杉田泰一・輪田稔 옮김,《ニーチェ 1》, 186~187쪽.

65 Martin Heidegger 지음, 杉田泰一・輪田稔 옮김,《ニーチェ 1》, 550쪽.

66 "생을 생성으로 하여, 생이 단지 존재자로서—견고하게 현존하는 것으로서—고정화하는 일이 없도록" 했다(Martin Heidegger 지음, 加藤登之男・船橋弘 옮김,《ニーチェ 2》, 101쪽).

67 原佑 옮김,《権力への意志》(하), 617번, 148쪽. 작은따옴표(' ')는 번역서.

68 Martin Heidegger 지음, 加藤登之男・船橋弘 옮김,《ニーチェ 2》, 248~249쪽.

69 Martin Heidegger 지음, 杉田泰一・輪田稔 옮김,《ニーチェ 1》, 51쪽. 호소미 카즈유키 또한《니체》의 이 부분을, 생성의 세계가 존재의 세계에 극한적으로 가까워지는 "그 아슬아슬한 지점이야말로 '고찰의 정점'이라고 니체는 못 박고 있다"라며, 하이데거와 동일하게 해석했습니다(細見和之 편저,《ニーチェをドイツ語で読む》, 白水社 2017년, 141쪽).

70 内藤可夫,《ニーチェ思想の根柢》, 113쪽.

71 어쨌든 하이데거는《즐거운 학문》에 나오는 "우리 독일인은 (…) (모든 라틴인과 정반대로) '존재'하는 것보다 생성이나 발전에 한층 깊은 의미와 풍부한 가치를 본능적으로 부여하는 이상—'존재'라는 개념의 원리를 우리는 거의 믿지 않는다"라는 문장을 자신의 가설과 정합적으로 설명해내야 합니다(森一郎 옮김,《愉しい学問》, 387~388쪽).

72 砂原陽一,〈ニーチェにおける'両義的思考'〉(《金沢大学文学部論集 行動科学・哲学篇》27호, 2007년, 135~155쪽), 139쪽.

73 가모 시로가 이 논문의 일본어 번역을 웹사이트에 공개했습니다(http://theognis.ojaru.jp/detheognide.html). 니체는 이 논문에서 테오그니스의 짧은 시편들을 꼭 읽어보라고 권합니다.

74 *Die Geburt der Tragödie aus dem Geiste der Musik*, E. W. von Junken 1872년; 塩屋竹男 옮김,《悲劇の誕生》, ちくま学芸文庫 1993년, 36쪽.

75 塩屋竹男 옮김,《悲劇の誕生》, 40쪽.

76 塩屋竹男 옮김,《悲劇の誕生》, 44쪽.

77 塩屋竹男 옮김,《悲劇の誕生》, 44쪽.

78 原佑 옮김,《權力への意志》(상), 51쪽. 그 밖에도 "세계가 존재하는 것보다 세계가 존재하지 않는 것이 낫다"(原佑 옮김,《權力への意志》(하), 701번, 225쪽)라는 문장이 있는데, 그것은 비판 대상의 입장을 나타낸 것입니다. 또 니힐리스트에 대해서 "있는 그대로의 세계에 대해서는 그것은 존재해서는 '안 되었다'라고 판단하고, 또 어떤 세계에 대해서는 그것은 현존하지 않다고 판단하는 인간의 것이다"(原佑 옮김,《權力への意志》(하), 585번, 124쪽. 작은따옴표(' ')는 번역서)라고 말했는데, 이 역시 극복해야 할 대상에 대한 기술입니다.

79 니체의 자살관에 대해서는 야스퍼스가 간결하게 정리했습니다. 니체는 인간이 자신의 삶을 어떻게 할 것인가에 대해서는 신이 아니라 삶 자체에 의탁한다고 생각합니다. 그리고 야스퍼스는 "만인이 '자유사'를 '마땅할 때' 죽는다는 것"으로 귀결한다고 서술합니다. 니체는 다음과 같이 자유의지에 의한 이성적 죽음을 찬양합니다. 사회의 '기생충'인 병자들을 포함한 많은 '쓸모없는 자들', "다시 말해 처음부터 결코 '마땅한 삶'이 아닌 생존을 영위했던 인간들"은 자살하는 것이 존경할 만한 일이고, 적절하게 살았던 인간들은 '창조적'인 삶이 끝난 때가 바로 그때이다(Karl Jaspers 지음, 佐藤真理人 옮김,《ニーチェ: 彼の'哲学すること'の理解への導き》, 532~534쪽).

80 Bernard Reginster 지음, 岡村俊史·竹内綱史·新名隆志 옮김,《生の肯定》, 87쪽.

81 原佑 옮김,《權力への意志》(상), 293번, 291~292쪽, 작은따옴표(' ')는 번역서. 같은 책, 33번, 323쪽도 참조.

82 森岡正博,〈'生まれてこなければよかった'の意味〉,《人間科学: 大阪府立大学紀要》8호, 2013년, 87~105쪽. 이 논문에서 저는 '무화해석

無化解釋'과 '별세계해석別世界解釋'이라는 용어를 사용했습니다. '반─반출생주의 해석'과 '가능 세계 해석'이라는 용어는, Masahiro Morioka, "A Solipsistic and Affirmation-Based Approach to Meaning in Life", *Journal of Philosophy of Life*, Vol. 9, No. 1, 2019년, 82~97쪽에서 사용했습니다.

83 저는 논문 〈'生まれてこなければよかった'の意味〉에서 다음과 같이 썼습니다. "'태어나서 정말 다행이다'란 지금 현실과는 전혀 내용이 다른 세계가 있을 수 있다고 해서, 설령 그 세계에서는 내가 안고 있는 심각한 문제가 해결되었다고 해도, 결코 진심으로 그런 상태의 세계에서 태어나고 싶다고 바라지 않는 것이다"(101쪽).

84 니체는 실존주의의 선구자 중 한 사람으로 손꼽히는데, 이를 제대로 설정하기 어렵다는 것은 이상한 일입니다.

85 Pierre Klossowski, *Nietzsche et le cercle vicieux*, Mercure de France 1975년; 兼子正勝 옮김, 《ニーチェと悪循環》, ちくま学芸文庫 2004년, 139쪽. 또한 클로소프스키는 같은 행위가 무한히 반복되는 것은 속죄에 가깝다고 말합니다(같은 책, 143쪽). 다케다 세이지는 "'영원회귀' 관념은 '삶의 일회성을 이용'하여 세계와 삶 자체에 복수하려는 원한ressentiment의 욕망을 '무효'로 만든다"라고 지적하면서, 니체가 의도적으로 '삶의 일회성'을 무너뜨리려 한다고 생각합니다((竹田青嗣, 《ニーチェ入門》, ちくま新書 1949년, 177쪽). 야스퍼스는 만약 정말 우주가 똑같은 내용으로 돌아왔다면, 그것은 우주가 단 한 번만 존재하는 것과 아무런 차이가 없다는 결정적인 비판을 했는데(Karl Jaspers 지음, 佐藤真理人 옮김, 《ニーチェ: 彼の'哲学すること'の理解への導き》, 605쪽), 이 역시 위의 문제와 관련된 언술이라고 생각합니다. 그럼에도 니체가 영원회귀에 집착한 이유는 영원회귀에 의해 비로소 '신의 죽음'과 '무'가 초극되기 때문이라고 야스퍼스는 진단합니다(같은 책, 604쪽).

86 시다 쇼조는 다음과 같이 말합니다. "일체의 '있다'를 '그렇게 있기를 나는 바랐다!'로 '바꾸는' 것이야말로 비로소 진정으로 과거뿐만 아니라 모든 존재의 '구원'이라고 부를 만하다"(信太正三, 《永遠回帰と遊戯の哲学》,

142쪽).

87 이것을 '생성의 무구' 관점에서 보면, 설령 어떠한 비참이나 악, 고통, 가해가 이 세계에 반복적으로 생성하더라도 그 생성은 무구이며, 좋다거나 나쁘다거나 하는 차원을 넘어서므로, 그런 일을 '바라는' 것에 대해서도 선악이 없어집니다.

88 저는 이 점에 대해서 논문 〈'生まれてこなければよかった'の意味〉에서도 한번 서술했습니다.

89 이에 대해서는 入不二基義・森岡正博, 《運命論を哲学する》, 明石書店 2019년, 42~45쪽에서 저의 생각을 자세히 제시해놓았으니 참조하기 바랍니다. 이리후지의 견해는 入不二基義, 《あるようにあり、なるようになる：運命論の運命》(講談社 2015년)에 제시되어 있습니다. 이리후지는 상대적인 측면과 절대적인 측면이 동적인 충돌 운동을 한다고 생각합니다.

90 야스퍼스는 이 점에 대해서 "운명애는 '인식되고 있다'고 여겨지는 필연성에 수동적으로 복종하는 게 아니라, 오히려 운명의 필연성을 의식하면서 자유로운 능동성을 표현하는 '모든 종류의 불확실성과 시험의 여지의 향유'이다"라고 썼습니다(Karl Jaspers 지음, 佐藤真理人 옮김, 《ニーチェ：彼の'哲学すること'の理解への導き》, 614쪽, 작은따옴표(' ')는 번역서).

91 이상의 논의는 이리후지로부터 촉발되어 제가 전개한 것입니다. 이리후지는 앞의 책에서 니체의 운명애를 고찰하지 않았습니다. 니체는 《생성의 무구》에서 다음과 같이 말합니다. "운명이 우리를 덮치기 전에 우리는 아이를 이끌듯 운명을 이끌고 운명에 채찍을 가해야 한다. 하지만 운명이 우리를 덮친다면, 우리는 운명을 사랑하도록 노력해야 한다"(原佑・吉沢伝三郎 옮김, 《生成の無垢》(하), 594쪽). 여기서 운명애의 발동은 어떤 사건이 나에게 일어난 후의 이야기이고, 미래에서는 운명애가 발동되지 않는 것처럼 보입니다. 채찍을 가한다는 의미가 무엇인지에 따라 다르겠지만, 니체는 미래를 향한 운명애의 가능성을 깊이 고찰하지 않은 듯합니다. 그런데 이에 대해 《이 사람을 보라》에는 "앞으로 가도, 뒤로 가도"(75쪽) 운명애가 미래로 향한다고 쓰여 있습니다. 이 점에 대

해 니체가 흔들렸던 건 아닐까요? 만약 유고보다 살아생전의 간행본을 중시한다면 니체는 미래를 향한 운명애를 직시했다고 생각합니다.

92 Morgenröte: Gedanken über die moralischen vorurteile, Ernst Schmeitzner 1881년; 茅野良男 옮김, 《曙光》, ちくま学芸文庫 1993년, 463쪽, 작은따옴표(' ')는 번역서.

······ 7장 ··

1 에리크 망누손은 '탄생해악론의 존재 명제'에 해당하는 내용을 P1, '탄생해악론의 생성 명제'에 해당하는 내용을 P2로 설정하고, P1에서 P2가 도출될 수 없음을 논증합니다. 다만 망누손은 P1에서 P2로의 이행을 제가 지금부터 논의하는 '존재'로부터 '생성'으로의 이행으로 파악하지는 않습니다. Erik Magnusson, "How to Reject Benatar's Asymmetry Argument", *Bioethics* 33(6), 2019년, 674~683쪽.
2 나카가와 유이치도 같은 취지로 고찰하지만, 저와 관점이 다릅니다. 中川優一, 〈ベネター反出生主義は決定的な害を示すことができるか: The Human Predicamentにおける死の害の検討〉, 《哲学の門: 大学院生研究論集》 2호, 2020년, 120~133쪽.
3 이 비교는 2장에서 제시한 사분면 표의 '어떤 사람이 존재할 때'의 세로 열과 '어떤 사람이 존재하지 않을 때'의 세로 열을 그대로 차용합니다. 물론 베네타는 다른 문맥에서 그 자체로서 '좋음'이나 '나쁨'을 진술하기도 합니다.
4 베네타가 이 역명제, 즉 사망이나 자살에 대해서 반드시 좋다고 생각하지는 않는다는 점에 주의해야 합니다. '사람이 존재하는 악의 상태'에서 '사람이 존재하지 않는 선의 상태'로의 생성이 반드시 좋다고 생각하지는 않습니다. 이를 고려한다면, 사실 베네타도 일반적으로 '존재 명제'로부터 '생성 명제'가 도출된다고는 생각하지 않았습니다. 베네타의 문

제는 죽음이나 자살을 인정하면서도 탄생에 대해서 아는지 모르는지를 언술하지 않은 데 있습니다.

5 다른 요인으로 가족의 반응이 싸늘해졌다거나 강도의 표적이 됐다거나, 얼마든지 상상할 수 있습니다. 그런 일들에 대한 완벽한 리스트를 미리 작성하기란 불가능합니다.

6 사소한 점이지만, 이 사고실험에서 '다른 모든 것이 같다면ceteris paribus'이라는 조건을 덧붙이면 이 문제가 회피된다는 반론이 제기될 수 있습니다. 하지만 그 비판은 성립하지 않습니다. 왜냐하면 현재 상태보다 자산이 격증하는 것만 성립하고 그 외의 조건은 모두 같다는 상황은 상정할 수 없기 때문입니다. 만약 자산이 격증하면 늘어난 돈으로 살 수 있는 물자의 양은 필연적으로 늘어날 것이고, '다른 모든 것이 같다면'이라는 조건은 붕괴합니다. 이에 대해, 자산의 격증 및 그에 따라 일어나는 행동의 확대 등에 대해서는 변화를 인정하지만, 그 밖의 다른 조건, 예를 들면 물욕 등에 대해서는 변화가 없다고 가정하면 된다는 반론도 가능합니다. 하지만 자산의 격증은 인간의 마음과 행동 모든 면에 영향을 주며, 또 가족과의 관계성도 뒤흔들어 가족의 심리 상태도 변할 것입니다. 이렇게 파급 범위는 사회 모든 곳으로 확대되어 조정 조건을 파괴합니다.

7 "나는 인간들에게로 내려가려 하는데, 이 인간들의 호칭에 따르면 나는 너처럼 '몰락'해야 한다"(吉沢伝三郎 옮김, 《ツァラトゥストラ》(상), 18쪽, 작은따옴표(' ')는 번역서).

8 본래는 독재적 존재자까지 고찰해야 하지만, 본문의 문맥상 '나'의 차원을 고찰하는 것으로도 충분합니다.

9 물론 베네타는 '어떤 사람'으로 일반화해서 그 존재에 대해 언술합니다. 하지만 베네타에게 '어떤 사람'의 일례로서 '나'가 포함되는 것은 자명하기에, 사실상 이와 같이 논의를 진행했다고 생각합니다.

10 베네타가 반사실 조건법을 취하는 방법에 대해서는 망누손의 비판이 눈여겨볼 만합니다. Erik Magnusson, "How to Reject Benatar's Asymmetry Argument", 676~678쪽.

11 내가 존재하지 않을 때의 세계나 우주에 대해 생각하는 것과 내가 존재하지 않을 때의 나에 대해 생각하는 것은 구분할 필요가 있습니다. 전자는 의미 있지만, 후자에 대해서는 몇 가지 유보가 필요합니다. 이 점은 나중의 과제로 남겨두고 싶습니다.
12 부정하는 것이 자살하는 것은 아니라는 점을 주의해야 합니다.
13 이상의 논의에서 '조정'과 '상상'이라는 두 가지 개념어를 사용했는데, 전자는 명제를 세우는 것이고, 후자는 어떤 상태를 이미지화하는 것입니다. 본문 문맥에서, 조정을 위해서는 상상할 수 있는 것이 조건이 됩니다. 그러나 일반적으로 그러한지는 알 수 없습니다. 엄밀한 고찰은 나중의 일로 남기겠습니다.
14 Hans Jonas, *The Phenomenon of Life: Toward a Philosophical Biology*, Northwestern University Press 1966년. 이 책은 그 후 독일어판(*Das Prinzip Leben: Ansätze zu einer philosophischen Biologie*, Suhrkamp 1977·2005년) 으로 개정 출간되었습니다. 일본어 번역판(細見和之·吉本陵 옮김,《生命の哲学: 有機体と自由》, 法政大学出版局 2008년)은 독일어판을 번역했습니다.
15 Hans Jonas, *Das Prinzip Verantwortung: Versuch einer Ethik für die technologische Zivilisation*, Suhrkamp 1979년; 加藤尚武 옮김,《責任という原理: 科学技術文明のための倫理学の試み》, 東信堂 2000년, 2쪽.
16 Hans Jonas 지음, 加藤尚武 옮김,《責任という原理》, 22쪽, 원저 36쪽.
17 Hans Jonas 지음, 加藤尚武 옮김,《責任という原理》, 22쪽, 원저 36쪽.
18 Hans Jonas 지음, 加藤尚武 옮김,《責任という原理》, 23쪽, 원저 36쪽.
19 Hans Jonas 지음, 加藤尚武 옮김,《責任という原理》, 228쪽, 원저 240쪽.
20 Hans Jonas 지음, 加藤尚武 옮김,《責任という原理》, 229쪽, 원저 241쪽.
21 이 내용은 나중에 간행될 기토 슈이치鬼頭秀一·후쿠나가 마유미福永真弓 공편저(제목 미정) 책에 수록될 예정인 제 논문〈생명진화와 미래세대를 잇는 것: 한스 요나스의 환경철학에서 무엇을 배울 것인가生命進化と将来

世代をつなぐもの: ハンス・ヨーナスの環境哲学から何を学ぶか(가제)〉와 일부 겹칩니다.

22 森岡正博·吉本陵,〈将来世代を産出する義務はあるか?: 生命の哲学の構築に向けて〉(2),《人間科学: 大阪府立大学紀要》4, 2009년, 57~106쪽.

23 吉本陵,〈人類の絶滅は道徳に適うか?: デイヴィッド・ベネターの'誕生害悪論'とハンス・ヨーナスの倫理思想〉,《現代生命哲学研究》3호, 2014년, 50~68쪽.

24 토야 히로시는 베네타를 요나스와 대비해서 고찰하는 게 일본의 독자적인 시도라고 말했는데, 그의 말이 맞을 것입니다(戸谷洋志,〈ハンス·ヨナスと反出生主義〉《現代思想》2019년 11월호, 170~178쪽), 170쪽).

25 요나스는 가족과 유대인 동료를 강제수용소에서 잃었습니다. 짐작하건대, 요나스가 '인류여, 살아남아라!'라고 강하게 호소하는 배경에는 이 경험이 있었을 겁니다.

26 Hans Jonas, "The Burden and Blessing of Mortality", *Hastings Center Report*, Vol. 22, No. 1, 1992년, 34~40쪽. 제 논문(森岡正博,〈生延長(life extension)の哲学と生命倫理学: 主要文献の論点整理および検討〉,《人間科学: 大阪府立大学紀要》2, 2007년 65~95쪽)도 참조 바랍니다. 논문과 관련된 자료를 열심히 읽었기에 본문과 같이 요약할 수 있었다고 생각합니다. 바르게 이해하기 위해서는 요나스의 원문을 읽었으면 좋겠습니다.

27 이런 의미에서 '생명철학' 프로젝트는 제가 한스 요나스에게 보내는 사랑의 글입니다.

28 Rivka Weinberg, *The Risk of a Lifetime: How, When, and Why Procreation May Be Permissible*, Oxford University Press 2016년. 와인버그는 아이를 출산하는 것은 여성이라는 점을 전제로 삼되, 부모와 아이의 관계성을 논의할 때는 굳이 부모를 젠더화하지 않습니다. 즉 모母와 부父가 동등하게 출산의 도덕성에 관여한다는 시점에서 논의합니다.

29 Rivka Weinberg, *The Risk of a Lifetime*, 6~7쪽.

30 Rivka Weinberg, *The Risk of a Lifetime*, 158~167쪽.
31 Rivka Weinberg, *The Risk of a Lifetime*, 176쪽.
32 Rivka Weinberg, *The Risk of a Lifetime*, 179쪽. 번역하기 어려운 영어라서 의역했습니다. 정확한 의미는 원문 참조.
33 이것은 엄밀하게는 현대사회에서 여성의 자유입니다. 임신을 담당하는 쪽은 여성이기 때문입니다. 출산에 대한 여성 혹은 커플의 결정에 대해 아직도 주변 사람들이 시끄럽게 참견하는 경향이 있습니다. 저는 이 상황이 바뀌어야 한다고 생각합니다.
34 Seana Valentine Shiffrin, "Wrongful Life, Procreative Responsibility, and the Significance of Harm", *Legal Theory*, 5(2), 1999년, 117~148쪽.
35 Asheel Singh, "The Hypothetical Consent Objection to Anti-Natalism", *Ethical Theory and Moral Practice 21*, 2018년, 1135~1150쪽.
36 '출산의 윤리학'은 재생산의 윤리, 가령 낳을지 말지 선택할 자유·권리, 낙태와 인격 개념, 양육과 돌봄 등의 실천적 윤리 문제에 대해 논합니다. '출산의 철학'은 '출산'이란 본래적으로 무엇인지를 논합니다.
37 居永正宏,〈'産み'の哲学に向けて(1): 先行研究レビューと基本的な論点の素描〉(《現代生命哲学研究》 3호, 2014년, 88~108쪽)를 비롯한 '출산'에 대한 일련의 논문; 森岡正博,〈'産み'の概念についての哲学的考察: 生命の哲学の構築に向けて〉(6)(《現代生命哲学研究》 3호, 2014년, 109~130쪽); 제가 쓴 《生命学に何ができるか: 脳死·フェミニズム·優生思想》(勁草書房 2001년) 등에서는 낳을지 말지를 선택할 권리·자유에 관한 일본의 여성운동 사상을 연구·고찰했습니다. '남성'이 '남성'적 시야의 한계를 자각한 상태에서 이 주제를 깊이 연구하는 것도 좋다고 생각합니다. 문제는 그것이 학계의 '남권男權'적 지배를 바탕으로 사고 공간·언설 공간을 지배하고 기준이 되며, 나아가 그 기준이 자연화되어 보편성을 가장한다는 점입니다. 그에 대한 즉각적인 해결은 없지만 미래가 암울하지는 않을 것입니다. 한편, 저는 《느끼지 못하는 남자》에서 '남성' 입장에서 남성의 성정체성을 분석했습니다.
38 森崎和江,《いのちを産む》(弘文堂 1994년); 宮原優,〈妊娠とは、お腹

が大きくなることなのだろうか?: 妊娠のフェミニスト現象学〉(稲原美苗ほか 편, 《フェミニスト現象学入門: 経験から'普通'を問い直す》, ナカニシヤ出版 2020년, 24~33쪽). 해외에서는 Sarah LaChance Adams and Caroline R. Lundquist, *Coming to Life: Philosophies of Pregnancy, Childbirth, and Mothering*(Fordham University Press 2012)에 관련 논문이 소개되었습니다.

39 宮原優, 〈妊娠とは、お腹が大きくなることなのだろうか?: 妊娠のフェミニスト現象学〉, 33쪽.

40 덧붙여 이 주제에 관해 와인버그와 제가 대화를 나눈 동영상이 유튜브에 올려져 있습니다. Rivka Weinberg, "Philosophy of Procreation"(YouTube: Tokyo Philosophy Project 03), 2019년. 한편, 현재 인터넷에는 출산 부정·반출산주의와 반출생주의를 동일시하는 의견이 적지 않습니다. 이 두 가지는 나눠서 생각하는 게 좋겠습니다.

41 따라서 아래 맥락에서는 출산 부정을 고려하지 않으며 고대 인도의 반출생주의도 고려하지 않습니다.

42 물론 가능 세계 해석에서도 그러한 가능 세계에 '태어난다'는 것 자체는 수행 불가능하기 때문에, 반—반출생주의 해석에서 무의 실현이 불가능하다는 것과 같다는 반론이 제기될 수 있습니다. 그러나 가능 세계 해석에서 진정으로 요구되는 것은 실현된 상황(예를 들어 심각한 질병이나 장애가 없는 것)이며, 실현된 상황으로의 생성(심각한 질병이나 장애가 없는 세계에서 태어나는 것)은 아니므로, 역시 태어나기 전의 무의 실현과는 다르다고 생각합니다.

43 정확히는 지금 여기서 계속 생성되면서 경험하는 세계와, 그에 결부된 미래와 과거의 세계를 합친 것입니다(森岡正博, 〈運命と現実についてもういちど考えてみる〉, 《運命論を哲学する》, 228~239쪽 참조).

44 '생성하는 가능 세계'는 가능하다는 반론이 있을지도 모르지만, 그것은 불가능합니다. 시간이 흘러 사태가 계속 변화하는 가능 세계를 상상하거나 개념을 규정할 수는 있지만, 그 세계는 실제로 생성하는 게 아닙니다. 실제로 생성하지 않은 것은 생성이 아닙니다. 상상 속 케이크를 먹

을 수 없는 것과 마찬가지입니다.

45 이 사고방식을 확대하면 현실 세계와 가능 세계 사이의 선악은 올바른 의미에서 비교할 수 없을뿐더러 모든 가치도 비교할 수 없습니다. 나아가 모든 사실도 비교할 수 없습니다. 저는 이 노선에서 생각하는 것이 좋다는 입장입니다. 다만 이 사고방식이 현실 세계 내부에서 일어나는 복수의 사건 각각에 대해서, 그 사건들 사이의 선악이나 가치를 비교할 수 없다는 의미는 아닙니다.

46 이상의 논의는 제 논문〈運命と現実についてもういちど考えてみる〉, 228~239쪽에서 자세히 기술했습니다.

47 만약 '내가 존재하지 않는 상태'를 일종의 가능 세계로 생각한다면 현실 세계와 가능 세계의 선악 비교는 불가능하기 때문에 '내가 존재하지 않는 상태'와 '내가 존재하는 상태'의 선악 비교 또한 불가능하다는 결론이 반—반출생주의 해석에서 추가로 도출될 수 있습니다. 단, '내가 존재하지 않는 상태'를 가능 세계로 간주해도 되는지에 대해서는 별도의 논의가 필요합니다.

48 5장에서 서술한 '비탄생·우량'의 판단입니다.

49 영어의 'meaning of life'/'meaning in life'를 일본어로 어떻게 번역해야 할지는 큰 문제입니다. 저는 문맥에 따라 '인생의 의미' '살아가는 의미' '생명의 의미' 등으로 구분했지만, 그 말들의 뉘앙스는 다릅니다. 'meaning of life'에는 우주에서 인간 생명의 존재 의의라는 뉘앙스가 있고, 'meaning in life'에는 인생 내부에서 겪는 각각의 이벤트라는 뉘앙스가 있다고도 하는데, 뚜렷하게 정의되지는 않습니다.

50 Thaddeus Metz, *Meaning in Life: An Analytic Study*, Oxford University 2013년. 2015년에는 '*Journal of Philosophy of Life*'에서 이 책의 특집을 구성하면서 14편의 비평 논문이 간행되었습니다.

51 'International Conference on Philosophy and Meaning in Life' 1회 국제회의는 2016년에 홋카이도대학에서, 2회 국제회의는 2019년에 와세다대학에서, 3회 국제회의는 2020년에 영국 버밍엄대학을 거점으로 한 온라인 학회 형식으로 개최되었습니다. 참고로, 지금 소개한 일련의 국

제회의는 이 분야의 첫 공모형 국제회의입니다. 조직위원회 위원은 쿠라타 노부오, 무라야마 타츠야, 모리오카 마사히로, 새디어스 메츠, 유진 나가사와입니다.

52　Masahiro Morioka, "A Solipsistic and Affirmation-Based Approach to Meaning in Life", 82~97쪽.

53　탄생 부정의 필요조건이 아니라, 흔히 생각할 수 있는 일반 조건을 열거한 것입니다.

54　제가 편집장을 맡고 있는 'Journal of Philosophy of Life'는 2011년부터 간행되었습니다. 영어권에서 거의 유일하게 '생명철학'을 목적으로 발행되는 공모형 전자저널 학술지입니다.

55　이 시리즈는 치쿠마쇼보筑摩書房에서 계속 발간됩니다. 또 '탄생 긍정의 철학' 관련 서적은 다른 출판사에서 조만간 나올 예정입니다.

56　Hans Jonas, "Against the Stream: Comments on the Definition and Redefinition of Death"(1974·1980), Contemporary Issues in Bioethics, Wadsworth Publishing 1982년, 288~293쪽.

57　Hans Jonas, "Against the Stream", 291쪽.

58　뇌사는 당시 '불가역적 혼수irreversible coma'라고 표현했습니다.

59　Hans Jonas, "Against the Stream", 292쪽.

60　President's Council on Bioethics, "Controversies in the Determination of Death"(https://bioethicsarchive.georgetown.edu/pcbe/).

61　President's Council on Bioethics, "Controversies in the Determination of Death", 62쪽.

62　이상의 글은 제 박사논문〈脳死概念における人格性と尊厳の哲学的研究〉(大阪府立大学大学院 2015년)와 일부분 겹칩니다. 또한〈죽음의 결정에 관한 여러 논쟁〉이 뇌사설 부정이 아니라 반대로 보강을 목적으로 쓰였다는 점을 유념하기 바랍니다. 자발 호흡은 뇌간의 작용과 연결됩니다. 뇌사가 아닌 경우 인간의 본질은 자발 호흡과 내적 의식의 존재에 있다고 합니다.〈죽음의 결정에 관한 여러 논쟁〉의 가장 큰 문제는 자발 호흡의 논리적 위치에 있습니다(제 박사논문 참조).

63 뇌사가 사람의 죽음인지 아닌지에 대해서는 저의 책《(증보결정판) 脳死の人: 生命学の視点から》(法藏館 2000년); 제 박사논문〈脳死概念における人格性と尊厳の哲学的研究〉참조.

64 물론 뇌사 상태의 경우는 전기를 이용한 인공호흡기로 호흡을 보조합니다. 그런 식으로 유지되는 호흡은 마치 고층빌딩의 옥상 온실에서 전력으로 기르는 열대식물의 생명 유지와 비교할 수 있을 듯합니다.

65 Martin Heidegger, *Sein und Zeit*, Max Niemeyer Verlag 1927 · 2006년; 高田珠樹 옮김,《存在と時間》, 作品社 2013년, 128쪽.

66 Hubert L. Dreyfus, "Why Heideggerian AI Failed and How Fixing It Would Require Making It More Heideggerian"(*Philosophical Psychology* 20(2), 2007년, 247~268쪽), 248~251쪽.

67 Hubert L. Dreyfus, "Why Heideggerian AI Failed and How Fixing It Would Require Making It More Heideggerian", 253쪽.

68 Hans Jonas 지음, 細見和之·吉本陵 옮김,《生命の哲学》, 148쪽.

69 Weber, A. and Varela, F. J., "Life After Kant: Natural Purposes and the Autopoietic Foundations of Biological Individuality"(*Phenomenology and the Cognitive Sciences* 1, 2002년, 97~125쪽), 118쪽.

70 Weber, A. and Varela, F. J., "Life After Kant", 116쪽.

71 Weber, A. and Varela, F. J., "Life After Kant", 119쪽.

72 Weber, A. and Varela, F. J., "Life After Kant", 117쪽.

73 Weber, A. and Varela, F. J., "Life After Kant", 120쪽.

74 Tom Froese and Tom Ziemke, "Enactive artificial intelligence: Investigating the systemic organization of life and mind"(*Artificial Intelligence* 173, 2009년, 466~500쪽), 472쪽.

75 Tom Froese and Tom Ziemke, "Enactive artificial intelligence", 472쪽.

76 Tom Froese and Tom Ziemke, "Enactive artificial intelligence", 473쪽.

77 Tom Froese and Tom Ziemke, "Enactive artificial intelligence", 485쪽.

78 Tom Froese and Tom Ziemke, "Enactive artificial intelligence", 480쪽.

79 Margaret A. Boden, *AI: Its Nature and Future*, Oxford University Press

2016년, 144~145쪽.

80 Tom Froese and Tom Ziemke, "Enactive artificial intelligence", 495쪽. 또한 프로세 등은 인공지능의 이 문제를 해결하기 위해 '세균-로봇 공생체microbe-robot 'symbiosis'의 가능성을 찾아야 한다고 말합니다(같은 논문, 492쪽).

81 中垣俊之·小林亮, 〈原生生物粘菌による組合せ最適化法: 物理現象として見た行動知〉《人工知能学会誌》26(5), 2011년, 482~493쪽), 483쪽.

82 이 구절은 제 논문 〈人工知能と現代哲学: ハイデガー・ヨーナス・粘菌〉《哲学》70호, 日本哲学会 2019년, 51~68쪽)과 일부 겹칩니다.

태어나지 않는 게 더 나았을까?

2025년 10월 31일 1판 1쇄

지은이 모리오카 마사히로
옮긴이 이원천
편집 최일주, 이혜정, 홍연진 | **디자인** 디자인〈비읍〉 | **제작** 박흥기
마케팅 양현범 | **홍보** 조민희
인쇄 천일문화사 | **제책** J&D 바인텍

펴낸이 강맑실 | **펴낸곳** (주)사계절출판사 | **등록** 제406-2003-034호
주소 (우)10881 경기도 파주시 회동길 252
전화 031)955-8588, 8558
전송 마케팅부 031)955-8595, 편집부 031)955-8596
홈페이지 www.sakyejul.net | **전자우편** skj@sakyejul.com
페이스북 facebook.com/sakyejul | **인스타그램** instagram.com/sakyejul
블로그 blog.naver.com/skjmail

ⓒ 모리오카 마사히로 2025

값은 뒤표지에 적혀 있습니다. 잘못 만든 책은 구입하신 서점에서 바꾸어 드립니다.
이 책은 저작권법에 따라 보호받는 저작물이므로 무단전재와 복제를 금합니다.

사계절출판사는 성장의 의미를 생각합니다.
사계절출판사는 독자 여러분의 의견에 늘 귀 기울이고 있습니다.

ISBN 979-11-6981-398-3 03100